# Je sais cuisiner autour du monde

# OUVRAGES DE GINETTE MATHIOT
## AUX ÉDITIONS ALBIN MICHEL

### Je sais cuisiner
2 000 RECETTES

### Je sais cuisiner
Version luxe
2 000 RECETTES

### Je sais faire la pâtisserie
*Gâteaux, Entremets, Confiserie*
800 RECETTES

### Je sais faire les conserves
*Conserves, Plats cuisinés, Charcuterie*
600 RECETTES

### Je sais cuisiner en vacances
*Camping, Caravaning, Yachting*
(EN COLLABORATION AVEC SACHA NELIDOW)
*(Épuisé)*

### À table avec Édouard de Pomiane

### 365 plats du jour
### et l'art d'accommoder leurs restes
*(Épuisé)*

### La cuisine à l'école et à la maison
*(Épuisé)*

### Pain, cuisine et gourmandises
(EN COLLABORATION AVEC LIONEL POILÂNE)
*(Épuisé)*

GINETTE MATHIOT

# Je sais cuisiner
# AUTOUR DU MONDE

**NOUVELLE ÉDITION
REVUE ET CORRIGÉE**

**500 recettes**

**ALBIN MICHEL**

Précédente édition : © Albin Michel, 1965
Nouvelle édition : © Albin Michel, 2008
22, rue Huyghens, 75014 Paris
www.albin-michel.fr

# Sommaire

**6** *Je sais cuisiner autour du monde*

# PRÉFACE

*Si le Français avait, autrefois, la réputation d'ignorer volontairement toute notion de géographie, on peut dire que cette attitude s'est bien modifiée avec le développement du tourisme. Mais... son goût réputé pour la bonne chère n'a pas changé et l'incite toujours à rechercher des itinéraires le conduisant vers des centres de grande réputation gastronomique.*

*La cuisine exotique ou étrangère est souvent très différente de la cuisine française. Et devant certains plats on ne peut s'empêcher d'éprouver de l'étonnement ou de la curiosité : ne retrouvant pas les impressions gustatives auxquelles il est habitué, le touriste français s'interroge, s'inquiète et se demande comment peuvent être préparés un légume ou une viande un peu étrange, une sauce particulièrement relevée et qu'il a, néanmoins, appréciés. Quoi de surprenant s'il désire, alors, retrouver, une fois rentré en France, ces impressions fugitives et faire renaître des souvenirs qui ont marqué dans sa vie de voyageur, soit parce que la cuisine était inattendue, soit parce qu'elle lui a plu réellement ? C'est sans doute la raison pour laquelle tant de lecteurs souhaitaient pouvoir consulter un livre de recettes présentées de la même façon que les recettes de cuisine française.*

*Retenue à Paris par mes activités professionnelles et ne pouvant entreprendre le tour du monde pour trouver des recettes précises et faciles à exécuter en France, je savais cependant que la gastronomie était le support d'une véritable amitié internationale. Mes innombrables amis et anciennes élèves vivant dans tous les pays ont bien voulu me fournir une documentation originale et sûre.*

*Certaines recettes sont non seulement étrangères, mais étranges. La plupart sont faisables et elles permettront alors de varier agréablement l'alimentation courante actuelle dans laquelle, par routine, on a tendance à se complaire trop fréquemment. D'autres recettes, qui répondront au goût de l'exotisme de nos lecteurs, seront aussi le moyen, pour la maîtresse de maison ingénieuse, en rompant la monotonie culinaire, d'inspirer, ensuite, sa cuisine personnelle.*

*J'adresse mes remerciements particuliers à mademoiselle Crapuchet, expert des Nations Unies, et à Hong Lien, le grand spécialiste de la cuisine chinoise.*

*Mais je remercie aussi, infiniment, tous mes amis du monde entier, sans qui ce livre n'aurait pas été fait.*

Ginette Mathiot

# AVERTISSEMENT
## ou
## de la manière de se servir
## de *Je sais cuisiner autour du monde*

Ce livre de recettes n'est pas destiné aux débutants. Il ne peut être utilisé que par ceux de nos lecteurs qui sont familiarisés avec les techniques essentielles de la cuisine. Aucune explication concernant les préparations de base (divers modes de cuisson, sauces, différentes pâtes, etc.) n'est donnée. En revanche, on trouvera le maximum de renseignements lorsqu'il s'agira d'une préparation typiquement locale. Il est donc possible, pour l'amateur, d'entreprendre un voyage gastronomique à travers les divers continents. Il saura, selon son gré, faire escale dans chaque pays et déguster un repas complet très original. Naturellement les denrées indiquées en tête de chaque recette sont indispensables. Des maisons spécialisées en produits exotiques et étrangers mettent en vente les légumes, les fruits, les épices expédiés du pays d'origine par la voie des airs. Les viandes et certains poissons sont mis en conserve et parviennent, de ce fait, en parfait état. Ainsi pourra-t-on, sans trop de difficultés, préparer et déguster un plat amusant ou insolite, mais qui n'aura sans doute pas tout à fait le goût du terroir. L'eau du pays (notamment pour la cuisson du riz), des ustensiles en terre, en fonte, des calebasses, les denrées utilisées à pleine maturité, tout ce qui se trouve sur place, contribue à donner à la cuisine une autre saveur. Enfin, il y a des poissons, des crustacés et des coquillages qui ne se pêchent que sous une latitude bien déterminée. On peut les remplacer par des poissons de nos régions. Dans tous les cas, on utilisera, avec bonheur, les épices propres à chaque pays. Il manquera peut-être, encore, l'ambiance même (le bruit, la chaleur, l'atmosphère très particulière). On s'efforcera alors de la recréer en modifiant le cadre habituel, en décorant la table au moyen de nappe, vaisselle, verreries de façon à retrouver la couleur locale qui plaisait tellement. Enfin, un fond musical folklorique contribuera au dépaysement…

… Et le voyage entrepris aura un heureux dénouement : un repas réussi et, peut être, inédit.

---

**Remarques importantes**

– *Dans nos recettes, les quantités sont indiquées pour* **6 personnes** *;*
– *Les* **temps de préparation** *et* **de cuisson** *sont indiqués avec précision ;*
– *La préparation de nombreuses recettes doit être commencée* **la veille** *ou* **plusieurs heures à l'avance**.

# Europe

# Europe méridionale

## Croatie

### 1. Kebab
#### Cevap

**Préparation : 45 min – Cuisson : 2 h**
(4 h à l'avance)

| | |
|---|---|
| 650 g de porc | |
| 650 g de bœuf | |
| 150 g de lard fumé | |
| 400 g de tomates | |
| 500 g d'oignons | |
| 350 g de poivrons | |
| 20 cl de vin blanc sec | |
| 1 crépine de porc | |
| 1 pincée de piment rouge en poudre | |
| Sel, poivre | |

Couper la viande de porc et de bœuf en cubes de 3 cm de côté. Éplucher les oignons, les couper en rondelles. Faire mariner les morceaux de viande pendant 4 h. Pour cela disposer dans un plat assez profond une couche d'oignons puis une couche de morceaux de viande, assaisonner avec le piment, sel, poivre. Arroser avec le vin blanc et continuer les couches jusqu'à épuisement des ingrédients.

Au moment de faire cuire le kebab, prendre une grande broche, y enfiler successivement et en alternant 1 rondelle d'oignon, 1 rondelle de poivron, 1 tranche de lard, 1 morceau de viande, 1 rondelle de tomate, etc.

Envelopper le tout dans la crépine de porc et faire cuire à la broche (à feu régulier) mais en la tournant régulièrement. Retirer la broche pour servir aussitôt très chaud.

**Variante.** – Lorsque c'est la saison, on peut mettre dans la marinade 1 bonne poignée de myrtilles fraîches.

## 2. Poivrons farcis au fromage
### Zlatiborske Paprike Sa Sirom
**Préparation : 35 min – Cuisson : 25 min**

| | |
|---|---|
| 800 g de zlatiborski (fromage de brebis) | |
| 9 poivrons | |
| Kajmak | |
| 4 œufs | |
| 4 cuil. à soupe d'huile | |
| Sel | |

Prendre de gros poivrons verts ou rouges. Enlever les queues et les vider à l'aide d'une petite cuillère, par la base.

Préparer la farce en écrasant à la fourchette le fromage de brebis, ajouter les œufs entiers, saler. Farcir chaque poivron avec cette préparation.

Prendre un plat allant au four, y verser l'huile, placer les poivrons, mettre sur chacun un peu de kajmak. Cuire à four chaud pendant 20 à 25 min.

**Variante.** – On peut utiliser du fromage blanc dans lequel on aura mélangé un peu de crème fraîche épaisse. Il faut que cette farce soit assez grasse.

**Remarque.** – Le kajmak est un fromage serbe de brebis que l'on utilise dans la fabrication de certaines pâtes. On peut le remplacer par de la feta.

## 3. Pasticada
### Rôti de bœuf à la dalmatienne
**Préparation : 30 min – Cuisson : 3 h 15 (12 h à l'avance)**

| | |
|---|---|
| 2,5 kg de bœuf à braiser en rôti | |
| 300 g de lard fumé | |
| 8 pruneaux | |
| 3 oignons | |
| 4 gousses d'ail | |
| 1/2 bouteille de vin rouge | |
| 25 cl de bouillon de bœuf | |
| 70 g de concentré de tomate | |
| 6 clous de girofle | |
| 1 feuille de laurier | |
| 4 cuil. à soupe d'huile d'olive | |
| Sel, poivre | |

Peler et émincer les oignons et les gousses d'ail. Inciser la viande et y insérer des tranches d'ail et les clous de girofle. Verser le vin rouge sur la viande, ajouter les oignons et mettre à mariner au réfrigérateur pendant 12 h. Couper le lard en fins bâtonnets. Égoutter la viande. La faire dorer à feu vif sur toutes les faces, dans une cocotte avec l'huile d'olive chaude et les bâtonnets de lard. Ôter la viande et verser la marinade dans la cocotte avec le bouillon. Porter à ébullition, remettre la viande et tous les ingrédients de la recette. Baisser à feu moyen, couvrir la cocotte et faire cuire à petits bouillons pendant 3 h. Ôter la viande de la cocotte. La garder au chaud. Faire réduire de moitié, à feu vif, le jus de cuisson. Le filtrer. Couper la viande en fines tranches et les servir avec le jus.

**Conseil.** – On peut accompagner ce plat de gnocchis ou de pâtes au parmesan.

## 4. Dessert à la semoule
### Halva od Griza
**Préparation : 30 min – Cuisson : 25 à 30 min**

| |
|---|
| 165 g de semoule de blé |
| 80 g d'amandes hachées |
| 150 g de beurre |
| 280 g de sucre en poudre |
| 30 g de sucre vanillé |

Mettre dans une casserole la semoule et les amandes hachées finement. Faire chauffer à sec en tournant jusqu'au moment où le mélange devient doré.

Dans une autre casserole, verser 1 litre d'eau, ajouter le sucre et le beurre. Porter à ébullition (faire les deux préparations simultanément).

Verser progressivement le liquide bouillant sur le mélange semoule-amandes en remuant avec soin, hors du feu. Quand tout le liquide a été absorbé, la semoule est épaisse. Placer sur la casserole un linge, puis un couvercle. Et laisser refroidir.

Tremper dans l'eau froide des moules en porcelaine ou en pyrex (ou des tasses à thé), y verser la préparation afin de la mouler.

Disposer sur un plat et saupoudrer de sucre vanillé.

## 5. Gâteau au potiron
### Pita
**Préparation : 20 min – Cuisson : 45 min**

| |
|---|
| **Pour la pâte feuilletée :** |
| 300 g de farine |
| 200 g de beurre |
| Sel |
| **Pour la crème au potiron :** |
| 500 g de potiron |
| 180 g de sucre en poudre |
| 100 g de beurre |
| 2 sachets de sucre vanillé ou 1 cuil. à café de cannelle |

Préparer une pâte feuilletée avec farine, beurre, eau et sel. L'étaler et couper des cercles ayant la dimension de la cocotte ronde dans laquelle se fera la cuisson. Il faut compter 6 cercles de pâte feuilletée.

Préparer ensuite la crème au potiron. Râper le potiron cru, ajouter le sucre, 1 sachet de sucre vanillé (ou de la cannelle, suivant les goûts).

Faire fondre le beurre dans une petite casserole ou au micro-ondes. Placer un morceau de pâte feuilletée dans la cocotte et mettre une petite cuillérée de beurre fondu, remettre une deuxième couche de pâte, du beurre fondu, une troisième couche de pâte. Étaler alors la crème de potiron. Recouvrir avec 3 morceaux de pâte arrosés successivement de beurre fondu.

Mettre à four moyen pendant environ 40 à 45 min. La surface de la pâte doit être bien dorée. Saupoudrer de sucre vanillé.

## 6. Gâteau aux noix
## Suva Pita od Oraha
**Préparation : 40 min – Cuisson : 40 min**

| | |
|---|---|
| 300 g de noix hachées | |
| 300 g de sucre en poudre | |
| 10 cl d'huile | |
| **Pour le sirop de sucre :** | |
| 250 g de sucre en poudre | |
| **Pour la pâte feuilletée :** | |
| 300 g de farine | |
| 200 g de beurre | |
| Sel | |

Préparer d'abord une pâte feuilletée avec farine, beurre, eau et sel. L'étaler aussi fin que possible.

Couper au moins 12 morceaux de pâte de la dimension du plat dans lequel on fera cuire le gâteau (un plat rectangulaire est recommandé). Enduire ce plat d'un peu d'huile. Placer successivement 3 morceaux de pâte feuilletée très mince en ayant soin d'arroser chacune d'un peu d'huile chauffée.

Placer sur la pâte une couche de noix hachées mélangées au sucre en poudre. Remettre 3 feuilles de pâte arrosées d'huile. Renouveler l'opération jusqu'à épuisement des ingrédients. Terminer par 3 feuilles de pâte.

Couper ensuite avec un grand couteau (dont la lame a été trempée dans l'huile bouillante) le gâteau en carrés (6 ou 9 suivant la dimension du plat).

Mettre le plat à four moyen pendant 40 min. Lorsque le gâteau est sorti du four, l'arroser avec un sirop de sucre.

# Espagne

## 7. Pan con tomate

### Tapas

**Préparation : 10 min – Cuisson : 3 min**

6 tranches de pain de campagne

3 tomates bien mûres

1 gousse d'ail

3 cuil. à soupe d'huile d'olive

Sel

Peler la gousse d'ail et la couper en deux. Couper les tomates en deux dans la hauteur. Faire griller le pain. Le frotter avec la gousse d'ail, puis avec les tomates coupées. Arroser d'huile d'olive et saler. Servir immédiatement.

**Conseil.** – On peut garnir le pain de tranches de jambon espagnol.

## 8. Moules à l'escabèche

### Tapas

**Préparation : 15 min – Cuisson : 15 min**

**(3 h à l'avance)**

3 litres de moules

3 gousses d'ail

3 feuilles de laurier

20 cl de vin blanc sec

20 cl de vinaigre

1 cuil. à soupe de piment en poudre

2 cuil. à soupe d'huile d'olive

Sel, poivre

Bien laver et gratter la coquille des moules. Les mettre à chauffer dans une grande cocotte en les retirant au fur et à mesure qu'elles s'ouvrent. Récupérer et filtrer le jus rendu par les moules. Peler les gousses d'ail et les hacher finement. Retirer les moules de leurs coquilles. Faire chauffer l'huile à feu moyen dans la cocotte et y faire dorer l'ail. Ajouter le vin, le vinaigre, le piment, les feuilles de laurier et le jus des moules. Faire cuire à petits bouillons, jusqu'à ce qu'il ne reste plus que la moitié du liquide. Saler et poivrer. Ajouter les moules décortiquées et retirer la cocotte du feu. Verser le tout dans un plat de service et le mettre pour quelques heures au réfrigérateur.

## 9. Sardines farcies aux herbes

Tapas

**Préparation : 25 min – Cuisson : 12 min**

| |
|---|
| 18 grosses sardines fraîches |
| 1/2 bouquet de menthe |
| 1/2 bouquet de persil plat |
| 3 gousses d'ail |
| 3 citrons |
| 60 g de chapelure |
| 3 cuil. à soupe d'huile d'olive |
| Sel, poivre |

Préchauffer le gril du four. Laver les sardines. Leur retirer la tête et l'arête dorsale sans les séparer en deux. Les vider. Les essuyer. Peler les gousses d'ail et les hacher. Ciseler finement les herbes. Faire chauffer l'huile d'olive à feu moyen dans une poêle et y faire revenir l'ail 2 à 3 min sans qu'il ne colore. Ajouter la chapelure et les herbes. Mélanger et laisser cuire environ 2 min en remuant. Saler et poivrer. Couper les citrons en quartiers. Farcir les sardines avec le mélange de chapelure. Les disposer dans un plat allant au four. Les faire cuire 3 min sous le gril, puis les retourner délicatement et les faire cuire encore 3 min. Servir immédiatement avec les quartiers de citron.

## 10. Pimientos de piquillo à la morue

Tapas

**Préparation : 20 min – Cuisson : 30 min**

(24 h à l'avance)

| |
|---|
| 12 pimientos de piquillo en boîte |
| 400 g de morue séchée |
| 2 gousses d'ail |
| 30 cl de lait |
| 20 cl d'huile d'olive |
| 1 cuil. à café de piment en poudre |

Dessaler la morue dans de l'eau pendant 24 h au réfrigérateur, en changeant l'eau régulièrement. Essuyer la morue. La mettre dans une casserole avec 20 cl de lait et la couvrir d'eau. La faire pocher 12 min à partir de l'ébullition. Peler l'ail et le piler. Égoutter la morue et effeuiller sa chair à la fourchette. La mettre dans une casserole avec l'ail pilé et le piment. La faire chauffer à feu doux. Faire chauffer le lait restant. Incorporer petit à petit le lait et l'huile d'olive en remuant avec une spatule. Arrêter d'ajouter de l'huile quand la consistance est bien crémeuse. Farcir les piquillos avec la morue. On peut les déguster froids ou les passer 5 min au four pour les réchauffer.

## 11. Ajoblanco
## Soupe à l'ail
**Préparation : 15 min**

Peler et écraser les gousses d'ail. Tremper la mie de pain dans de l'eau, puis la presser avec les mains pour l'égoutter. La mélanger à l'ail écrasé. Mettre ce mélange dans un mixeur. Ajouter les amandes et mixer le tout. Ajouter l'huile au fur et à mesure en continuant à mixer, puis le vinaigre.
Ajouter enfin 1 litre d'eau, jusqu'à obtenir une consistance de soupe. Saler et rajouter du vinaigre si nécessaire. Servir bien froid.

| |
|---|
| 400 g d'amandes mondées |
| 2 gousses d'ail |
| 200 g de mie de pain de campagne |
| 20 cl d'huile d'olive |
| 2 cuil. à soupe de vinaigre de xérès |
| Sel |

## 12. Tortilla
**Préparation : 20 min – Cuisson : 40 min**

Peler les pommes de terre et les oignons. Les couper en fines tranches. Couper le chorizo en petits cubes. Mettre à chauffer, à feu moyen, la moitié de l'huile d'olive dans une grande poêle antiadhésive. Y faire revenir les oignons et les pommes de terre pendant environ 20 min, saler. 5 min avant la fin, ajouter les dés de chorizo. Battre les œufs en omelette dans un saladier. Saler et poivrer. Verser le mélange de pommes de terre et d'oignons dans le saladier et mélanger. Reverser le tout dans la poêle. Quand le dessous des œufs est bien doré, poser un couvercle ou un plat sur la poêle et y retourner la tortilla. Verser l'huile restante dans la poêle et remettre la tortilla à cuire de l'autre côté, jusqu'à ce qu'il soit aussi bien doré. Servir la tortilla immédiatement ou attendre et la déguster froide.

| |
|---|
| 6 œufs |
| 12 tranches de chorizo |
| 750 g de pommes de terre |
| 2 oignons |
| 10 cl d'huile d'olive |
| Sel, poivre |

## 13. Gazpacho
### Potage froid aux tomates
**Préparation : 35 min**

Piler dans un mortier les gousses d'ail épluchées avec du sel, 1 pincée de poivre gris, le cumin et la pointe d'un couteau de pili-pili. Ajouter ensuite, toujours en pilant, le pain émietté et l'huile. Il faut obtenir une pâte bien homogène et molle. Continuer à travailler au pilon en incorporant l'oignon et le cornichon grossièrement hachés, les tomates lavées et concassées, 1 poivron (rouge ou vert) coupé à l'avance en petits dés.

La pâte obtenue étant lisse et liquide, verser d'abord le vinaigre puis 125 cl d'eau froide. Saler encore si nécessaire.

Le gazpacho doit avoir l'aspect d'une purée liquide. Mettre au moment de servir 1 glaçon par personne et servir dans des assiettes à soupe.

À part, sur un plat, en petits tas, présenter :
- les piments verts ou rouges lavés et coupés en petits cubes ;
- les cornichons hachés grossièrement ;
- l'oignon coupé finement ;
- des tomates présentées en petits cubes ;
- et, si l'on veut, du concombre coupé en tranches ;
- du pain (andalou) coupé en cubes.

Chaque convive ajoute à l'assiette de gazpacho ce qui lui plaît.

750 g de tomates bien mûres

150 g de pain émietté ou de chapelure

2 poivrons frais, rouges ou verts

15 g de cornichons

2 gousses d'ail

1 oignon (80 g)

8 cl d'huile

3 cuil. à soupe de vinaigre

4 g de cumin en poudre

1 pincée de pili-pili (piment rouge en poudre)

Sel, poivre gris

**Garniture complémentaire (à volonté) :**

Piments frais

Cornichons

Oignons frais

Tomates

Pain

## 14. Œufs sur le plat à la flamenca
### Huevos al plato flamenca
**Préparation : 35 à 40 min – Cuisson : 20 min**

Prévoir d'abord tous les légumes indiqués et cuits. Tailler dans les tranches de jambon des triangles

3 tranches de jambon de Bayonne

1 petit chorizo

150 g de tomates cuites

60 g de haricots verts cuits coupés

ayant 3 à 4 cm de côté et préparer une douzaine de rondelles de chorizo.

Couper le reste du jambon et le reste du chorizo en petits dés. Hacher finement l'oignon épluché. Faire chauffer le saindoux dans une sauteuse ou une poêle, y faire dorer l'oignon et les dés de jambon et de chorizo. Ajouter la tomate et les légumes, terminer par le chorizo, assaisonner et lier, si nécessaire, avec 1 bonne cuil. à soupe de sauce tomate.

| |
|---|
| 60 g d'asperges cuites coupées en dés |
| 1 piment frais rouge |
| 6 œufs |
| 50 g d'oignon |
| 40 g de saindoux |
| Persil plat haché |
| Sel, poivre |

Verser le tout dans un plat, y casser les œufs, parsemer de piment rouge coupé finement et de persil haché, puis mettre à four chaud pour 10 à 12 min.

Lorsque le blanc des œufs est pris, servir après avoir mis en couronne autour du plat, et en alternant, 1 triangle de jambon et 1 rondelle de chorizo.

## 15. Tarte au fromage et aux olives
### Tarta de queso y aceitunas
**Préparation : 30 à 35 min – Cuisson : 30 à 40 min**

| Pour la pâte brisée : |
|---|
| 250 g de farine |
| 125 g de beurre |
| 30 g de saindoux ou 3 cl d'huile |
| Sel |
| **Pour la garniture :** |
| 150 g d'olives |
| 150 g de gruyère |
| 3 œufs |
| 10 cl de lait |
| 50 g de beurre |
| Poivre blanc |

Faire une pâte brisée, l'étaler au rouleau sur une planche farinée (1 cm d'épaisseur), la placer dans une tourtière beurrée.

Râper, sur le morceau de gruyère prévu, la valeur de 35 g, le réserver. Couper le reste en fines lamelles de 3 à 4 cm de longueur, les disposer sur le fond de la tarte. Dénoyauter les olives et les pocher pendant 5 à 10 min à l'eau bouillante. Les égoutter, les laisser entières et les parsemer sur le fromage ainsi que 40 g de beurre coupé en dés. Battre dans un bol, en omelette, les œufs avec le lait. Verser le mélange sur la préparation, poivrer, saupoudrer avec le gruyère râpé, mettre le reste du beurre. Mettre à four chaud pour 30 à 40 min, jusqu'à ce que la surface soit bien dorée. Servir chaud.

**Variante.** – À la place du poivre blanc, on peut mettre un soupçon de piment rouge en poudre.

## 16. Pot-au-feu à la madrilène
## Cocido

**Préparation : 1 h 30 – Cuisson : 4 h**

[mettre à tremper les pois la veille]

Faire tremper la veille, dans de l'eau froide salée contenant un peu de bicarbonate de soude, les pois chiches. Faire tremper aussi, la veille, le jambonneau.

Dans une marmite de bonne taille, faire bouillir 4 à 5 litres d'eau. Y mettre les pois chiches égouttés et maintenir à ébullition. Ajouter alors la viande de bœuf, le jambonneau, l'os à moelle, l'oignon pelé et les carottes épluchées et coupées dans la longueur. Saler, écumer au moment où cela est nécessaire.

Mettre la moitié de la poule, poivrer et faire mijoter ce pot-au-feu pendant 3 h.

Prélever le bouillon à garder. Mettre alors les pommes de terre épluchées. Pendant la cuisson du pot-au-feu, éplucher, laver et cuire à l'eau bouillante ou à l'étouffée les divers légumes verts. Lorsque le plat est suffisamment cuit, présenter d'abord le bouillon.

Disposer les viandes sur un plat et sur un autre plat les pois chiches et les pommes de terre d'un côté, les légumes verts de l'autre.

**Variante.** – On peut accompagner également le cocido d'une sauce tomate en saucière.

| Ingrédients |
| --- |
| 1/2 poule |
| 500 g de viande de bœuf |
| 1 jambonneau |
| 1 os à moelle |
| 400 g de pommes de terre |
| 350 g de pois chiches |
| 300 g de bettes |
| 250 g d'épinards |
| 200 g de haricots verts |
| 200 g de chou |
| 150 g de carottes |
| 60 g d'oignon |
| Sel, poivre |

## 17. Zarzuela de poisson
## Zarzuela de pescados a la Catalana

**Préparation : 1 h – Cuisson : 50 à 60 min**

Préparer les poissons, les vider, les laver, les couper en tronçons. Séparer les poissons qui cuisent plus vite de ceux qui sont fermes, car c'est par ces derniers qu'on commencera la cuisson.

Faire revenir les langoustines dans un peu d'huile, laisser les têtes, mais enlever les carapaces, les mettre dans un plat en attente.

| Ingrédients |
| --- |
| 4 petits calmars (ou encornets) |
| 500 g de merlu |
| 500 g d'autres poissons (mulet, vive, dorade, lotte) |
| 300 à 400 g d'anguille |
| 6 langoustines cuites |
| 1 litre de moules |
| 12 tranches de pain |
| 15 cl de purée de tomates |

Laver les moules avec soin, les faire ouvrir à feu vif. Enlever une des deux coquilles, réserver séparément l'eau des moules et les moules.

Laver les calmars, les couper en morceaux. Dans une grande poêle, mettre 5 cl d'huile, la faire chauffer et y faire frire l'oignon épluché et coupé en tranches très fines. Ajouter alors les calmars et les morceaux de poisson les plus fermes. Verser la purée de tomates, le vin blanc sec, le rhum et laisser cuire à feu vif 5 à 8 min. Mettre le contenu de la poêle dans une casserole, verser la moitié de l'eau des moules filtrée et remettre dans la poêle 2 à 3 cl d'huile pour faire frire les poissons tendres. Saler, poivrer et ajouter, sans abîmer les poissons, à la préparation qui est dans la casserole. Couvrir et faire mijoter (sans gros bouillons) de 18 à 20 min. Faire frire les tranches de pain à l'huile.

Préparer le hachis suivant : dans un mortier, piler avec soin l'ail épluché, un peu de pain émietté, quelques filaments de safran, 3 brins de persil et les amandes mondées. Ajouter la valeur d'1 cuil. à café d'huile et un peu de l'eau des moules et mélanger cette pâte bien pilée et bien lisse à la zarzuela.

Ne pas briser les morceaux de poisson. Goûter pour vérifier l'assaisonnement. Ajouter les moules et les langoustines. Servir soit dans la casserole de cuisson (qui peut être une marmite à deux anses), soit dans un plat creux. Dans ce cas, mettre les poissons au centre, en pyramide. Placer les langoustines contre et garnir avec les moules. Verser la sauce autour. Parsemer de persil haché. Présenter à part, ou le long des bords du plat, les tranches de pain frits à l'huile coupés en triangles.

| Ingrédients |
|---|
| 1 oignon (60 g) |
| 2 gousses d'ail |
| 15 g d'amandes mondées |
| 1 bouquet de persil plat |
| 10 cl de vin blanc sec |
| 8 à 9 cl d'huile |
| 1 cuil. à soupe de rhum |
| Pain émietté |
| Safran en filaments |
| Sel, poivre |

## 18. Rougets au fenouil
## Salmonetes con hinojo
**Préparation : 25 min – Cuisson : 35 min**

Préparer les petits rougets, les nettoyer, les vider, les laver. Mettre le fenouil dans une casserole contenant

| Ingrédients |
|---|
| 24 à 30 petits rougets |
| 1 grande branche de fenouil |
| 10 cl de vin blanc sec |
| 5 cl d'huile d'olive |
| 2 ou 3 citrons (jus) |

de l'eau bouillante, pendant 2 à 3 min. L'égoutter. Placer ce fenouil dans un plat à gratin, y déposer les petits rougets, saler, mettre du poivre blanc et verser le vin, le jus de 1 ou 2 citrons, l'huile d'olive. Mettre à cuire à four chaud pendant 25 à 30 min. Arroser de temps à autre.

Préparer pendant la cuisson un beurre de piment en pilant le beurre et le piment rouge avec du sel.

Lorsque les rougets sont cuits, arroser avec le reste du jus de citron, saupoudrer de persil haché et mettre sur les poissons le beurre de piment.

Servir bien chaud.

1 cuil. à soupe de persil plat haché

Sel, poivre blanc moulu

**Pour la sauce au beurre de piment :**

125 g de beurre

75 g de piment rouge en conserve

Sel

## 19. Thon frais aux olives

### Atùn o bonito fresco con aceitunas

**Préparation : 10 min – Cuisson : 1 h à 1 h 30**

(2 h à l'avance)

600 g de thon ou de bonite

150 à 200 g d'olives vertes

1 oignon

40 g de farine

10 cl de vinaigre

10 cl de vin blanc sec

5 cl d'huile

1 gousse d'ail

Thym en poudre

Laurier en poudre

1 bouquet de persil plat

Sel, poivre blanc moulu

Faire mariner pendant 2 h le thon dans une terrine où l'on a mis le vinaigre, le vin blanc, 1 cuil. à soupe d'huile, l'ail écrasé, un peu de thym, du laurier, du sel et du poivre blanc. Au moment de la cuisson, égoutter, passer le morceau de thon dans la farine. Mettre dans une casserole en terre le restant d'huile, chauffer et y faire dorer le thon sur toutes ses faces. Parsemer d'oignon coupé en fines tranches. Mouiller avec la marinade à laquelle on a ajouté 1/2 à 1 verre d'eau (il faut qu'il y ait assez de liquide pour permettre une cuisson régulière). Terminer en mettant les olives et 1 bonne poignée de persil haché. Couvrir avec une feuille de papier sulfurisé d'abord, puis avec le couvercle et faire cuire lentement jusqu'à ce que le liquide de cuisson soit réduit de plus de la moitié. Avant de servir, saler si nécessaire.

Réchauffé, ce plat est encore meilleur.

## 20. Morue à la mode de Saragosse
### Bacalao zaragozano
**Préparation : 30 min – Cuisson : 40 min**

| |
|---|
| 700 g de morue |
| 1 kg de pommes de terre |
| 500 g de tomates |
| 350 g d'oignons |
| 15 g de persil plat |
| 1 feuille de laurier |
| 20 cl d'huile |
| Poivre blanc moulu |

Faire tremper la morue, l'égoutter, l'essuyer. Dans une grande marmite mettre l'huile, la feuille de laurier, faire chauffer et y faire dorer les oignons épluchés et hachés finement. Couper en trois ou quatre morceaux des pommes de terre moyennes épluchées et lavées, les mettre dans l'huile chaude, les faire dorer également et ajouter alors les tomates lavées, coupées grossièrement et la morue détaillée en petits morceaux.

Mouiller avec 20 cl d'eau froide et couvrir aussitôt. Environ 5 à 6 min après, mettre le persil haché, du poivre blanc (1 pointe de couteau) et laisser cuire à l'étouffée pendant 20 à 25 min. Servir chaud.

## 21. Paella à la Valenciana
**Préparation : 1 h 30 – Cuisson : 1 h à 1 h 45**

| |
|---|
| 2 poulets tendres |
| 24 escargots |
| 6 langoustines crues |
| 1 litre de moules |
| 300 g de riz |
| 125 g de haricots verts |
| 250 g de petits pois frais écossés |
| 6 fonds de petits artichauts |
| 2 grosses gousses d'ail |
| 1 litre de bouillon |
| Laurier |
| 1 à 2 g de safran |
| 15 cl d'huile |
| Sel, poivre |

Préparer les escargots, les pocher à l'eau bouillante salée, cuire les langoustines en court-bouillon non salé, laver les moules avec soin, les faire ouvrir rapidement à feu vif. Réserver tous ces éléments qui seront utilisés plus tard.

Préparer les poulets, les couper chacun en six ou huit morceaux. Faire chauffer 10 cl d'huile dans une grande poêle (paella), y faire revenir les morceaux de poulets avec 1 gousse d'ail pelée.

Lorsque le tout est bien coloré parsemer d'ail restant haché.

Ajouter ensuite les légumes : haricots coupés en petits morceaux, petits pois, fonds d'artichauts, et mouiller avec le bouillon et de l'eau chaude. Saler, poivrer, mettre le laurier, le safran, couvrir et laisser cuire pendant 30 min.

Faire revenir dans une autre casserole avec 5 cl d'huile chaude, le riz bien lavé ; le verser dans la poêle où cuisent viande et légumes, compléter avec de l'eau bouillante, sans en mettre trop, car le riz absorbera le liquide qui y est déjà. Cuire 15 min et incorporer langoustines, moules et escargots. Chauffer encore 5 à 10 min. Mélanger avec précaution.

Verser le tout dans un grand plat en terre allant au four et passer à four chaud pendant 5 min.

## 22. Lentilles au chorizo
### Lentejas guisadas con Chorizo
**Préparation : 25 min – Cuisson : 1 h 30 à 2 h**

| |
|---|
| 500 g de lentilles |
| 500 g de tomates |
| 250 g de chorizo |
| 100 g d'oignons |
| 2 gousses d'ail |
| Huile |
| Piment rouge en poudre |
| 1 cuil. à soupe de persil plat haché |
| Sel |

Faire cuire les lentilles à l'eau froide, élever douce-ment la température et continuer la cuisson à petit frémissement pendant 35 min environ.

Dans une cocotte, faire chauffer de l'huile, y faire frire les oignons coupés en tranches, l'ail haché finement, saupoudrer de poudre de piment et mettre enfin les tomates lavées, épluchées, débarrassées de leurs pépins et coupées en morceaux. Ajouter le persil haché et bien tourner à feu vif pour obtenir une sauce bien relevée. Saler et terminer avec le chorizo coupé en petites tranches. Mettre alors les lentilles égouttées et cuire à petit feu pendant au moins 1 h ; les lentilles doivent être très tendres et bien imprégnées de sauce.

**Variante.** – On peut utiliser du longaniza coupé en rondelles à la place du chorizo.

**Remarque.** – Les haricots blancs ou rouges peuvent se préparer de la même manière.

## 23. Crème de noisettes
### Crema de avellanas
**Préparation : 25 min – Cuisson : 20 min**

| |
|---|
| 1 litre de lait |
| 6 jaunes d'œufs |
| 100 g de sucre en poudre |
| 200 g de noisettes décortiquées |
| 1 bâton de vanille |

Faire avec le lait, la vanille, le sucre en poudre et les jaunes d'œufs une crème anglaise. Hacher les noisettes, les faire griller au four (elles doivent blondir seulement), les réduire en poudre fine.

Incorporer la poudre de noisette à la crème à la vanille lorsqu'elle est encore tiède. Maintenir au réfrigérateur au moins 1 h avant de servir.

**Variante.** – On peut remplacer les noisettes par des amandes.

On trouve dans le commerce de la poudre de noisette et de la poudre d'amande.

## 24. Sangria
**Préparation : 10 min – Cuisson : 15 min**

Mettre dans une casserole le vin rouge avec le sucre en poudre, la cannelle, la moitié de l'orange et les citrons coupés en tranches. Faire chauffer et lorsque l'ébullition est atteinte, cuire pendant 5 min. Ajouter alors les fruits coupés en quartiers (pêches et poire) ou une seule variété de fruit selon les goûts, et laisser refroidir.

Mettre au réfrigérateur.

Au moment de servir verser l'eau gazeuse et une douzaine de glaçons.

| Ingrédients |
| --- |
| 2 litres de vin rouge (Mascara d'Algérie) |
| 3 citrons non traités (zeste) |
| 1/2 orange non traitée (zeste) |
| 2 pêches |
| 1 poire |
| 90 g de sucre en poudre |
| 25 cl d'eau gazeuse |
| 10 cm de bâton de cannelle |

# Grèce

## 25. Tzatziki

**Préparation : 15 min**

**(1 h à l'avance)**

Peler les concombres, les couper en deux et retirer les graines. Râper la chair et la mettre dans une passoire avec du sel. Peler et hacher finement les gousses d'ail. Au bout d'1 h, presser le concombre avec les mains pour faire sortir l'eau. Couper les feuilles de menthe en fines lanières. Verser le concombre dans un saladier avec le yaourt, l'ail, la menthe et l'huile d'olive. Bien mélanger. Servir froid.

**Conseil.** – On peut accompagner ce plat de pain pita ou de pain de campagne grillé.

| |
|---|
| 500 g de yaourt à la grecque |
| 2 concombres |
| 3 gousses d'ail |
| 6 feuilles de menthe |
| 10 cl d'huile d'olive |
| Sel |

## 26. Tiropita
### Feuilletés au fromage
**Préparation : 30 min – Cuisson : 15 min**

| |
|---|
| 200 g de feta |
| 2 œufs |
| 12 feuilles de pâte filo |
| 6 cuil. à soupe d'huile d'olive |

Préchauffer le four à 180 °C. Mélanger les œufs et la feta à la fourchette jusqu'à ce que le mélange soit bien lisse. Sortir les feuilles de filo, une par une, pour ne pas qu'elles se dessèchent. Les couper en deux, pour former 2 rectangles et les badigeonner d'huile d'olive. Poser 1 bonne cuil. à soupe du mélange dans un coin du rectangle de pâte et le replier sur la farce pour former un triangle. Continuer à replier ainsi la pâte de façon à obtenir un feuilleté en forme de triangle. Procéder ainsi avec toutes les feuilles de filo. Disposer les feuilletés dans un plat allant au four et les faire cuire 15 min jusqu'à ce qu'ils soient bien dorés. Servir chaud.

## 27. Salade grecque
**Préparation : 30 min**

Peler les concombres, les couper en deux, vider les graines et couper la chair en bâtonnets. Retirer le pédoncule des poivrons, les couper en deux, retirer les graines et couper la chair en bâtonnets. Couper les tomates en cubes. Peler l'oignon, le couper en deux et l'émincer. Couper la feta en cubes. Effeuiller le persil. Mettre tous ces ingrédients dans un saladier. Saler le jus de citron. Ajouter l'huile d'olive en filet en fouettant. Verser cette sauce sur la salade. Ajouter les olives. Poivrer et mélanger.

| |
|---|
| 2 concombres |
| 6 tomates |
| 2 poivrons |
| 1 oignon |
| 1 citron (jus) |
| 18 olives noires dénoyautées |
| 1/2 bouquet de persil plat |
| 250 g de feta |
| 3 cuil. à soupe d'huile d'olive |
| Sel, poivre |

## 28. Œufs de poisson à l'huile
## Taramossalata
**Préparation : 25 min**
(1 h à l'avance)

Humecter la mie de pain avec de l'eau. Faire dessaler le tarama dans un peu d'eau pendant environ 1 h. Égoutter. Mettre dans une terrine avec la mie de pain pressée à la main, l'oignon épluché et écrasé au pilon. Bien mélanger et en tournant énergiquement, verser alternativement un peu d'huile, un peu de jus de citron, jusqu'à obtenir la consistance d'une mayonnaise.
Disposer sur un plat et décorer avec les olives noires et des rondelles minces du citron restant.

| |
|---|
| 50 g de tarama (œufs de poisson) |
| 250 g de mie de pain |
| 15 cl d'huile |
| 2 citrons |
| 40 g d'oignon |
| 50 g d'olives noires |

## 29. Petites galettes de viande
## Keftédès
**Préparation : 20 min – Cuisson : 10 min environ**
(30 min à l'avance)

Émietter les biscottes dans un saladier. Mouiller avec un peu d'eau et laisser la pâte s'imbiber pendant environ 30 min. Écraser alors à la fourchette, ajouter

| |
|---|
| 500 g de bifteck haché |
| 4 biscottes |
| 1 œuf |
| 25 g de farine |
| 2 gousses d'ail |
| 6 à 10 cl d'huile |
| Persil plat |

la viande hachée, mélanger avec du sel, du poivre, l'œuf, l'ail et du persil hachés finement et un peu de thym. Travailler avec soin pour obtenir une pâte homogène. Former à la main des boulettes de la taille d'un petit citron. Rouler dans la farine. Aplatir légèrement. Chauffer dans la poêle un peu d'huile et y faire cuire ces boulettes. Il faut compter 5 min de chaque côté. Les keftédès se mangent chauds ou froids.

| Thym |
| Sel, poivre |

**Remarque.** – On peut préparer de toutes petites boulettes (de la taille d'une grosse noisette) et les présenter une fois cuites, piquées chacune d'un bâtonnet (présentation pour cocktail).

# 30. Agneau aux courgettes
**Préparation : 20 min – Cuisson : 1 h 50**

| 1,3 kg d'agneau coupé en morceaux |
| 6 courgettes (ou 6 aubergines) |
| 6 cl d'huile |
| Sel, poivre |
| **Pour la sauce :** |
| 500 g de tomates |
| 100 g d'oignons |
| 1 petite gousse d'ail |
| 3 cl d'huile |
| Persil plat |
| Thym |
| Sel, poivre |

Faire d'abord une sauce tomate. Éplucher les oignons, les émincer et les faire cuire doucement dans une cocotte contenant l'huile chaude. Ils ne doivent pas prendre couleur. Ajouter, au bout de 15 min, les tomates épluchées et coupées en petits morceaux. Tourner à feu régulier afin d'obtenir une purée bien homogène. Ajouter sel, poivre, ail et persil finement hachés, et quelques feuilles de thym. Cuire 20 min à feu doux.

Mettre dans une cocotte, la sauce tomate et les morceaux d'agneau. Les laisser s'imprégner de cette sauce en les retournant à l'aide d'une cuillère, à feu moyen, pendant 15 min. Ajouter alors 10 cl d'eau et laisser mijoter pendant 1 h 15. Saler, poivrer.

Pendant ce temps, préparer les courgettes (ou les aubergines) : les éplucher, les couper en tranches minces dans la longueur et les faire dorer dans une poêle à l'huile chaude. Les ajouter dans la préparation. Vérifier l'assaisonnement et continuer la cuisson à feu moyen pendant 20 min.

**Variante.** – On peut remplacer les légumes par 300 g de riz. Lorsque la viande est cuite aux trois quarts, ajouter deux fois et demie le volume du riz en eau bouillante, y mettre le riz et continuer la cuisson pendant 20 à 25 min.

# 31. Moussaka
## Gratin d'aubergines
**Préparation : 25 min – Cuisson : 50 min**

| |
|---|
| 300 g de bœuf ou de mouton |
| 6 aubergines |
| 100 g de parmesan ou de gruyère |
| 2 œufs |
| 1 oignon |
| Cannelle ou noix muscade en poudre |
| 15 cl d'huile |
| Sel, poivre |

Éplucher les aubergines, les couper en tranches dans le sens de la longueur, les blanchir en les plongeant 2 min dans de l'eau bouillante additionnée de 1 cuil. à soupe d'huile.

Égoutter, essuyer, faire chauffer l'huile dans une poêle et y faire dorer les tranches d'aubergine. Les réserver dans un plat.

Préparer avec la viande un hachis dans lequel on mettra l'oignon épluché, haché finement et revenu dans 1 cuil. à soupe d'huile. Assaisonner avec sel, poivre, cannelle (ou noix muscade suivant les goûts), incorporer le parmesan râpé.

Disposer dans un plat long, allant au four, 1 couche d'aubergines, 1 couche de hachis et ainsi de suite, jusqu'à épuisement des ingrédients. Verser par-dessus les 2 œufs battus en omelette. Faire cuire à four moyen pendant 45 min. Servir chaud.

# 32. Feuilles de vigne farcies
## Dolmadès
**Préparation : 30 min – Cuisson : 55 min**

| |
|---|
| 12 feuilles de vigne environ |
| 200 g de viande bouillie |
| 80 g de riz |
| 50 g de mie de pain |
| 80 g de beurre |
| 50 cl de roux blanc |
| 1 œuf + 2 jaunes |
| 1 oignon |
| 1 citron (jus) |
| Noix muscade râpée |
| Sel, poivre |

Faire blanchir les feuilles de vigne et les égoutter. Préparer un hachis avec la viande, l'oignon haché et cuit à l'avance dans 30 g de beurre, le riz cuit à l'eau, le pain trempé dans de l'eau puis égoutté et 1 œuf entier. Saler, poivrer et ajouter de la noix muscade. Placer sur chaque feuille 1 cuil. à soupe de farce, faire des petits paquets.

Mettre dans une cocotte 50 g de beurre, y placer les paquets l'un à côté de l'autre. Faire cuire doucement à couvert pendant 45 min. Servir les paquets sur un plat, nappés avec le roux blanc mouillé avec de l'eau de cuisson des feuilles de vigne, relevé avec le jus du citron et lié avec les jaunes d'œufs.

**Remarque.** – On peut préparer de très petites dolmadès (une bouchée). Servies froides, elles accompagnent l'apéritif.

## 33. Gâteau de semoule
### Kalva
**Préparation : 5 min – Cuisson : 35 min**

200 g de semoule
de blé dur

150 g de beurre

230 g de sucre en poudre

45 cl de lait

1 cuil. à café de cannelle
en poudre

Mettre à feu doux, dans une casserole, le beurre, le faire fondre et chauffer pour qu'il blondisse, y jeter la semoule en pluie.

Continuer à cuire en tournant avec une cuillère en bois. Verser sur la semoule dorée le lait bouillant dans lequel on a fait fondre le sucre en poudre. Cuire alors à feu doux pendant 20 min à couvert.

Verser dans un plat cette préparation. Écraser (si nécessaire) à la fourchette. Saupoudrer de cannelle en poudre.

Servir froid.

# Italie

## 34. Sauce à la bolognaise
**Préparation : 20 min – Cuisson : 1 h 30 à 2 h**

Hacher finement l'oignon épluché, le lard, la sauge et le basilic.

Faire chauffer de l'huile et le beurre et y faire revenir ce hachis (appelé *il paste*). Ajouter alors la viande hachée, les tomates épluchées et réduites en purée, puis 15 à 20 cl d'eau, du sel, du poivre, du romarin, du thym et du laurier. Mélanger.

Faire cuire à couvert et à feu doux pendant 1 h 30 à 2 h. (Vérifiez de temps en temps que la sauce ne caramélise pas.)

**Remarque.** – On peut ajouter à la viande de bœuf haché 1 ou 2 foies de volaille ou de lapin.

| |
|---|
| 200 g de viande de bœuf hachée |
| 300 g de tomates fraîches |
| 50 g de lard |
| 60 g d'oignon |
| 30 g de beurre |
| Huile |
| Sauge |
| Basilic |
| Romarin |
| Thym |
| Laurier |
| Sel, poivre |

## 35. Bruschettas
**Préparation : 10 min – Cuisson : 10 min**

Couper les tomates en quartiers, les épépiner et couper leur chair en petits cubes. Couper le basilic en fines lanières. Dans un saladier, mélanger les cubes de tomates, le basilic et la moitié de l'huile d'olive. Saler et poivrer. Faire griller les tranches de pain. Couper les gousses d'ail en deux. Quand le pain est grillé, le frotter avec les gousses d'ail et l'arroser avec l'huile d'olive restante. Répartir le mélange à la tomate sur les tranches de pain et servir.

| |
|---|
| 6 tomates bien mûres |
| 12 tranches de pain de campagne |
| 2 gousses d'ail |
| 12 feuilles de basilic |
| 12 cuil. à soupe d'huile d'olive |
| Sel, poivre |

## 36. Minestrone
## Soupe aux légumes
**Préparation : 45 min – Cuisson : 1 h 30 à 2 h**

| |
|---|
| 200 g de haricots écossés |
| 150 g de tomates |
| 100 g d'oignons |
| 250 g de pommes de terre |
| 150 g de petits pois écossés ou de haricots verts |
| 100 g de riz |
| 3 feuilles de chou |
| 1 branche de céleri |
| 50 g de lard |
| 30 g de parmesan râpé |
| Sauge |
| Basilic |
| 5 cl d'huile |
| 15 g de beurre |
| Sel, poivre |

Éplucher tous les légumes, les laver et les couper en morceaux. Épépiner les tomates puis les couper en morceaux.

Hacher finement le lard, les feuilles de sauge et de basilic, les oignons épluchés. Chauffer dans la marmite l'huile et le beurre, y faire revenir ce hachis, ajouter ensuite les légumes, les saisir et si possible les faire dorer. Mettre les tomates. Recouvrir avec 2 litres d'eau. Celle-ci doit recouvrir largement les légumes (un bon tiers de la hauteur de ceux-ci). Saler et poivrer. Porter à ébullition et laisser cuire doucement pendant 2 h.

20 min avant de servir et avant la fin de la cuisson, mettre le riz bien lavé (ou 100 g de petites pâtes). Servir bien chaud avec le parmesan à part.

## 37. Frittata aux asperges
**Préparation : 10 min – Cuisson : 20 min**

| |
|---|
| 400 g d'asperges vertes |
| 75 g de parmesan râpé |
| 9 œufs |
| 6 cuil. à soupe d'huile d'olive |
| Sel, poivre |

Ôter le pied des asperges et les couper en quatre tronçons. Faire chauffer l'huile à feu moyen dans une grande poêle antiadhésive et y faire revenir les asperges entre 5 et 8 min, jusqu'à ce qu'elles soient tendres. Battre les œufs en omelette dans un saladier, saler et poivrer. Ajouter le parmesan râpé et mélanger. Verser les œufs dans la poêle, sur les asperges, et les faire cuire en remuant jusqu'à ce que la frittata soit bien cuite en dessous et assez sèche dessus. Poser un couvercle ou un plat sur la poêle et y retourner la frittata. La remettre à cuire de l'autre côté, jusqu'à ce qu'il soit bien doré.

**Variante.** – On peut aussi préparer une frittata avec des courgettes, du fromage ou des olives par exemple.

## 38. Polenta au parmesan
**Préparation : 5 min – Cuisson : 45 à 50 min**

| |
|---|
| 500 g de semoule de maïs |
| 150 g de parmesan râpé |
| 125 g de beurre |
| Sel, poivre |

Faire bouillir 2 litres d'eau salée et y verser la semoule de maïs. La faire cuire 30 min à feu doux, en la remuant. Si elle épaissit trop, ajouter de l'eau chaude. Ajouter le beurre, le parmesan et poivrer. La faire cuire encore 15 à 20 min, jusqu'à ce que le fromage soit bien incorporé.

**Conseil.** – Servir la polenta en garniture de viande ou de gibier. Il existe des farines de maïs précuites pour faire la polenta dont la cuisson est beaucoup plus rapide.

## 39. Spaghetti à la carbonara
**Préparation : 10 min – Cuisson : 25 min**

| |
|---|
| 500 g de spaghetti |
| 150 g de pancetta |
| 120 g de parmesan râpé |
| 6 jaunes d'œufs |
| 1 oignon |
| 2 cuil. à soupe d'huile d'olive |
| Sel, poivre |

Peler l'oignon et le hacher. Couper la pancetta en petits morceaux. Faire chauffer l'huile d'olive dans une poêle et y faire dorer la pancetta. La retirer de la poêle, y ajouter l'oignon et le faire dorer. Laisser tiédir. Saler et poivrer les jaunes d'œufs. Y verser la pancetta, l'oignon, la moitié du parmesan et mélanger. Faire bouillir une grande quantité d'eau salée et y faire cuire les spaghetti *al dente*. Les égoutter en gardant un peu d'eau de cuisson. Verser cette eau de cuisson dans les jaunes d'œufs en remuant, cela leur évitera de cuire. Verser la sauce sur les pâtes. Servir immédiatement avec le reste de parmesan à part.

## 40. Lasagne à la bolognaise
**Préparation : 20 min – Cuisson : 1 h 20**

| |
|---|
| 600 g de pâtes à lasagne |
| 500 g de viande de bœuf hachée |
| 400 g de tomates pelées en boîte |
| 150 g de parmesan râpé |
| 75 cl de lait |
| 75 g de farine |
| 75 g de beurre |

Faire cuire les pâtes à lasagne comme indiqué sur le paquet. Les égoutter sur un linge.

Peler et émincer les oignons et l'ail. Égoutter les tomates et les hacher grossièrement. Faire chauffer l'huile à feu moyen dans une casserole. Y faire revenir l'oignon, en le salant, pendant 5 min. Ajouter l'ail et cuire encore 1 min. Ajouter la viande, saler et poivrer. La faire dorer, puis ajouter les tomates et faire mijoter environ 30 min.

Pendant ce temps, préparer la béchamel. Faire fondre le beurre dans une casserole, ajouter la farine et mélanger pendant 2 min. Verser le lait froid, saler, poivrer, et faire cuire jusqu'à obtenir une consistance crémeuse. Retirer du feu, ajouter la moitié du parmesan et mélanger.

Préchauffer le four à 200 °C. Dans un plat à gratin huilé, étaler une couche de lasagne, puis une couche de viande, une couche de lasagne, une couche de béchamel et ainsi de suite, jusqu'à épuisement des ingrédients. Terminer par une couche de béchamel. Saupoudrer avec le parmesan restant et mettre au four pour 20 min de cuisson.

2 oignons

2 gousses d'ail

10 cl d'huile d'olive + 2 cuil. à soupe pour huiler le plat

Sel, poivre

## 41. Tomates farcies à la sicilienne
### Pomodori ripieni alla siciliana
**Préparation : 30 min – Cuisson : 45 min**

Laver les tomates, les couper dans le milieu, les évider, les mettre dans un plat huilé allant au four. Nettoyer les anchois, les hacher avec le persil. Émietter la mie de pain rassis, la faire légèrement frire à l'huile chaude, y incorporer les câpres égouttées, le hachis de persil et d'anchois. Assaisonner avec de la noix muscade râpée, du poivre et du sel si nécessaire.

Remplir les demi-tomates de cette farce, verser un peu d'huile sur chaque tomate, et mettre le plat dans un four moyennement chaud. Cuire 45 min.

8 tomates assez grosses

200 g de mie de pain rassis

10 anchois salés

40 g de câpres au vinaigre

70 g de persil plat

Huile

Noix muscade

Sel, poivre

## 42. Linguine aux palourdes
### Linguine alle vongole
**Préparation : 20 min – Cuisson : 25 min**

Brosser les palourdes et les laver. Les mettre dans une casserole avec le vin blanc. Les faire chauffer à

1 kg de palourdes

500 g de linguine

20 cl de vin blanc sec

3 gousses d'ail

6 brins de persil plat

feu vif et les retirer au fur et à mesure qu'elles s'ouvrent. Jeter celles qui restent fermées. Retirer les coquilles de la moitié des palourdes. Filtrer le jus de cuisson. Peler et émincer les gousses d'ail. Effeuiller le persil et le couper en fines lanières. Faire chauffer

| |
|---|
| 6 cuil. à soupe d'huile d'olive |
| Sel, poivre |

l'huile dans une cocotte et y mettre l'ail à dorer. Y verser le jus de cuisson, les palourdes et le persil. Saler, poivrer, et faire cuire à feu doux pendant 10 min. Pendant ce temps, faire cuire les pâtes *al dente* dans une grande quantité d'eau salée. Les égoutter, les verser dans la cocotte avec les coquillages. Mélanger et servir immédiatement.

**Remarque.** – Les linguine sont des pâtes italiennes en forme de longs rubans étroits. On peut les remplacer par des spaghettis.

## 43. Fettucine au pesto
**Préparation : 10 min – Cuisson : 12 min**

| |
|---|
| 500 g de fettucine |
| 60 g de basilic |
| 50 g de parmesan râpé |
| 30 g de pignons de pin |
| 1 gousse d'ail |
| 20 cl d'huile d'olive |
| Sel, poivre |

Faire cuire les pâtes *al dente* dans une grande quantité d'eau bouillante salée. Les égoutter, verser dessus 5 cl d'huile d'olive et mélanger.

Pendant la cuisson des pâtes, préparer le pesto. Peler la gousse d'ail. Effeuiller le basilic. Mettre le basilic, l'ail, le parmesan et les pignons dans le bol d'un robot et mixer. Ajouter ensuite l'huile restante, en filet, et continuer à mixer jusqu'à ce que le mélange soit homogène. Verser la sauce sur les pâtes, bien remuer. Saler, poivrer et servir.

**Remarque.** – Les fettucine sont des tagliatelles aux œufs.

## 44. Penne à l'arabiata
**Préparation : 10 min – Cuisson : 20 min**

| |
|---|
| 500 g de penne |
| 750 g de tomates pelées en boîte |
| 2 petits piments secs |
| 3 gousses d'ail |
| 100 g de pecorino râpé |
| 10 cl d'huile d'olive |
| Sel |

Égoutter les tomates et les hacher grossièrement. Peler l'ail et l'émincer. Couper les piments en deux dans la longueur, les épépiner et les hacher finement. Mettre l'huile d'olive à chauffer dans une grande poêle et y faire blondir l'ail et le piment. Ajouter les tomates et faire cuire 15 min, en salant.

Faire bouillir une grande quantité d'eau salée. Y faire cuire les penne *al dente.* Les égoutter et les verser dans la poêle avec la sauce. Bien remuer. Retirer du feu, saupoudrer de pecorino râpé et servir.

**Remarque.** – Le pecorino est un fromage italien au lait de brebis.

## 45. Foie de veau à la vénitienne
**Préparation : 10 min – Cuisson : 20 min**

Peler et émincer les oignons. Effeuiller et hacher finement le persil. Faire chauffer l'huile dans une poêle et y mettre les oignons à cuire à feu moyen pendant 10 min. Les saler. Verser le vin et le faire réduire à feu vif. Quand le jus est réduit, ajouter les tranches de foie de veau et les faire revenir, jusqu'à ce qu'elles soient dorées mais encore rosées à l'intérieur. Ajouter le persil. Mélanger et servir.

900 g de foie de veau en tranches fines

500 g d'oignons doux

3 brins de persil plat

20 cl de vin blanc sec

6 cuil. à soupe d'huile d'olive

Sel, poivre

## 46. Escalope milanaise
**Préparation : 10 min – Cuisson : 10 min**

Couper les citrons en quartiers. Battre les œufs en omelette. Les saler et les poivrer puis les verser dans une assiette creuse. Étaler la farine dans une assiette. Mélanger la chapelure avec le parmesan et étaler le mélange dans une autre assiette. Passer les escalopes d'abord dans la farine, ensuite dans l'œuf battu et enfin dans la chapelure. Faire chauffer l'huile et le beurre dans une grande poêle. Faire dorer les escalopes environ 5 min par côté. Les servir avec les quartiers de citron.

6 escalopes de veau (demander au boucher de les aplatir)

100 g de chapelure

50 g de parmesan râpé

3 citrons

3 œufs

30 g de beurre

60 g de farine

3 cuil. à soupe d'huile

Sel, poivre

**Conseil.** – On peut accompagner ce plat de pâtes fraîches à la sauce tomate.

# 47. Vitello tonnato
## Veau sauce au thon
**Préparation : 30 min – Cuisson : 1 h 40 – Repos : 2 h (24 h à l'avance)**

| |
|---|
| 1 kg de noix de veau |
| 200 g de thon à l'huile |
| 12 filets d'anchois |
| 1 carotte |
| 1 oignon |
| 1 branche de céleri |
| 1 citron |
| 2 jaunes d'œufs |
| 50 cl de vin blanc sec |
| 25 cl d'huile d'olive |
| 1 feuille de laurier |
| Sel, poivre |

Peler l'oignon et la carotte. Les émincer finement ainsi que le céleri. Mélanger avec le vin blanc et la feuille de laurier. Saler et poivrer. Mettre le veau à mariner dans ce mélange pendant 24 h en le retournant de temps en temps. Égoutter la viande. Mettre 5 cl d'huile à chauffer dans une cocotte et y faire dorer le veau sur toutes ses faces. Verser la marinade dans la cocotte, la couvrir et laisser cuire pendant 1 h 30 à feu doux. Laisser refroidir. Pendant ce temps, préparer la sauce. Presser le citron. Mettre le jus dans le bol d'un mixeur avec les jaunes d'œufs, les anchois et le thon. Mixer tout en versant l'huile en filet, jusqu'à obtenir une sauce qui ne soit pas trop liquide. Saler et poivrer. Couper la viande en tranches très fines. Les disposer dans un plat. Les couvrir de sauce au thon. Mettre au frais pour au moins 2 h avant de servir.

# 48. Risotto à la milanaise
**Préparation : 5 min – Cuisson : 25 min**

| |
|---|
| 500 g de riz arborio ou carnaroli |
| 40 g de moelle de bœuf |
| 120 g de parmesan râpé |
| 75 g de beurre |
| 2 litres de bouillon de bœuf |
| 1 oignon |
| 1 cuil. à café de pistils de safran |

Peler l'oignon et le hacher finement. Faire chauffer le bouillon. Dans une cocotte, faire fondre la moelle. Ajouter la moitié du beurre et l'oignon. Le faire blondir environ 5 min. Ajouter le riz et le faire revenir jusqu'à ce qu'il devienne transparent. Ensuite, verser le bouillon louche par louche en attendant à chaque fois qu'il soit absorbé. Cela doit prendre environ 18 min. Remuer constamment avec une cuillère en bois. Ajouter le safran dans la dernière louche de bouillon, avant de la verser dans le riz. Quand tout le bouillon est absorbé, ajouter le beurre restant, le parmesan et mélanger. Laisser reposer 2 à 3 min et servir.

## 49. Risotto aux cèpes
**Préparation : 15 min – Cuisson : 30 min**

Couper le bout terreux des cèpes, les nettoyer à l'aide d'un linge humide et les émincer finement. Peler les gousses d'ail et les hacher finement. Faire chauffer le bouillon. Dans une cocotte, faire chauffer la moitié de l'huile avec l'ail. Le faire blondir environ 2 min, puis ajouter les lamelles de cèpes et les faire revenir jusqu'à ce qu'elles soient bien dorées. Saler, poivrer. Les retirer de la cocotte et les garder au chaud. Verser l'huile restante avec le riz dans la cocotte et le faire revenir jusqu'à ce qu'il devienne transparent. Poivrer. Ensuite, verser le bouillon louche par louche en attendant à chaque fois qu'il soit absorbé. Cela doit prendre environ 18 min. Remuer constamment avec une cuillère en bois. Quand tout le bouillon est absorbé, ajouter le beurre, le parmesan et mélanger. Poser les cèpes chauds dessus. Laisser reposer 2 à 3 min et servir.

500 g de riz arborio ou carnaroli

400 g de cèpes

60 g de parmesan râpé

50 g de beurre

2 litres de bouillon de légumes ou de volaille

2 gousses d'ail

15 cl d'huile d'olive

Sel, poivre

## 50. Gnocchis à la sauge
**Préparation : 20 min – Cuisson : 35 min**

Faire cuire les pommes de terre dans de l'eau bouillante salée jusqu'à ce que la pointe d'un couteau s'enfonce facilement dans leur chair (20 à 30 min). Les peler et passer la chair dans un presse-purée. Mélanger cette purée avec la farine et l'œuf. Saler et poivrer. Sur un plan de travail fariné, former des boudins avec la pâte et les couper en morceaux d'environ 2 cm. Les passer sur le dos d'une fourchette pour leur donner un creux, et sur les dents de la fourchette pour leur donner un dessin.

Préparer le beurre de sauge : faire fondre le beurre à feu doux et y plonger les feuilles de sauge. Laisser infuser environ 5 min. Saler et poivrer. Faire bouillir une grande quantité d'eau salée, y verser les gnocchis. Les retirer avec une écumoire dès qu'ils

1 kg de pommes de terre

200 g de farine + 1 cuil. à soupe pour le plan de travail

1 œuf

75 g de beurre

12 feuilles de sauge

Sel, poivre

remontent à la surface. Les servir immédiatement arrosés du beurre de sauge.

**Variante.** – On peut remplacer la sauge par du romarin frais. On peut servir ce plat avec du parmesan fraîchement râpé.

## 51. Aubergines à la parmesane
**Préparation : 30 min – Cuisson : 1 h**

| |
|---|
| 1,5 kg d'aubergines |
| 500 g de tomates |
| 200 g de mozzarella |
| 50 g de parmesan râpé |
| 1/2 bouquet de basilic |
| 30 g de beurre |
| 10 cl d'huile d'olive |
| Sel, poivre |

Préchauffer le four à 180 °C. Effeuiller le basilic. Couper les aubergines en tranches dans la longueur. Les mettre à dégorger dans une passoire avec du sel.

Plonger les tomates 20 s dans de l'eau bouillante. Les peler, les épépiner et les couper en petits cubes. Les mettre dans une casserole avec 4 feuilles de basilic et les faire cuire 20 min à feu vif. Saler et poivrer. Les passer au presse-purée.

Sécher les tranches d'aubergines. Faire chauffer une poêle anti-adhésive à feu vif avec l'huile d'olive et y faire revenir les tranches d'aubergines, jusqu'à ce qu'elles soient bien dorées sur les deux faces. Les égoutter sur du papier absorbant. Couper la mozzarella en fines tranches.

Dans un plat à gratin, poser une couche d'aubergines. Les recouvrir de sauce tomate, de quelques feuilles de basilic et de tranches de mozza-rella. Continuer de la même manière jusqu'à épuisement des ingré-dients en terminant par une couche d'aubergines couverte de sauce tomate. Parsemer le plat de parmesan et de lamelles de beurre.

Mettre au four pour 30 min de cuisson.

**Variante.** – Pour une version plus rapide, ont peut utiliser une sauce tomate de bonne qualité déjà prête.

## 52. Pizza napolitaine

**Préparation : 50 min – Cuisson : 40 min**
(1 h 30 à l'avance)

| |
|---|
| 300 g de purée de tomates |
| 150 g d'anchois |
| 150 g de mozzarella |
| 300 g de farine |
| 5 cl d'huile d'olive |
| 15 g de levure de boulanger |
| Thym en poudre |
| Sel |

Faire d'abord avec la farine, la levure de boulanger, de l'eau (environ 10 cl) et du sel, une détrempe. La pâte doit avoir l'aspect de la pâte à pain. La laisser lever pendant 1 h à température ambiante.

Pétrir alors cette pâte pendant quelques instants, l'étaler au rouleau sur une épaisseur de 1,5 cm en lui donnant la forme d'une galette. Prévoir un bord.

Placer la pâte sur la plaque de cuisson. Et laisser reposer dans un endroit tiède pendant encore 30 min.

Disposer alors sur la pâte la purée de tomates, la mozzarella coupée en lamelles fines, les anchois. Arroser avec l'huile d'olive et parsemer de thym en poudre.

Cuire à four bien chaud pendant 30 à 40 min.

## 53. Chaussons fourrés à la napolitaine

### Calzoni ripieni

**Préparation : 40 min – Cuisson : 20 min**
(1 h à l'avance)

| |
|---|
| 100 g de jambon cuit |
| 100 g de mozzarella |
| 50 g de salami |
| 350 g de farine |
| 2 œufs |
| 4 cuil. à soupe de parmesan râpé |
| 20 g de levure de bière |
| 20 g de saindoux |
| 10 g de persil plat |
| Basilic |
| Huile pour friture |
| Sel, poivre |

Mettre sur la planche à pâtisserie la farine, y faire un puits, y placer le saindoux, la levure, du sel et délayer progressivement avec de l'eau tiède, mélanger pour obtenir une pâte assez molle, puis la travailler énergiquement pour la rendre souple et élastique. En faire une boule et la laisser reposer dans un endroit tiède pendant 1 h.

Préparer la farce en coupant en très petits morceaux le jambon, le salami et la mozzarella, ainsi que le persil et le basilic, incorporer le parmesan, 1 œuf entier et 1 jaune. Saler et poivrer. Cette farce doit être assez liée. Lorsque la pâte est bien levée, la battre à la main ou au rouleau pour la dégonfler. L'étaler et la couper avec un emporte-pièce en 12 disques de 12 cm de diamètre. Placer de la farce au centre de chaque morceau de pâte, souder les bords avec le blanc d'œuf restant. Faire frire à l'huile très chaude et servir tels quels, bien chauds, ou accompagnés d'une sauce tomate.

## 54. Osso-buco

**Préparation : 30 min – Cuisson : 1 h 45**

| |
|---|
| 2 jarrets de veau (arrière) |
| 150 g de carottes |
| 60 g de céleri rave |
| 1 orange non traitée (zeste) |
| 50 g de farine |
| 10 cl de bouillon corsé |
| 10 cl de vin blanc sec |
| 6 cl d'huile |
| 30 g de beurre |
| Thym |
| Laurier |
| Basilic |
| Sel, poivre |

Faire couper chaque jarret en quatre morceaux, les passer dans la farine. Mettre dans une sauteuse l'huile et le beurre, y faire dorer les morceaux de jarrets de veau, les retirer lorsqu'ils sont dorés et les tenir au chaud.

Dans la même matière grasse, faire revenir les carottes épluchées et le céleri coupés en dés. Laisser étuver pendant 10 min, puis saupoudrer du reste de farine, mouiller avec le vin blanc. Ajouter le bouillon. Assaisonner avec du sel, du poivre, du thym, du laurier, du basilic et le zeste râpé de l'orange. Remettre les morceaux de jarret, couvrir et faire cuire pendant 1 h 30 environ.

Servir bien chaud après avoir vérifié l'assaisonnement, avec du riz cuit à l'eau.

## 55. Escalopes fourrées

## Saltimbocca alla romana

**Préparation : 20 min – Cuisson : 20 min**

| |
|---|
| 6 escalopes de veau de 60 à 70 g chacune |
| 6 tranches de jambon de Parme |
| 6 feuilles de sauge |
| 50 g de beurre ou 5 cl d'huile |
| Sel, poivre |

Aplatir chaque escalope, y disposer 1 feuille de sauge fraîche et 1 tranche de jambon. Replier en deux et maintenir fermé, soit avec une ficelle fine soit avec 1 ou 2 piques alimentaires.

Faire chauffer dans une sauteuse le beurre ou l'huile, y faire revenir les saltimbocca, saler (peu à cause du jambon), poivrer. Faire cuire en retournant sur les deux faces pendant environ 20 min. Déficeler ou enlever les piques alimentaires pour servir. Accompagner de purée de pommes de terre.

## 56. Polpettone à la florentine
### Polpettone alla fiorentina
**Préparation : 45 min – Cuisson : 45 min**

| |
|---|
| 750 g de veau |
| 250 g de jambon cru |
| 3 œufs |
| 60 g de carottes |
| 1 branche de céleri |
| 1 oignon |
| 1 citron (jus) |
| 6 cl d'huile |
| 15 g de farine |
| 1 bouquet de persil plat |
| 10 cl de bouillon |
| 1 cuil. à café de 4-épices |
| Sel, poivre |

Hacher la viande de veau et le jambon. Mettre ce hachis dans une terrine et y mélanger les œufs entiers, les épices, du sel, du poivre. Pétrir avec les mains et donner à l'ensemble la forme d'une boulette ovale et compacte. Passer dans la farine.
D'autre part, hacher finement l'oignon, les carottes, le persil et le céleri.
Dans une cocotte assez grande pour contenir le polpettone, mettre l'huile. Faire chauffer et mettre à dorer le hachis de légumes. Puis y placer le pain de viandes hachées. Dorer également, puis mouiller avec le bouillon et cuire, à couvert, pendant 45 min, à feu très doux. Pour servir, sortir le polpettone de la cocotte, couper avec un couteau bien aiguisé en tranches. Disposer sur un plat rond, autour de légumes verts (haricots ou épinards). Verser quelques gouttes de jus de citron sur chaque tranche.

**Remarque.** – Le mélange 4-épices est composé de poivre moulu, de clou de girofle en poudre, de cannelle en poudre et de noix muscade râpée.

## 57. Riz aux petits pois
### Riso con piselli
**Préparation : 25 min – Cuisson : 1 h à 1 h 30**

| |
|---|
| 300 g de riz |
| 1 kg de petits pois |
| 1 litre de bouillon au choix |
| 50 g de lard fumé |
| 1 oignon |
| 1 gousse d'ail |
| 6 cl d'huile |
| 40 g de beurre |
| Quelques feuilles de persil et de menthe |
| Sel, poivre |

Laver le riz, le faire cuire dans le bouillon. Pendant la cuisson de celui-ci, écosser les petits pois.
Hacher finement l'ail, le lard, l'oignon, la menthe et le persil. Faire chauffer l'huile dans une cocotte, y mettre le hachis, le faire dorer. Laisser un peu refroidir et y ajouter les petits pois écossés, le beurre en petits morceaux, du sel, du poivre. Couvrir et laisser cuire à l'étouffée en ajoutant si nécessaire

un peu d'eau. Lorsque les petits pois sont cuits, y mélanger le riz qui a été égoutté.

Réchauffer l'ensemble pendant 5 à 10 min.

## 58. Artichauts frits à la romaine
### Carciofi fritti alla romana
**Préparation : 30 min – Cuisson : 20 à 25 min**
(1 h à l'avance)

| Ingrédients |
|---|
| 12 petits artichauts |
| 100 g de farine |
| 1 œuf |
| 1 citron |
| 20 cl de lait |
| 2 cuil. à soupe d'huile d'olive |
| Huile pour friture |
| Noix muscade |
| Sel, poivre |

Préparer avec la farine, le jaune d'œuf et le lait, une pâte à frire assaisonnée avec du sel, du poivre et de la noix muscade râpée, y ajouter 2 cuil. à soupe d'huile d'olive. Bien mélanger et laisser reposer 1 h. Ajouter le blanc d'œuf battu en neige au moment de faire les beignets.

Ne pas laver les artichauts, les éplucher, enlever les feuilles les plus dures et couper les pointes des feuilles, casser les tiges.

Tremper un à un les petits artichauts dans la pâte à frire puis les plonger dans l'huile chaude. Faire frire, puis dorer. Égoutter.

Servir sur un plat avec des quartiers de citron.

## 59. Gâteau de fromage blanc
### Torta di ricotta
**Préparation : 30 min – Cuisson : 30 min**

| Ingrédients |
|---|
| 500 g de fromage blanc (ce fromage blanc est fait avec du lait bouilli, caillé et passé) |
| 100 g de fruits confits |
| 100 g de sucre en poudre |
| 4 œufs |
| 60 g de farine |
| 50 g de raisins de Corinthe |
| 1 citron non traité (zeste) |

Couper les fruits confits en morceaux, laver les raisins, râper le zeste du citron. Mettre dans une terrine le fromage blanc, y ajouter les 4 jaunes d'œufs, la farine, le sucre en poudre, les raisins et les fruits confits.

Battre 2 blancs (seulement) en neige très ferme, mélanger délicatement. Beurrer et fariner un moule à biscuit, y verser la préparation, mettre à four chaud et cuire environ 30 min. Attendre au moins 10 min avant de démouler.

# 60. Tarte au café
## Torta al caffe
**Préparation : 25 min – Cuisson : 25 min**
(15 à 20 min à l'avance)

| Pour la pâte (pasta frolla) : |
| --- |
| 200 g de farine |
| 100 g de beurre |
| 100 g de sucre en poudre |
| 4 jaunes d'œufs |
| **Pour la crème :** |
| 3 œufs |
| 225 g de sucre en poudre |
| 150 g de poudre d'amande |
| 75 g de beurre |
| Extrait de café |
| Kirsch |

**La pâte :** préparer une pâte, de type sablée, avec la farine, le sucre en poudre, les jaunes d'œufs et le beurre coupé en morceaux. Travailler légèrement jusqu'à ce qu'elle soit lisse. L'envelopper dans un torchon et la laisser reposer pendant 15 à 20 min. Étaler au rouleau sur une planche farinée sur 5 mm d'épaisseur. Disposer sur une tourtière à tarte sans garniture, mettre seulement un papier sulfurisé et faire cuire à four chaud pendant 25 min environ.

**La crème :** séparer les jaunes des blancs. Travailler les jaunes dans une terrine avec le sucre en poudre pendant 10 min, de façon à obtenir un mélange blanc et mousseux. Mettre l'extrait de café, le beurre amolli, la poudre d'amande et le kirsch (pour parfumer selon les goûts), verser cette crème sur la pâte cuite.

# 61. Tarte au chocolat
## Torta al cioccolato
**Préparation : 25 min – Cuisson : 35 min**
(15 à 20 min à l'avance)

| Pour la pâte (pasta frolla) : |
| --- |
| 200 g de farine |
| 100 g de beurre |
| 100 g de sucre en poudre |
| 4 jaunes d'œufs |
| **Pour la crème :** |
| 2 œufs |
| 75 cl de lait |
| 100 g de sucre en poudre |
| 75 g de beurre |
| 150 g de chocolat râpé |
| 30 g de farine |

**La pâte :** préparer une pâte, de type sablée, avec la farine, le sucre en poudre, les jaunes d'œufs et le beurre coupé en morceaux. Travailler légèrement jusqu'à ce qu'elle soit lisse. L'envelopper dans un torchon et la laisser reposer pendant 15 à 20 min. Étaler au rouleau sur une planche farinée sur 5 mm d'épaisseur. Disposer dans une plaque à tarte beurrée et faire cuire à four chaud pendant 15 à 20 min.

**La crème :** faire chauffer le lait dans une casserole, travailler les jaunes d'œufs avec le sucre en poudre, ajouter la farine en tournant avec soin, puis le chocolat, et délayer avec le lait chaud.

Faire cuire dans la casserole en tournant comme une crème pâtissière. Au moment où elle épaissit, y mettre le beurre et les blancs d'œufs battus en neige.

Verser sur la pasta frolla cuite, égaliser avec une lame de couteau et remettre au four (moyen) pendant 10 min.

## 62. Sabayon
### Zabaïone
**Préparation : 15 min – Cuisson : 10 min**

5 jaunes d'œufs
200 g de sucre en poudre
20 cl de marsala
1 pincée de vanille en poudre

Travailler dans une terrine les jaunes d'œufs avec le sucre en poudre, assez longtemps, de façon à obtenir un mélange blanc et lisse. Ajouter alors la vanille et le marsala. Mettre la terrine dans un bain-marie, chauffer doucement sans cesser de battre vigoureusement le mélange avec un fouet. Servir chaud lorsque le sabayon a épaissi.

## 63. Panna cotta
**Préparation : 5 min – Cuisson : 5 min**
(6 h à l'avance)

50 cl de crème liquide
3 feuilles de gélatine
1 gousse de vanille
80 g de sucre en poudre

Faire tremper les feuilles de gélatine dans de l'eau froide pour les ramollir. Fendre la gousse de vanille dans la longueur. Mettre la crème liquide et le sucre en poudre dans une casserole. Gratter les graines de la gousse de vanille et les ajouter dans la casserole, ainsi que la gousse fendue. Porter à ébullition et retirer tout de suite du feu. Enlever la gousse de vanille. Ajouter les feuilles de gélatine essorées et mélanger jusqu'à ce qu'elles soient fondues. Verser la crème dans 6 petits moules et les mettre au réfrigérateur jusqu'à ce que la crème soit prise.

**Conseil.** – On peut servir la panna cotta avec un coulis de fruits rouges.

# 64. Tiramisù

**Préparation : 30 min – Repos : 3 h**

(3 h à l'avance)

| |
|---|
| 400 g de mascarpone |
| 4 œufs |
| 20 biscuits à la cuillère |
| 150 g de sucre glace |
| 20 cl de café bien fort, refroidi |
| 50 g de chocolat noir en tablette |
| Sel |

Séparer les blancs des jaunes d'œufs. Fouetter 2 blancs en neige ferme avec 1 pincée de sel. Fouetter 4 jaunes avec le sucre glace, jusqu'à obtenir un mélange jaune pâle et mousseux. Y incorporer délicatement le mascarpone, puis les blancs en neige. Poser la moitié des biscuits à la cuillère au fond du plat. Les arroser de la moitié du café et du mélange au mascarpone. Râper la moitié du chocolat par-dessus. Recommencer pour obtenir une deuxième couche. Mettre au réfrigérateur pendant 3 h avant de servir.

**Variante.** – On peut aromatiser le café avec de la grappa, de l'amaretto, du marsala, du rhum ou du whisky.

# Portugal

## 65. Soupe aux haricots secs
**Préparation : 10 min – Cuisson : 2 h**
(12 h à l'avance)

| |
|---|
| 300 g de haricots secs |
| 200 g de pommes de terre |
| 60 g de jambon cru |
| 60 g de lard |
| 60 g de chorizo doux |
| 1 oignon |
| Sel |

Faire tremper les haricots la veille.

Le jour même, mettre dans un pot-au-feu les haricots égouttés, le jambon, le lard et le chorizo. Ajouter l'oignon coupé en quartiers. Recouvrir avec 3 litres d'eau froide et porter doucement à l'ébullition. Écumer. Saler légèrement. Continuer la cuisson jusqu'au moment où les haricots sont bien tendres. Pendant ce temps, cuire les pommes de terre à l'eau. Égoutter les haricots, mais recueillir l'eau de cuisson. Les réduire en purée. Hacher les viandes. Remettre le tout dans la quantité d'eau de cuisson nécessaire (1,5 litre). Faire bouillir quelques instants et ajouter les pommes de terre coupées en cubes. Vérifier l'assaisonnement.

## 66. Bouillabaisse de poissons
### Caldeirada a pescador
**Préparation : 30 min – Cuisson : 25 min**

| |
|---|
| 1 kg de poissons divers |
| 36 coquillages (coques) |
| 120 g d'oignons |
| 6 tranches de pain séchées au four |
| 10 cl d'huile d'olive |
| 1 cuil. à café de piment doux |
| 2 gousses d'ail |
| Persil haché |
| Sel, poivre |

Préparer les poissons (laver, vider) et les couper en tranches. Mettre l'huile dans une casserole, faire chauffer et y faire dorer les oignons épluchés et coupés en rondelles, ajouter l'ail et le persil haché, le piment doux. Saler, poivrer et mouiller avec 1,5 litre d'eau. Porter à ébullition et mettre les morceaux de poisson. Réduire le feu, puis continuer la cuisson jusqu'au moment où le mélange bout. Surveiller pour ne pas faire cuire le poisson plus que nécessaire. 5 min avant de servir, ajouter les coques qui auront été bien lavées et sorties des coquilles.

Vérifier l'assaisonnement avant de servir en soupière sur les tranches de pain.

## 67. Croquettes de morue
## Bolinhos do bacalhau

**Préparation : 25 min – Cuisson : 25 min + 15 min**
(24 h à l'avance)

1 kg de pommes de terre

500 g de morue

3 œufs

Persil plat

Huile pour friture

Poivre

Dessaler la morue pendant 24 h dans une grande quantité d'eau fraîche.

Faire cuire la morue dans de l'eau froide et maintenir à ébullition 15 à 20 min. Cuire les pommes de terre avec leur peau, après avoir été lavées, les éplucher et les réduire en purée lorsqu'elles sont encore chaudes, les mettre dans une terrine, y incorporer 2 jaunes d'œufs et 1 œuf entier, la morue effeuillée. Assaisonner avec du persil haché (à volonté, selon les goûts) et du poivre.

Préparer à la main des boules, bien serrées. Faire chauffer l'huile de friture et procéder à la cuisson de ces croquettes. Les égoutter, lorsqu'elles sont bien dorées. Servir chaud.

## 68. Morue à l'étouffée
## Bacalhau a congregado

**Préparation : 45 min – Cuisson : 1 h 30**

500 g de morue

500 g de pommes de terre

100 g d'oignons

10 g d'ail

30 cl d'huile d'olive

Persil plat

Girofle en poudre ou 4 ou 5 clous

Poivre

Faire dessalée la morue. Éplucher les pommes de terre et les couper en rondelles. Couper également en rondelles les oignons épluchés. Hacher finement l'ail d'une part, et d'autre part le persil lavé avec soin.

Mettre dans une cocotte un lit d'oignons hachés, parsemer de persil, de poivre et de girofle. Disposer alors les pommes de terre, puis la morue effeuillée et crue. Verser l'huile. Couvrir et cuire à feu doux pendant 1 h à 1 h 30. Surveiller la cuisson et prendre la précaution de secouer la cocotte de temps à autre. Servir chaud.

**Remarque.** – Il faut que l'huile arrive au niveau de la morue. La quantité employée peut varier suivant le volume de la cocotte.

## 69. Ragoût de porc
**Préparation : 25 min – Cuisson : 2 h**

| |
|---|
| 800 g d'échine de porc |
| 30 coques |
| 120 g d'oignons |
| 30 g de concentré de tomate |
| 6 cl d'huile d'olive |
| 15 cl de vin blanc sec |
| Sel, poivre |

Éplucher les oignons, les couper en rondelles fines. Faire chauffer l'huile dans une cocotte et y faire dorer les oignons, puis la viande de porc coupée en morceaux réguliers. Mouiller alors avec le vin blanc, ajouter le concentré de tomate. Saler, poivrer. Couvrir et faire cuire à feu doux pendant 2 h.

Pendant ce temps, mettre les coques à tremper dans de l'eau salée pour être lavées et débarrassées du sable qu'elles peuvent contenir.

10 min avant de servir, ajouter les coques dans la cocotte.

## 70. Riz aux fruits de mer
## Arroz de mariscos
**Préparation : 15 min – Cuisson : 35 min**

| |
|---|
| Fruits de mer au choix |
| 300 g de riz |
| 2 gousses d'ail |
| 2 oignons |
| 2 feuilles de laurier |
| 30 cl d'huile d'olive |
| 1 cuil. à soupe de concentré de tomate |
| Sel |

Faire ouvrir les coquillages à feu vif dans une grande cocotte. Récupérer l'eau de cuisson et la filtrer. Faire cuire les autres fruits de mer dans une grande casserole d'eau. Récupérer aussi cette eau, pour avoir en tout 75 cl de liquide. Peler et hacher finement l'ail et l'oignon. Les faire revenir dans l'huile d'olive avec les feuilles de laurier, jusqu'à ce que l'oignon soit transparent. Saler. Ajouter le riz et le faire cuire jusqu'à ce qu'il devienne translucide. Verser dessus les 75 cl d'eau de cuisson récupérée avec le concentré de tomate. Faire bouillir, baisser le feu, couvrir et laisser cuire 20 min. Ajouter ensuite les fruits de mer et laisser cuire encore 5 min.

**Remarque.** – Choisir un assorti 65. Riz aux fruits de mer pour 6 personnes : moules, langoustines, crevettes, coques, palourdes…

## 71. Calmars farcis

**Préparation : 30 min – Cuisson : 40 min**

| |
|---|
| 12 petits calmars |
| 1,5 kg de pommes de terre |
| 2 oignons |
| Quelques brins de persil plat |
| 4 œufs |
| Huile d'olive pour friture et cuisson |
| Farine |
| Sel, poivre |

Faire cuire les pommes de terre avec leur peau dans de l'eau bouillante salée, jusqu'à ce qu'elles soient tendres. Les égoutter et les couper en gros cubes. Pendant la cuisson des pommes de terre, hacher finement les tentacules des calmars. Peler et hacher finement les oignons. Effeuiller et hacher le persil. Battre les œufs. Faire revenir les tentacules et l'oignon dans de l'huile d'olive jusqu'à ce qu'ils soient bien dorés. Ajouter les œufs battus. Saler et poivrer. Faire cuire les œufs jusqu'à ce qu'ils soient moelleux. Farcir les calmars de ce mélange et les fermer avec des cure-dents. Les passer dans la farine puis les faire frire dans de l'huile chaude. Faire dorer les cubes de pomme de terre dans une poêle avec de l'huile chaude. Verser les pommes de terre dans un plat de service, poser les calmars farcis dessus. Les arroser d'un peu d'huile de friture et les parsemer de persil haché.

**Remarque.** – Demander au poissonier de préparer les calmars pour être farcis et garder aussi les tentacules.

## 72. Cozido

### Pot-au-feu à la portugaise

**Préparation : 30 min – Cuisson : 1 h 30**

| |
|---|
| 600 g de viande de bœuf (plat de côte, culotte) |
| 1/2 poulet |
| 300 g de viande de veau |
| 1 saucisse de chouriço (chorizo portugais) |
| 150 g de jambon cru |
| 1 chou vert |
| 6 pommes de terre |
| 6 carottes |
| 6 navets |
| Sel, poivre |

Peler les légumes. Mettre les viandes, le jambon, la saucisse et le poulet dans une grande cocotte et les couvrir d'eau. Les retirer au fur et à mesure qu'ils sont cuits et les réserver.

Quand tout est cuit, mettre les légumes dans l'eau de cuisson et les faire cuire à couvert. Couper les viandes en gros morceaux. 5 min avant la fin de la cuisson des légumes, remettre les morceaux de viande dans la cocotte pour les faire réchauffer. Saler, poivrer et servir.

**Variante.** – On peut servir le cozido avec du riz cuit dans le bouillon et ajouter des pieds et des oreilles de porc dans la recette.

# 73. Pastéis de nata
**Préparation : 10 min – Cuisson : 30 min**

| |
|---|
| 1 pâte feuilletée pour 12 petits moules à tartelette |
| 300 g de sucre en poudre |
| 50 cl de lait |
| 1 œuf entier + 4 jaunes |
| 35 g de farine |
| 1 gousse de vanille |
| Sel |

Préchauffer le four à 250 °C. Garnir des petits moules à tartelette de pâte feuilletée.

Fendre et gratter la gousse de vanille pour récupérer les graines. Dans une terrine, mélanger le sucre, la farine, les graines de vanille et 1 pincée de sel. Verser le lait par-dessus et mélanger. Verser dans une casserole et mettre à cuire jusqu'à ce que la crème épaississe tout en mélangeant. Retirer du feu et ajouter les jaunes d'œufs et l'œuf entier en fouettant.

Mettre cette préparation dans les moules et les mettre au four pour environ 20 à 25 min, jusqu'à ce que les pastéis soient bien dorés.

**Variante.** – On peut remplacer la gousse de vanille par le zeste d'un citron.

# 74. Pudim flan
## Flan portugais
**Préparation : 10 min – Cuisson : 55 min**
(3 h à l'avance)

| |
|---|
| 3 œufs |
| 170 g de sucre en poudre |
| 50 cl de lait |
| 1 bonne pincée de cannelle en poudre |

Préchauffer le four à 180 °C.

Faire fondre 125 g de sucre dans une poêle anti-adhésive. Dès qu'il prend une couleur caramel, le verser dans 6 petits ramequins.

Battre les œufs avec les 45 g de sucre restant. Porter à ébullition le lait et la cannelle. Retirer du feu et verser sur les œufs en fouettant. Verser ce mélange dans les moules et les mettre à cuire au bain-marie au four pendant environ 40 à 45 min (la lame d'un couteau doit en ressortir propre).

Les laisser refroidir, puis les mettre au réfrigérateur pour environ 3 h. Au moment de servir, passer un couteau le long des bords des moules et retourner les flans sur des assiettes.

# Europe occidentale

## Allemagne

### 75. Salade de pommes de terre (Bavière)
Kartoffelsalat
**Préparation : 15 min – Cuisson : 20 min**

800 g de pommes de terre

60 g d'oignon

Vinaigrette

Faire cuire les pommes de terre en robe des champs. Les éplucher lorsqu'elles sont chaudes, les couper en tranches. Assaisonner aussitôt avec l'oignon haché et la vinaigrette et servir la salade tandis qu'elle est encore chaude.

### 76. Soupe à la bière
Biersuppe
**Préparation : 5 min – Cuisson : 10 à 20 min**

75 cl de bière blonde

75 cl de lait

155 g de sucre en poudre

30 g de farine ou de fécule de pomme de terre

1 œuf

1 bâton de cannelle (2 cm)

Quelques gouttes de jus de citron

Délayer la farine ou la fécule dans un peu d'eau froide, y ajouter environ 75 g de sucre. Dans une marmite, faire chauffer le lait avec la cannelle et les gouttes de citron. Au moment de l'ébullition, y verser le mélange farine-sucre et faire épaissir en tournant à chaud pendant 5 à 6 min. Ajouter alors la bière avec 50 g de sucre. Faire chauffer rapidement, sans atteindre l'ébullition, lier la soupe avec le jaune d'œuf. Battre le blanc en neige très ferme, sucrer avec 30 g de sucre. Déposer sur le potage, qui est dans la marmite, de petites cuillerées de ce blanc d'œuf battu. Couvrir 5 min. La vapeur suffit à les rendre fermes.

**Variante.** – Si l'on veut manger la soupe à la bière froide (Kaltschale), pocher le blanc d'œuf à l'eau bouillante et le déposer ensuite sur la soupe.

## 77. Knödel
### Boulettes de pommes de terre
**Préparation : 20 min – Cuisson : 30 min**

| |
|---|
| 1 kg de pommes de terre |
| 2 œufs |
| 60 g de beurre |
| 100 g de farine |
| 40 g de chapelure |
| 1 pincée de noix muscade |
| Sel, poivre |

Faire cuire les pommes de terre à l'eau. Les peler et les réduire en purée. Faire sécher la purée de pommes de terre à feu doux dans une casserole. La mélanger avec les œufs, la farine et la noix muscade. Saler, poivrer. Former des boulettes compactes avec les mains. Les faire cuire à l'eau bouillante et les retirer dès qu'elles remontent à la surface. Les égoutter. Faire dorer la chapelure dans le beurre, en arroser les boulettes et servir.

## 78. Jambonneau aux pois et à la choucroute
### Eisbein mit Erbsen und Sauerkohl
**Préparation : 40 min – Cuisson : 1 h 30 à 2 h**

| |
|---|
| 1 kg de jambonneau |
| 1 kg de choucroute |
| 500 g de petits pois avec cosses |
| 3 oignons de 50 g chacun |
| 20 g de graisse de rôti ou de saindoux |
| 40 g de beurre |
| Sel, poivre |

Laver soigneusement le jambonneau et le faire cuire avec 1 oignon entier à feu doux (environ 1 h 30 à 2 h) dans une marmite recouvert d'eau.

D'autre part, faire cuire la choucroute dans une cocotte avec 1 cuil. à soupe de graisse ou de saindoux et 1 oignon, y mettre la valeur d'un verre d'eau. La cuisson dure environ 1 h 30.

Dans une troisième casserole mettre les petits pois avec leur cosse, qui ayant trempé à l'avance dans de l'eau froide, cuiront facilement à l'étouffée avec sel et poivre. Les réduire en purée lorsqu'ils seront cuits. Saler, poivrer.

Au moment de servir, mettre le jambonneau dans une soupière avec un peu de bouillon de cuisson. Mettre la choucroute sur un autre plat et la purée de pois sur un troisième plat. Parsemer la purée de 1 oignon coupé en petits dés et frits au beurre ou au saindoux.

## 79. Côtes de porc farcies
## Schweinrippe Gefüllt
**Préparation : 30 min – Cuisson : 2 h**
(12 h à l'avance)

| Pour la viande : |
| --- |
| 1,25 kg de côtes de porc en un seul morceau |

| Pour la farce : |
| --- |
| 400 g de pommes |
| 300 g de pruneaux |
| 40 g de farine |
| 30 g de sucre en poudre |
| Sel |

La veille, mettre à tremper les pruneaux.

**Pour la farce** : éplucher les pommes, les couper en morceaux, les mélanger avec les pruneaux dénoyautés, le sucre, la farine et un peu de sel.

Prendre le morceau de carré de côtes, le couper dans l'épaisseur de façon à ce que les deux moitiés tiennent ensemble. Frotter de sel à l'intérieur et à l'extérieur. Placer la farce sur la partie inférieure du morceau. Rabattre et coudre solidement les deux parties pour enfermer complètement la farce.

Mettre le morceau de viande au four chaud sur une grille dans un plat à rôtir pendant 2 h. Lorsqu'une couche dorée est formée, arroser avec le jus de cuisson.

Au moment de servir, déglacer le plat avec un peu d'eau chaude.

## 80. Mendiant aux pommes
## Apfelbettelmann
**Préparation : 30 min – Cuisson : 55 min**

| |
| --- |
| 750 g de pommes |
| 200 g de pain bis sec |
| 100 g de sucre en poudre |
| 50 g de raisins de Corinthe |
| 50 g d'amandes hachées |
| 50 g de beurre |

Râper le pain bis, y ajouter 50 g de sucre. Dans une casserole, verser environ 2 cuil. à soupe d'eau, mettre les pommes épluchées et coupées en quartiers avec les raisins lavés ainsi que les amandes hachées. Faire doucement réduire.

Faire chauffer dans un plat allant au four le beurre, y placer la moitié du pain râpé, puis recouvrir avec la purée de pommes. Bien tasser. Terminer avec le reste du pain. Faire cuire 20 min, à couvert et à feu doux. Lorsque la partie inférieure a été cuite, saupoudrer du reste de sucre et mettre au four chaud pendant 20 min, après avoir enlevé le couvercle.

## 81. Gâteaux noirs et blancs
## Schwarzweiss – Gebäck
**Préparation : 40 min – Cuisson : 10 à 15 min**

**Pour la pâte blanche :**

250 g de farine

150 g de sucre en poudre

125 g de beurre

1 œuf

3 g de levure chimique

1 sachet de sucre vanillé

1 cuil. à soupe de rhum

Sel

**Pour la pâte noire :**

1 cuil. à soupe de lait

25 g de cacao

15 g de sucre en poudre

1 blanc d'œuf

Mettre en tas sur une planche à pâtisserie la farine dans laquelle on a mélangé la levure. Y faire un puits et y verser le sucre, l'œuf entier, le sucre vanillé, le rhum et un soupçon de sel. Rabattre la moitié de la farine et travailler l'ensemble pour avoir une bouillie assez épaisse. Mettre alors le beurre (bien ferme) en petits morceaux.

Travailler rapidement avec les mains pour obtenir, en ajoutant le reste de la farine, une pâte lisse.

Diviser la pâte ainsi obtenue en deux parties égales. En laisser une blanche. Incorporer à l'autre moitié le mélange cacao et sucre délayés dans le lait. Bien travailler. Maintenir au frais, si nécessaire, pour raffermir la pâte.

Utiliser ensuite les deux portions suivant les goûts, pour faire des damiers, ou des trèfles, ou des spirales en plaçant sur la pâte blanche soit une couche de pâte noire, soit des bâtonnets ayant 1 cm d'épaisseur. Envelopper en forme de cylindre et couper des tranches de 1 cm d'épaisseur. Badigeonner chaque gâteau avec du blanc d'œuf et cuire à four moyen pendant 10 à 15 min.

# 82. Stollen

**Préparation : 30 min – Cuisson : 1 h**

Mettre la farine dans une terrine, y faire un puits, y mélanger le sucre, les œufs, le lait et 1 pincée de sel, ajouter le beurre amolli. Lorsque la pâte est bien lisse, incorporer les amandes effilées et les trois sortes de raisins secs. Parfumer avec l'orangeade et le rhum. Bien travailler la pâte, avec les mains si nécessaire, puis la mouler pour lui donner la forme d'un pain. Placer sur une plaque beurrée. Badigeonner au pinceau avec 10 g de beurre fondu. Cuire à four moyen 15 min, puis à four chaud pendant 45 min. Saupoudrer, après cuisson, avec les sucres mélangés.

| |
|---|
| 300 g de farine |
| 250 g de beurre |
| 2 petits œufs |
| 85 g de sucre en poudre |
| 40 g de raisins de Malaga épépinés (raisins espagnols) |
| 40 g de raisins de Smyrne |
| 30 g de raisins de Corinthe |
| 50 g d'amandes effilées |
| 5 cl d'orangeade |
| 10 cl de lait |
| 1 cuil. à soupe de sucre mélangé (poudre et glace) |
| 5 cl de rhum |
| Sel |

# 83. Soupe aux cerises

## Kirschensuppe

**Préparation : 15 min – Cuisson : 20 min**

Enlever queues et noyaux des cerises. Faire bouillir 125 cl d'eau avec le zeste du citron râpé et la cannelle, y jeter les cerises et faire cuire 10 min à feu vif. Égoutter les cerises et réserver le jus de cuisson. Délayer la fécule avec un peu d'eau froide, l'ajouter au liquide chaud en tournant. Piler une vingtaine de noyaux, les faire chauffer dans le vin pendant 10 min. Passer au tamis pour né recueillir que le vin. L'ajouter au potage ainsi que les cerises. Servir avec les biscuits à la cuillère coupés en petits dés.

| |
|---|
| 750 g de cerises |
| 50 g de biscuits à la cuillère |
| 50 g de fécule |
| 20 cl de vin rouge |
| 1 citron non traité (zeste) |
| 5 g de bâton de cannelle |

## 84. Forêt noire

### Schwarzwälder Kirschtorte

**Préparation : 15 min – Cuisson : 30 min –
Repos au frais : 2 h**

(2 h à l'avance)

500 g de cerises
en conserve au naturel

200 g de chocolat
dessert noir (au moins
70 % de cacao) + pour
les copeaux de chocolat

6 œufs

100 g de cacao
en poudre

100 g de sucre en
poudre

100 g de beurre + un peu
pour le moule

75 g de poudre
d'amande

50 g de farine

40 g de sucre glace

40 cl de crème fraîche
liquide bien froide

1/2 sachet de levure
chimique

3 cuil. à café d'extrait
naturel de vanille

10 cl de kirsch

Cerises confites

Sel

Faire macérer les cerises dans le kirsch et 10 cl d'eau pendant 2 h, puis les égoutter et garder le jus. Préchauffer le four à 180 °C. Séparer les blancs des jaunes d'œufs.

Fouetter les jaunes avec le sucre en poudre jusqu'à ce que le mélange blanchisse. Dans un bol, mélanger la farine, la poudre de cacao, la levure, la poudre d'amande, le beurre coupé en morceaux et 1 cuil. à café d'extrait de vanille. Verser les jaunes d'œufs sucrés et mélanger à nouveau. Faire fondre le chocolat et l'ajouter à la préparation. Fouetter les blancs d'œufs en neige ferme avec 1 pincée de sel. Les incorporer délicatement à la pâte. La verser dans un moule à gâteau beurré et mettre au four chaud pour 30 min de cuisson. Vérifier la cuisson avec la pointe d'un couteau qui doit ressortir lisse.

Pendant la cuisson du gâteau, fouetter la crème liquide en chantilly. Quand elle est ferme, ajouter 2 cuil. à café d'extrait de vanille et le sucre glace puis fouetter rapidement pour les incorporer.

Sortir le gâteau du four, le laisser refroidir puis le démouler et le couper en trois dans la hauteur. Poser chaque partie de gâteau sur une assiette et les arroser du jus de macération des cerises. Étaler de la crème chantilly sur la base du gâteau et la couvrir de la moitié des cerises, poser la partie du milieu du gâteau dessus et la garnir de la même façon. Poser la troisième partie dessus et recouvrir le tout de la crème restante. Décorer avec des copeaux de chocolat (réalisés avec un économe) et des cerises confites. Mettre au réfrigérateur au moins 2 h avant de servir.

# Autriche

## 85. Escalopes viennoises
### Wiener Schnitzel
**Préparation : 25 min – Cuisson : 15 à 20 min**

| |
|---|
| 6 escalopes de veau fines |
| 100 g de chapelure |
| 2 œufs |
| 60 g de beurre |
| 30 g de farine |
| 1 citron |
| 2 cl d'huile |
| Huile pour friture |
| Persil plat |
| Sel, poivre |

Laver les escalopes, les essuyer, les assaisonner des deux côtés avec sel et poivre, puis les passer sur chaque face, dans la farine. Battre dans une assiette les œufs avec l'huile ; y tremper chaque escalope puis les passer dans la chapelure de façon à ce qu'elles soient bien enduites. Appuyer avec la main pour faire adhérer la chapelure. Chauffer dans une grande poêle de l'huile de friture et y mettre les escalopes. Lorsqu'elles sont à moitié cuites, mettre le beurre dans la poêle et faire dorer des deux côtés.

Placer sur chaque escalope 1 rondelle de citron et un peu de persil haché.

## 86. Escalopes au paprika
### Paprika Schnitzel
**Préparation : 10 min – Cuisson : 20 min**

| |
|---|
| 6 escalopes de veau |
| 100 g d'oignons |
| 50 g de farine |
| 50 g de margarine |
| 40 cl de bouillon au choix |
| 15 cl de crème fraîche |
| 1 cuil. à soupe de paprika doux |
| Sel |

Saler légèrement les escalopes, les passer dans la farine des deux côtés. Chauffer la margarine dans une poêle et les faire dorer sur les deux faces. Lorsqu'elles sont cuites, les disposer sur un plat. Les tenir au chaud pendant la confection de la sauce.

Faire dorer les oignons épluchés et très finement hachés dans la graisse de cuisson, ajouter le paprika, le reste de la farine, mouiller avec le bouillon. Faire une sauce bien lisse, ajouter la crème fraîche, saler, passer la sauce au chinois et en napper les escalopes. Servir aussitôt.

## 87. Gâteau de Sacher
### Sachertorte
**Préparation : 25 min – Cuisson : 25 à 30 min**

Mélanger dans une terrine le beurre avec la moitié du sucre en poudre, travailler pour obtenir un mélange mousseux. Incorporer le chocolat ramolli, les jaunes d'œufs l'un après l'autre, puis le reste du sucre. Battre les blancs en neige très ferme avec le sucre vanillé, les incorporer avec soin et mettre en dernier lieu la farine.

Verser la pâte dans un moule à biscuit beurré. Faire cuire à four moyen, laisser refroidir dans le moule. Démouler le gâteau quand il est froid et garnir la surface avec de la gelée d'abricots chaude.

Servir sur la table, en gâteau entier ou en portions.

| |
|---|
| 150 g de chocolat pâtissier |
| 6 œufs |
| 150 g de beurre |
| 150 g de sucre en poudre |
| 100 g de farine |
| 6 cuil. à soupe de gelée d'abricots |
| 1 sachet de sucre vanillé |

## 88. Gâteau de Linz
### Linzer Torte
**Préparation : 1 h – Cuisson : 45 min**
(30 min à l'avance)

Travailler à la main farine, beurre, sucre, poudre d'amande et jaunes d'œufs. Ajouter la cannelle, le zeste de citron râpé et la levure ; en faire une boule et laisser reposer au frais pendant 30 min. Disposer sur une plaque à tarte garnie de pâte sablée ou brisée. Étendre deux tiers de la pâte et la placer sur le fond de tarte.

Étaler sur la pâte la confiture, garnir avec des bandes faites dans le tiers de pâte restant, de façon à former un grillage. Dorer à l'œuf et faire cuire à four modéré pendant 45 min.

| |
|---|
| 1 pâte sablée ou brisée prête à dérouler |
| 200 g de confiture d'airelles ou de framboises |
| 200 g de farine |
| 3 jaunes d'œufs + 1 jaune pour la dorure |
| 180 g de beurre |
| 125 g de sucre en poudre |
| 160 g de poudre d'amande ou de noisette |
| 1 pointe de couteau de levure chimique |
| 10 g de cannelle en poudre |
| 1 citron non traité |

# 89. Apfelstrudel

**Préparation : 1 h 45 – Cuisson : 45 min**

(45 min à l'avance)

**La pâte** : dans une terrine, travailler d'abord la farine avec l'œuf, l'huile, quelques gouttes de vinaigre et d'eau tiède.

Lorsque le mélange est homogène, le mettre sur une planche à pâtisserie, travailler encore pour que la pâte soit tout à fait lisse et la laisser reposer (recouverte d'un saladier chauffé au préalable) pendant 45 min.

Disposer alors, sur un torchon assez grand, un peu de farine, y étaler la pâte au rouleau, puis avec le dos de la main et par petits coups répétés, étirer la pâte aussi finement qu'une feuille de papier.

Badigeonner d'un peu de beurre fondu à l'aide d'un pinceau. Puis saupoudrer la chapelure qui a été rissolée dans du beurre.

**La farce** : éplucher les pommes et les couper en très fines lamelles, y mélanger les raisins (que l'on trempera à l'avance dans du rhum), les amandes hachées, le sucre et la cannelle.

Garnir ensuite la pâte avec la farce en l'étalant seulement sur les deux tiers de la pâte. Bien rouler serré à l'aide du torchon. Badigeonner la surface avec le reste du beurre fondu et cuire, sur une plaque beurrée, à four moyen pendant 45 min.

**Pour la pâte :**

250 g de farine

100 g de chapelure

60 g de beurre

1 œuf

3 cuil. à soupe d'huile

1/2 cuil. à café de vinaigre

**Pour la farce :**

1,5 kg de pommes

150 g de sucre en poudre

80 g de raisins secs

80 g d'amandes hachées

5 g de cannelle

# Belgique

## 90. Potage belge
**Préparation : 25 min – Cuisson : 1 h 30**

| |
|---|
| 600 g de choux de Bruxelles |
| 1 jaune d'œuf |
| 50 g de farine |
| 40 g de beurre |
| 30 g de crème fraîche |
| Croûtons |
| Noix muscade |
| Sel, poivre |

Faire blanchir d'abord à l'eau bouillante salée les choux de Bruxelles épluchés et lavés. Égoutter. Faire chauffer dans une casserole le beurre, y faire revenir les choux, saupoudrer avec la farine et mouiller avec 1,5 litre d'eau ou avec du bouillon. Cuire à couvert avec sel, poivre et noix muscade râpée, pendant environ 1 h. Réduire en purée. Préparer une liaison avec le jaune d'œuf et la crème. Mêler au potage. Servir dans une soupière avec des croûtons frits au beurre.

## 91. Chicorées à la flamande
**Préparation : 30 min – Cuisson : 1 h**

| |
|---|
| 6 fines tranches de jambon blanc |
| 6 belles endives |
| 50 cl de sauce béchamel |
| 50 g de gruyère |
| 75 g de beurre |
| Sel, poivre |

Éplucher, laver les endives et les essuyer. Mettre dans une cocotte 50 g de beurre et y faire revenir pendant environ 15 min les endives avec beaucoup de soin. Rouler ensuite chaque endive dans 1 tranche de jambon. Placer chaque roulade l'une à côté de l'autre, dans un plat à gratin. Napper de sauce béchamel bien assaisonnée. Parsemer avec le reste du beurre en petits morceaux et de gruyère râpé. Mettre à four moyen puis chaud pour 40 à 45 min. Servir bien chaud.

## 92. Fondue blankenbergeoise
**Préparation : 20 min – Cuisson : 25 min**

| |
|---|
| 100 g de crevettes |
| 150 g de gruyère râpé |
| 75 g de beurre |
| 75 g de farine |
| 75 cl de lait |
| 2 jaunes d'œufs |

Faire fondre le beurre dans une casserole. Ajouter la farine, mélanger et mettre peu à peu le lait bouillant. Incorporer les crevettes épluchées, le gruyère râpé et les jaunes d'œufs. Assaisonner avec sel, poivre et noix muscade râpée. Étaler cette préparation sur une épaisseur de 2 cm dans un plat. Laisser refroidir. Découper ensuite en carrés ou en losanges et faire frire dans l'huile bien chaude. Servir aussitôt.

Huile pour friture

Noix muscade râpée

Sel, poivre

## 93. Croquettes de crevettes
**Préparation : 10 min – Cuisson : 20 min**

Effeuiller et hacher le persil. Faire fondre le beurre avec la farine en remuant pendant 2 min. Verser le lait, saler, poivrer et remuer jusqu'à ce que le mélange épaississe. Hors du feu, ajouter le fromage râpé, le jus de citron, 2 œufs et mélanger. Ajouter ensuite les crevettes et mélanger délicatement. Former des croquettes d'environ 7 cm de long avec les mains. Faire chauffer l'huile pour friture. Passer les croquettes dans le blanc d'œuf puis dans la chapelure et les faire frire en plusieurs fournées jusqu'à ce qu'elles soient bien dorées. Les servir avec des quartiers de citron et parsemées de persil haché.

300 g de crevettes grises cuites et décortiquées

1 citron (jus) + 1 citron

Quelques feuilles de persil plat

60 cl de lait bien froid

100 g de farine

100 g de beurre

2 œufs + 1 blanc

200 g d'emmental râpé

100 g de chapelure

Huile pour friture

Sel, poivre

## 94. Waterzoï de poissons
**Préparation : 20 min – Cuisson : 35 min**

Vider les poissons, enlever les têtes, les couper en morceaux réguliers de 4 à 5 cm, les laver. Essuyer. Dans une sauteuse, faire fondre 50 g de beurre, y placer le céleri éminé finement. Recouvrir avec les morceaux de poisson. Saler, poivrer, mettre le bouquet garni et mouiller avec 75 cl d'eau de façon à juste recouvrir la préparation. Parsemer avec le reste du beurre en petits morceaux. Couvrir et faire cuire à feu vif. Continuer l'ébullition de façon à ce que le liquide de cuisson soit réduit en même temps que le poisson est cuit. Retirer le bouquet garni. Écraser les biscottes pour obtenir une fine chapelure, en saupoudrer le waterzoï. Donner encore un bouillon et servir aussitôt avec du pain beurré.

2 kg de poissons d'eau douce (perches, anguilles, carpillons)

200 g de céleri branche

150 g de beurre

2 biscottes

1 bouquet garni

Sel, poivre

## 95. Filet de porc à la blankenberghe

**Préparation : 10 min – Cuisson : 2 h 30**

(2 jours à l'avance)

| |
|---|
| 1 kg de filet de porc |
| 1 kg de compote de pommes |
| 1,5 litre de marinade au vin rouge |
| 30 g de beurre |
| 30 g de graisse de porc |
| 2 cuil. à soupe de gelée de groseilles |
| 1 citron (jus) |

Préparer une marinade au vin rouge. Placer le filet de porc dans une terrine. Arroser avec la marinade froide (si on prépare le plat 2 jours à l'avance), avec la marinade chaude (si on prépare le plat la veille pour le jour même).

Avant de commencer la cuisson, essuyer la viande.

Mettre le beurre et la graisse de porc dans une cocotte. Faire revenir le filet sur toutes ses faces. Mouiller avec la marinade, couvrir, laisser cuire à feu régulier pendant 2 h 30. Au moment de servir, dégraisser la sauce, la passer, y incorporer la gelée de groseilles et le jus de citron. Il ne faut pas que la sauce soit trop acide.

Servir la sauce en saucière et la viande coupée en tranches disposées sur la compote de pommes non sucrée.

**Remarque.** – Pour préparer une marinade au vin rouge, mélanger dans un grand plat ou un saladier 2 bouteilles de vin rouge, une carotte émincée, 1 oignon et 1 gousse d'ail émincés, 1 branche de céleri émincé, 1 cuil. à soupe de jus de citron, du laurier, du thym, du sel et du poivre.

## 96. Carbonades flamandes

**Préparation : 20 min – Cuisson : 1 h 30**

| |
|---|
| 1 kg de bœuf (collier) |
| 120 g d'oignons |
| 50 g de beurre |
| 40 g de farine |
| 70 cl de bouillon ou d'eau |
| 10 g de sucre en poudre |
| 1 cuil. à soupe 1/2 de vinaigre |
| Thym |
| Laurier |

Couper la viande de bœuf en morceaux réguliers. Faire chauffer dans une cocotte le beurre et y faire revenir les oignons épluchés et coupés en morceaux s'ils sont gros. Passer chaque morceau de bœuf dans la farine, les mettre dans la cocotte, faire prendre couleur et mouiller avec le bouillon (ou de l'eau chaude). Assaisonner avec sel, poivre, thym, persil, laurier, noix muscade râpée. Couvrir hermétiquement et faire cuire à feu régulier pendant

45 min. Ajouter alors le vinaigre et le sucre et prolonger la cuisson encore 45 min. Servir très chaud avec des pommes de terre vapeur.

**Remarque.** – Pour donner à la sauce plus d'onctuosité on peut ajouter au début de la cuisson soit une pomme épluchée coupée en petites tranches, soit une tranche de pain, soit une tranche de pain d'épices trempée dans un peu de vinaigre.

| |
|---|
| Persil plat |
| Noix muscade |
| Sel, poivre |

## 97. Waterzoï de poulet
**Préparation : 40 min – Cuisson : 1 h à 1 h 15**

| |
|---|
| 1 poulet d'environ 1,350 kg |
| 150 g de poireaux |
| 100 g de céleri branche |
| 150 g de persil plat |
| 50 g de beurre |
| 75 cl de bouillon de veau |
| 30 g de crème fraîche |
| 2 jaunes d'œufs |
| Sel, poivre |

Couper le poulet en morceaux comme pour un poulet sauté. Éplucher, laver et hacher les poireaux, le céleri et 75 g de persil.

Mettre dans un cocotte le beurre, recouvrir avec le hachis de légumes et faire suer doucement pendant 10 à 15 min. Saler, poivrer et ajouter les morceaux de poulet. Cuire encore 10 min à feu doux. Mouiller avec du bouillon de veau jusqu'à hauteur de la viande. Vérifier l'assaisonnement et laisser cuire à couvert pendant environ 40 min (le poulet doit être cuit).

Retirer les morceaux de viande, les tenir au chaud dans la soupière et terminer le bouillon en faisant une liaison avec la crème et les jaunes d'œufs. Ajouter le reste du persil finement haché. Verser le bouillon dans la soupière. Servir avec des pommes de terre cuites à l'eau (dans des assiettes creuses).

**Remarque.** – On peut servir sur une assiette des croûtons de pain frits.

## 98. Cramique
**Préparation : 20 min – Cuisson : 1 h**
(5 h à l'avance)

| |
|---|
| 500 g de farine |
| 125 g de raisins de Malaga (raisins espagnols) |
| 125 g de raisins de Corinthe |
| 150 g de cassonade |
| 150 g de beurre |

Mettre la farine dans une terrine, y verser la levure de boulanger délayée à l'avance dans 10 cl de lait tiède. Laisser lever pendant 3 h dans un endroit tiède. Ajouter alors le beurre amolli, la cassonade,

les œufs, les raisins lavés et séchés, la cannelle. Bien pétrir à la main et ajouter du lait tiède par petites quantités jusqu'au moment où la pâte est homogène, mais ferme. Laisser lever encore environ 2 h.
Mettre dans un moule à pain brioché rempli aux deux tiers. Faire cuire à four chaud pendant 1 h.

| |
|---|
| 2 œufs |
| 30 cl de lait tiède |
| 25 g de levure de boulanger |
| 1 cuil à café de cannelle en poudre |
| Sel |

## 99. Spéculoos

**Préparation : 20 min – Cuisson : 20 min**

(2 à 3 h à l'avance)

Mettre la farine dans une terrine, ajouter le beurre amolli au bain-marie. Commencer à mélanger ; incorporer successivement l'œuf, la cassonade, la cannelle, le piment et les amandes hachées (non mondées). Terminer en mélangeant la baking powder et le bicarbonate de soude. Pétrir la pâte pour la rendre homogène. L'étaler au rouleau sur une planche farinée. Découper de façon à former des sujets différents. Les placer sur une plaque beurrée. Laisser reposer au frais pendant 2 ou 3 h. Puis faire cuire à four doux pendant 20 min. Laisser refroidir sur une plaque avant de les décoller.

| |
|---|
| 250 g de farine |
| 150 g de beurre |
| 150 g de cassonade |
| 3 g de baking powder |
| 1 œuf |
| 75 g d'amandes |
| 1 cuil. à café de cannelle en poudre |
| 1 pincée de piment en poudre |
| 1 pincée de bicarbonate de soude |

**Remarque.** – La baking powder peut être remplacée par de la levure chimique.

## 100. Gâteau de Verviers

**Préparation : 25 min – Cuisson : 1 h**

(la pâte doit lever à 3 reprises, compter 4 à 5 h)

Mettre la farine dans une terrine ; y faire un puits et verser la levure délayée dans 10 cl de lait tiède. Mélanger avec la farine de façon à obtenir une bouillie épaisse. Recouvrir cette bouillie en rabattant avec de la farine, laisser fermenter. Quand la

| |
|---|
| 500 g de farine |
| 125 g de beurre + 20 g |
| 200 g de sucre en poudre |
| 2 œufs + 1 blanc |
| 25 cl de lait tiède |
| 15 g de levure de boulanger |

farine est crevassée, pétrir en y ajoutant le reste du lait, les œufs, le beurre, la vanille et la cannelle. Couvrir. Laisser la pâte lever.

Ajouter le sucre, mélanger avec précaution. Beurrer un moule à biscuit, y verser la pâte, enduire la surface extérieure avec du blanc d'œuf. Faire lever encore environ 30 min. Cuire ensuite à four moyen pendant 1 h.

1 cuil. à café de cannelle en poudre

1 cuil. à café de vanille en poudre

# Grande-Bretagne

## 101. Sauce aux pommes
### Apple sauce
**Préparation : 20 min – Cuisson : 35 min**

650 g de pommes

30 g de beurre

30 g de sucre en poudre

Éplucher les pommes, enlever les cœurs et couper
les fruits en tranches. Mettre dans une petite casserole 15 cl d'eau, le
beurre, le sucre et les tranches de pommes. Faire cuire doucement.
Battre ensuite en mousse avec une cuillère en bois pour obtenir une
purée fine. Réchauffer avant de servir.

Pour accompagner les rôtis de porc, le canard ou l'oie rôtis.

## 102. Sauce au raifort
### Horse – Radish sauce
**Préparation : 20 min**
**(30 min à l'avance)**

400 g de raifort

10 cl de crème fraîche

1 cuil. à soupe de vinaigre

10 g de sucre en poudre

1 jus de citron ou moutarde (selon les goûts)

Sel, poivre

Éplucher le raifort, le laver et le laisser tremper
pendant environ 30 min dans de l'eau froide. Râper
finement le raifort pour obtenir la valeur de 3 cuil.
à soupe. Mettre cette purée dans un bol, y ajouter
sucre, vinaigre, jus de citron ou moutarde, sel,
poivre et terminer avec la crème fraîche. Bien mélanger et tenir au
frais avant de servir.

**Variante.** – Remplacer la crème fraîche par 2 jaunes d'œufs durs pilés
et mêlés à 1 cl de lait froid. Assaisonner avec sucre et moutarde.

## 103. Porridge
**Préparation : 5 min – Cuisson : 35 min**

Pour 1 personne

50 à 60 g de flocons d'avoine

Sel

Faire bouillir 50 cl d'eau avec du sel dans une
casserole assez profonde. Jeter en pluie les flocons
d'avoine dans le liquide et tourner avec 1 cuillère en bois afin d'éviter
tout grumeau. Faire bouillir pendant 5 à 6 min puis couvrir et laisser

mijoter à feu doux pendant environ 30 min. Si nécessaire, ajouter un peu d'eau bouillante afin de donner au porridge la consistance voulue.

**Remarque.** – On peut, si l'on veut, rendre le porridge plus digeste en le faisant tremper dans de l'eau froide pendant 1 nuit.

# 104. Toad in the hole
## Littéralement « crapaud dans le trou »
**Préparation : 35 min – Cuisson : 50 min**

(1 h à 1 h 30 à l'avance)

| |
|---|
| 100 g de saucisses (chipolata) |
| 100 g de farine |
| 1 œuf |
| 20 cl de lait |
| 10 g de beurre |
| Sel, poivre |

Préparer une pâte à crêpes avec la farine, du sel, du poivre, l'œuf et le lait. Bien travailler au moment où on ajoute le lait peu à peu pour permettre la formation des bulles d'air. Battre pour alléger encore et laisser reposer pendant 1 h à 1 h 30. Essuyer les saucisses, les piquer avec une fourchette et les blanchir 5 min dans de l'eau bouillante. Enlever ensuite la peau des saucisses. Mettre le beurre dans un plat, y disposer les chipolatas. Faire chauffer et lorsque l'ensemble est bien chaud, y verser la pâte à crêpes et faire cuire à feu régulier pendant environ 45 min.

**Variante.** – On peut remplacer les saucisses par des petits morceaux de rognons ou d'autres viandes et abats précuits.

**Remarque.** – Cette préparation peut se faire dans de petits plats individuels. Elle sera meilleure que si elle est faite en masse, pour 6 personnes. Les quantités indiquées le sont donc pour 1 personne.

# 105. Welsh rarebit (Pays de Galles)
**Préparation : 10 min – Cuisson : 10 min**

| |
|---|
| 6 tranches de pain de mie |
| 250 g de fromage râpé (chester ou gloucester) |
| 110 g de beurre |
| 20 g de farine |
| 10 cl de lait |
| 1 cuil. à soupe de moutarde |

Couper dans un pain de mie 6 tranches régulières ayant 1 cm d'épaisseur.

Mettre dans une petite casserole 90 g de beurre, ajouter la farine et faire chauffer en mélangeant. Lorsque le roux blanc est fait, ajouter le lait et faire cuire en tournant. Mettre alors le fromage râpé, du sel, du poivre et la moutarde. Mélanger avec soin jusqu'à ce que le fromage soit fondu. Faire dorer au beurre les tranches de pain. Les tartiner avec cette crème et les servir chaudes, parsemées de persil haché.

**Remarque.** – On peut passer les welsh rarebit 3 min à four très chaud.

| |
|---|
| Persil plat |
| Sel, poivre |

## 106. Pâté de Cornouailles
## Cornish pasty
**Préparation : 1 h – Cuisson : 30 min**

Pour la farce, couper l'agneau cuit à l'avance en petits dés ainsi que les pommes de terre. Hacher finement l'oignon. Mélanger le tout et bien assaisonner avec du sel et du poivre.

Faire ensuite la pâte en mettant la farine dans une terrine, y couper le beurre ou la margarine en petits morceaux, travailler du bout des doigts pour faire une pâte sablée. Incorporer la baking powder, le sel et les pommes de terre en purée. Bien mélanger et ajouter un peu d'eau froide pour que la pâte soit lisse et ferme. La mettre sur la planche à pâtisserie bien farinée, la travailler jusqu'à ce qu'elle soit bien lisse. L'étaler ensuite au rouleau. La couper en un grand carré que l'on divise ensuite en 6 carrés réguliers. Mettre au centre de chacun un sixième de la farce. Mouiller chaque angle, rabattre les angles opposés en les tordant un peu pour qu'ils soient collés les uns aux autres. Penser à ménager une petite ouverture au centre.

Placer sur une plaque à pâtisserie beurrée, badigeonner à l'œuf ou au lait et cuire à four moyen pendant 30 min. Servir sur un plat chaud et mettre 1 brin de persil au sommet de chaque pasty.

**Remarque.** – La baking powder peut être remplacée par de la levure chimique.

| |
|---|
| **Pour la pâte :** |
| 250 g de farine |
| 250 g de pommes de terre cuites à l'eau en purée |
| 125 g de beurre ou de margarine |
| 1 œuf ou 10 cl de lait pour dorer les pâtés |
| 7 g de baking powder |
| 7 g de sel fin |
| **Pour la farce :** |
| 200 g d'agneau maigre |
| 100 g de pommes de terre cuites à l'eau |
| 75 g d'oignon |
| Sel, poivre |

# 107. Pâté au bœuf et aux rognons
## Steak and kidney pie
**Préparation : 30 min + 20 min – Cuisson : 3 à 4 h**

**Pour la pâte :**

300 g de farine

150 g de beurre ou de graisse de rognon

1 citron (jus)

Sel

**Pour la garniture :**

300 g de bœuf (pour ragoût)

150 g de rognons de mouton

15 g de farine

1 œuf dur

20 cl de bouillon de viande

Sel, poivre

Préparer la pâte feuilletée : tamiser la farine avec du sel, la mettre dans une terrine, y verser le jus de citron et le beurre coupé en petits morceaux. Ajouter assez d'eau froide pour lier le tout. Verser la préparation sur une planche à pâtisserie farinée. L'étendre en une large bande, la plier en trois et la travailler comme une pâte feuilletée ordinaire. Redonner 3 tours à la pâte (allonger, plier 3 fois). On peut alors l'utiliser aussitôt.

Préparer la garniture : préparer les rognons, les nettoyer, enlever peau et intérieur. Essuyer la viande de bœuf, la couper ainsi que les rognons en petits cubes, les rouler dans la farine assaisonnée.

Étaler la pâte sur 1 cm d'épaisseur. En prélever un morceau qui servira à recouvrir le pâté. Prendre une terrine ou un plat creux, y disposer une couche de pâte, de façon à en tapisser la paroi, mettre à l'intérieur les cubes de viande, l'œuf dur écalé et coupé en tranches, du sel, du poivre, arroser avec du bouillon jusqu'à 1 cm du bord du plat. Placer le couvercle de pâte réservée.

Avant de faire cuire au bain-marie, tendre un torchon sur la surface de la terrine et nouer les quatre coins à la partie inférieure. Compter 3 à 4 h de cuisson.

Garnir avec des brins de persil avant de servir.

# 108. Gigot sauce à la menthe
**Préparation : 10 min – Cuisson : 1 h 45**

1 gigot d'agneau d'environ 1,8 kg

6 gousses d'ail

50 g de feuilles de menthe

2 cuil. à soupe de cassonade

3 cuil. à soupe d'huile

Préchauffer le four à 190 °C. Frotter le gigot avec l'huile, du sel et du poivre. Le poser dans un plat allant au four ainsi que les 6 gousses d'ail avec leur peau. Faire cuire le gigot 1 h 45. Pendant la cuisson, hacher finement la menthe. Faire bouillir 6 cl d'eau avec la cassonade. Hors du feu, ajouter la menthe, le vinaigre et 1 pincée de sel. Laisser infuser quelques minutes. Sortir le gigot du four, le couvrir de papier aluminium et le laisser reposer. Le trancher et le servir avec les gousses d'ail et la sauce.

15 cl de vinaigre (de malt si possible sinon blanc ou de cidre)

Sel, poivre

## 109. Kedgeree
## Riz au haddock
**Préparation : 20 min – Cuisson : 25 min**

3 filets de haddock fumé

300 g de riz

3 œufs durs

50 cl de lait

2 oignons nouveaux

60 g de beurre

1 cuil. à café de curry

Sel, poivre

Faire pocher les filets de haddock dans le lait pendant 5 min. Les égoutter, retirer leur peau et leurs arêtes en les effritant à la fourchette. Peler les oignons et les hacher finement. Mettre le beurre à fondre dans une casserole et y faire cuire les oignons jusqu'à ce qu'ils deviennent translucides. Ajouter le riz et le faire revenir jusqu'à ce qu'il devienne nacré. Verser le double du volume de riz en eau. Saler, poivrer et ajouter le curry. Porter à ébullition, couvrir et faire cuire à petits bouillons jusqu'à ce qu'il n'y ait plus d'eau. Pendant la cuisson, hacher finement 2 œufs durs et couper le troisième en tranches. Quand le riz est presque cuit, ajouter les morceaux de haddock et d'œuf haché et mélanger doucement. Verser dans un plat de service et décorer avec les tranches d'œuf dur.

## 110. Pudding au citron
**Préparation : 25 min – Cuisson : 1 h 30 à 2 h**

250 g de pain émietté

125 g de farine

180 g de graisse de rognon

125 g de sucre en poudre

10 à 20 cl de lait

10 g de baking powder

Sel

**Pour la sauce :**

60 g de beurre

Tamiser la farine avec du sel et la baking powder dans une terrine. Ajouter le pain émietté et la graisse hachée en petits morceaux. Mélanger le tout à sec. Ajouter alors le lait en quantité suffisante pour que la pâte puisse glisser facilement de la cuillère, puis incorporer le sucre.

Beurrer une jatte à pudding, y mettre la préparation. Couvrir avec un papier sulfurisé beurré. Cuire au four au bain-marie pendant 1 h 30 à 2 h.

Préparer la sauce : mettre le beurre dans une casserole. Ajouter la farine. Bien mélanger à chaud sans faire brunir. Ajouter 50 cl d'eau. Délayer et faire cuire jusqu'au moment où la sauce épaissit. Ajouter le sucre et le jus des citrons.

| |
|---|
| 30 g de farine |
| 30 g de sucre en poudre |
| 2 citrons (jus) |

Lorsque le pudding est cuit, le retourner sur un plat bien chaud et le servir accompagné de la sauce au jus de citron.

**Remarque.** – La baking powder peut être remplacée par de la levure chimique.

# 111. Pudding de Noël
## Christmas pudding
**Préparation : 1 h 30 – Cuisson : 6 à 7 h**
(12 h à l'avance)

| |
|---|
| 300 g de graisse de rognon |
| 250 g de raisins de Corinthe |
| 250 g de raisins de Smyrne |
| 250 g de sucre roux |
| 250 g de chapelure |
| 125 g de farine |
| 4 œufs |
| 10 cl de lait |
| 60 g de zeste de citron râpé |
| 60 g de zeste de citron confit |
| 5 cl de cognac |
| 1/2 cuil. à café d'épices au choix (cannelle, gingembre, noix muscade...) |
| 1 petite cuil. à café de noix muscade râpée |
| Sel |

Nettoyer les raisins, râper le zeste des citrons et hacher le citron confit. Hacher finement la graisse. Mettre dans une terrine la farine, la chapelure et la graisse, du sel et le sucre. Bien mélanger et incorporer les œufs battus avec le lait. Ajouter alors les épices, la noix muscade râpée, le citron confit, le zeste et les raisins. Laisser reposer la pâte pendant 12 h.

Le jour même, ajouter le cognac, verser dans une jatte à pudding, couvrir d'un linge fariné et placer cette jatte dans une marmite contenant assez d'eau bouillante pour que le pudding soit recouvert. Cuire à petits bouillonnements pendant 6 à 7 h. Démouler. Retourner sur un plat. Servir avec une sauce de beurre fondu, ou introduire dans le pudding une douzaine de morceaux de sucre, arroser de rhum et faire flamber.

**Remarque.** – On peut remplacer la graisse de rognon par du beurre.

## 112. Pudding du Yorkshire
**Préparation : 20 min – Cuisson : 25 min**
**(1 h à l'avance)**

| |
|---|
| 300 g de farine |
| 4 œufs |
| 50 cl de lait |
| 4 à 6 cuil. à soupe de jus de rôti de bœuf |
| 1/2 cuil. à café de sel |

Tamiser la farine avec le sel fin. La mettre dans une terrine, y faire un puits, y mettre les œufs l'un après l'autre. Délayer avec la moitié du lait et travailler la pâte pour la rendre légère (jusqu'à formation de bulles). Ajouter alors le reste du lait. Laisser reposer à couvert pendant environ 1 h. Dans un moule, verser le jus de rôti de bœuf. Tourner le moule jusqu'à ce qu'il soit enduit de ce jus. Verser la pâte. Faire cuire à four vif pendant 20 à 25 min. Quand le pudding est cuit et doré, le découper en 6 à 8 tranches, les disposer sur un plat chaud et servir avec du rosbif.

## 113. Buns
**Préparation : 20 min – Cuisson : 15 min**

| |
|---|
| 250 g de farine |
| 90 g de beurre |
| 120 g de sucre en poudre |
| 1 œuf |
| 60 g de raisins de Corinthe |
| 10 g d'écorce d'orange confite |
| 5 cl de lait |
| 7 à 8 g de baking powder |
| 1 pincée de gingembre en poudre |

Tamiser la farine, la mettre dans une terrine et la travailler en la frottant avec le beurre coupé en petits morceaux, ajouter ensuite la levure anglaise, les raisins lavés et séchés auparavant, l'écorce confite hachée très fin, le gingembre.
Battre ensemble dans une autre terrine l'œuf entier avec un peu de lait, le verser dans la terrine en mélangeant pour obtenir une pâte bien ferme. Diviser cette pâte en petits tas ayant la forme d'un petit pain rond, les placer sur une tôle bien beurrée et faire cuire à four chaud pendant 15 min.
**Remarque.** – La baking powder peut être remplacée par de la levure chimique.

# 114. Scones

**Préparation : 15 min – Cuisson : 15 à 20 min**

| |
|---|
| 250 g de farine |
| 10 cl de babeurre |
| 4 g de crème de tartre |
| 4 g de bicarbonate de soude |
| Sel |

Tamiser la farine dans une terrine, y mettre le bicarbonate de soude, la crème de tartre, le sel. Ajouter assez de babeurre pour obtenir une pâte souple. La mettre alors sur une planche farinée, la pétrir légèrement avant de l'étendre au rouleau sur une épaisseur d'environ 1,5 cm. Couper la pâte ainsi étalée en bandes de façon à obtenir des triangles (on peut obtenir avec ces quantités environ 12 triangles). Poser les scones sur une plaque à four bien beurrée et faire cuire à four chaud pendant 15 à 20 min.

Les scones sont servis coupés en deux et beurrés.

**Remarque.** – Le mélange de bicarbonate de soude et de crème de tartre a une action plus rapide que la levure anglaise (baking powder) pour faire lever la pâte.

On trouve de la crème de tartre en pharmacie.

On peut remplacer le babeurre par du lait frais mélangé à un peu de vinaigre.

# 115. Muffins

**Préparation : 20 min – Cuisson : 30 à 35 min**

(2 h à l'avance)

| |
|---|
| 350 g de farine |
| 60 g de beurre |
| 20 à 30 cl de lait tiède |
| 1 œuf |
| 35 g de sucre en poudre |
| 15 g de levain (levure de boulanger) |
| 1/2 cuil. à café de sel |

Mettre la farine dans une terrine ; y faire un puits, y placer le levain délayé avec un peu de lait tiède, le sel et l'œuf battu. Bien mélanger à la cuillère en bois et ajouter encore un peu de lait si nécessaire pour que la pâte soit homogène. Couvrir et laisser gonfler dans un endroit tiède pendant 2 h.

Lorsque la pâte a doublé de volume, ajouter le beurre fondu et le sucre. Bien battre avec une cuillère en bois. Beurrer des moules ronds, les remplir à moitié, les placer sur une plaque à four et faire cuire à four chaud jusqu'à ce que les muffins soient dorés à la surface. Les sortir des moules, les retourner sur la plaque et les faire dorer de l'autre côté, environ 10 à 12 min. Pour consommer, les couper en deux, beurrer et servir chaud.

# 116. Tarte au citron

## Lemon tart

**Préparation : 30 min – Cuisson : 35 min**
(2 h à l'avance)

Faire d'abord la pâte brisée en mélangeant la farine, le sucre et le sel. Faire un puits et y verser le beurre amolli et de l'eau froide. Travailler la pâte pour la rendre homogène en remuant le moins possible. Verser le mélange sur un linge propre et laisser reposer 2 h au frais.

Étaler la pâte au rouleau sur une planche farinée et lui donner l'épaisseur de 5 mm. La disposer dans une tourtière ; placer un papier sulfurisé par-dessus et faire cuire à four chaud après avoir pris soin de disposer des haricots secs ou des petits cailloux pour empêcher la pâte de gonfler. Compter 10 min à four chaud, puis 20 min à four moyen.

Pendant la cuisson, préparer la garniture.

**La crème** : faire infuser dans l'eau bouillante le zeste râpé des citrons. Dans un bol, délayer la farine avec le jus des citrons, puis ajouter l'eau chaude citronnée. Mettre dans une casserole et porter à ébullition en tournant avec soin (5 à 6 min). Hors du feu, mélanger le sucre en poudre et les jaunes d'œufs. Étaler cette préparation sur la pâte bien dorée.

**La meringue** : battre en neige très ferme les 2 blancs d'œufs. Y incorporer avec soin le sucre en poudre. Garnir la tarte avec ce meringage et placer quelques demi-cerises confites par-dessus.

Mettre à four chaud quelques minutes juste pour faire dorer la meringue.

---

**Pour la pâte brisée :**
250 g de farine
125 g de beurre ou mélange de beurre et de margarine
80 g de sucre en poudre
1 pincée de sel

**Pour la crème :**
3 citrons non traités
180 g de sucre en poudre
30 cl d'eau
60 g de farine
3 jaunes d'œufs

**Pour la meringue :**
2 blancs d'œufs
40 g de sucre en poudre
Cerises confites

## 117. Apple crumble
**Préparation : 20 min – Cuisson : 30 min**

6 pommes

125 g de beurre

125 g de sucre en poudre

125 g de farine

Préchauffer le four à 180 °C. Mélanger grossièrement le beurre coupé en morceaux, la farine et le sucre, de façon à obtenir une pâte un peu sableuse. Peler les pommes, les couper en quartiers et retirer leurs trognons. Les couper en gros cubes. Étaler les cubes de pommes dans un plat allant au four. Les recouvrir de pâte et faire cuire 30 min.

**Variante.** – On peut ajouter de la cannelle dans la pâte et servir le crumble chaud avec de la crème fraîche épaisse.

## 118. Bread and butter pudding
**Préparation : 10 min – Cuisson : 30 min**

8 tranches de pain de mie

3 œufs

40 cl de lait

30 cl de crème liquide

75 g de beurre

60 g de sucre roux

1 cuil. à café de cannelle en poudre

1 cuil. à café de noix muscade en poudre

Préchauffer le four à 180 °C. Bien beurrer les tranches de pain et les couper en deux en triangles. Les disposer en se chevauchant dans un plat beurré allant au four. Mélanger le lait, la crème, le sucre, la noix muscade et la cannelle. Battre les œufs et les incorporer au mélange. Verser le tout sur les tranches de pain et enfourner pour 30 min ou jusqu'à ce que les tranches de pain soient bien dorées.

**Variante.** – On peut utiliser du pain aux raisins ou ajouter des raisins secs dans le mélange au lait.

## 119. Shortbread
**Préparation : 10 min – Cuisson : 20 min**

180 g de beurre

260 g de farine

90 g de sucre en poudre

Préchauffer le four à 180 °C. Bien mélanger le beurre, la farine et le sucre. Étaler le mélange dans un moule à tarte beurré. Mettre au four pour environ 20 min. Le shortbread ne doit pas dorer. Sortir le moule du four et couper le gâteau en 12 parts tant qu'il est chaud et le saupoudrer de sucre en poudre. Attendre qu'il refroidisse et sortir les parts du moule.

**Variante.** – On peut utiliser du beurre salé pour préparer le shortbread.

# 120. Trifle

**Préparation : 20 min – Cuisson : 10 min**

(3 h à l'avance)

| | |
|---|---|
| 300 g de génoise ou de biscuits à la cuillère | |
| 500 g de fraises ou de framboises | |
| 40 cl de sherry | |
| 20 cl de crème liquide | |
| 50 cl de lait | |
| 4 jaunes d'œufs | |
| 75 g de sucre en poudre | |

Couper la génoise en cubes et les disposer au fond d'un plat (si possible en verre transparent). Les imbiber de sherry. Équeuter les fraises et les répartir dessus. Préparer la crème anglaise. Fouetter les jaunes d'œufs avec le sucre jusqu'à ce que le mélange blanchisse. Faire bouillir le lait et le verser en fin filet sur les jaunes en fouettant. Reverser ce mélange dans la casserole et le faire cuire à feu doux jusqu'à ce qu'il épaississe. Le verser sur les fraises dans le plat. Mettre au frais pour environ 3 h. Au moment de servir, fouetter la crème liquide en chantilly et la répartir sur la crème anglaise.

**Variante.** – On peut réaliser cette recette avec les fruits frais ou en conserve de son choix.

**Remarque.** – Le sherry est l'appellation anglaise du xérès (vin espagnol).

# Irlande

## 121. Ragoût irlandais
### Irish stew
**Préparation : 35 min – Cuisson : 2 h**

1 kg de mouton (collier, poitrine)

1,5 kg de pommes de terre (dont 300 g très farineuses et le reste à chair très ferme)

180 g d'oignons

1 cuil. à soupe de persil plat haché

Sel, poivre

Essuyer la viande, la couper en morceaux bien réguliers. Enlever la peau et une partie de la graisse. Éplucher les oignons et les couper en rondelles. Éplucher et laver les pommes de terre, couper les 300 g en tranches très fines et celles à chair assez ferme seulement en deux ou trois si elles sont un peu grosses.

Mettre dans une cocotte les morceaux de mouton, les recouvrir d'eau chaude avec 1 bonne pincée de sel. Porter à ébullition et ajouter les oignons, les tranches de pommes de terre, du poivre et cuire à feu doux régulier avec couvercle pendant environ 2 h.

Au bout d'environ 40 min, mettre le reste des pommes de terre (entières). Secouer de temps en temps pour que le ragoût n'attache pas. Ajouter, si nécessaire, un peu d'eau chaude.

Pour servir, disposer les pommes de terre entières autour d'un plat rond (bien chaud) et mettre au milieu la viande avec les oignons et la purée. Saupoudrer de persil la couronne de pommes de terre. Accompagner de Worcestershire sauce.

**Variante.** – On peut ajouter aux oignons le blanc émincé de 2 poireaux.

## 122. Pain au lait
### Soda bread
**Préparation : 15 min – Cuisson : 40 min**

500 g de farine blanche

25 à 40 cl de lait fermenté (lait ribot par exemple)

1 cuil. à café de bicarbonate de soude

1 cuil. à café de sel

Préchauffer le four à 200 °C. Mélanger la farine avec le bicarbonate de soude et le sel. Incorporer du lait fermenté en mélangeant, jusqu'à obtenir une pâte épaisse. Pétrir cette pâte sur un plan de travail fariné. La mettre dans un moule à cake beurré. Enfourner pour 40 min de cuisson en surveillant.

**Variante.** – On peut remplacer une partie de la farine blanche par de la farine complète.

**Remarque.** – Le lait ribot est typiquement breton. C'est du babeurre. On trouve du lait fermenté au supermarché.

## 123. Irish coffee

**Préparation : 15 min – Cuisson : 10 min**

| |
|---|
| 25 cl de whisky |
| 25 cl de café noir chaud |
| 10 cl de crème liquide |
| 3 cuil. à soupe de sucre roux |
| 2 cuil. à soupe de sucre glace |

Fouetter la crème liquide en chantilly. Ajouter le sucre glace et fouetter rapidement pour l'incorporer. Faire chauffer le whisky avec le sucre roux. Le verser dans 6 verres. Verser par-dessus le café chaud en essayant de ne pas trop le mélanger avec le whisky. Poser délicatement sur chaque verre 1 cuil. à soupe de crème chantillly. Ne pas mélanger avant de boire.

# Pays-Bas

## 124. Compote de concombres
## Geestoofde Komkommers
**Préparation : 20 min – Cuisson : 35 min**

| |
|---|
| 4 concombres de 500 g chacun |
| 30 g de beurre |
| 35 g de farine |
| 15 g de vinaigre |
| Sel, poivre |

Éplucher les concombres, les couper en quatre dans la longueur, enlever les pépins et couper chaque morceau en tronçons de 5 cm. Les faire cuire dans une casserole avec un peu d'eau, celle-ci doit juste recouvrir les légumes, à feu doux pendant 15 à 20 min d'ébullition. Égoutter dans une passoire et recueillir 20 cl du liquide de cuisson. Avec le beurre et la farine, faire un roux blanc mouillé avec ce liquide. Saler et poivrer. Relever le goût de la sauce avec le vinaigre et remettre les morceaux de concombre à réchauffer dans cette sauce.

## 125. Potage à la purée de pois
## Erwtensoep
**Préparation : 30 min – Cuisson : 3 h 30**
**(12 h à l'avance)**

| |
|---|
| 2 pieds de porc crus ou 1 jarret de porc et 6 côtelettes (hauts de côtes) |
| 500 g de saucisson à cuire ou de saucisse fumée du Geldre |
| 500 g de pois cassés |
| 400 à 500 g de céleri rave |
| 350 g de poireaux |
| 250 g d'oignons |
| 150 g de feuilles de céleri en branche |
| Sel |

Faire tremper les pois cassés la veille dans 4 litres d'eau et les faire cuire le jour même à feu doux régulier dans l'eau de trempage pendant 1 h 30. Ajouter alors les pieds de porc et le saucisson. Le porc doit cuire 1 h et le saucisson 30 min donc le retirer lorsqu'il est cuit et le mettre tout à fait en fin de cuisson pour le réchauffer. Mettre alors les légumes coupés en petits morceaux : poireaux, céleri rave, oignons et feuilles de céleri. Saler. Continuer la cuisson pendant environ 45 min (en tournant de temps en temps et en ajoutant si nécessaire un peu d'eau chaude). La soupe doit être bien liée et la viande doit se détacher des os (que l'on enlève de la marmite avant de servir). Faire réchauffer le saucisson.
Servir ce potage (qui est un plat de résistance) avec des tranches

de pain de seigle sur lesquelles on met en général les tranches de saucisson ou les morceaux de viande.

**Variante.** – On peut mettre du lard frais ou salé dans la soupe, ou de petites saucisses à la place du saucisson.

## 126. Fondue

**Préparation : 25 min – Cuisson : 20 à 25 min**

| |
|---|
| 750 g de gruyère |
| 50 cl de vin blanc sec |
| Petits cubes de pain de 3 cm de côté (à volonté) |
| 10 cl de kirsch |
| 1 gousse d'ail |
| Noix muscade |
| Poivre |

Prendre une casserole en terre (caquelon). En frotter soigneusement le fond avec la gousse d'ail, y verser le vin blanc, le gruyère coupé en fines lamelles. Mettre un peu de poivre et de la noix muscade râpée. Placer le caquelon sur un réchaud posé sur la table, le feu doit être assez doux. Remuer sans arrêt avec une spatule jusqu'au moment où le mélange devient crémeux. Arroser alors avec le kirsch.

La fondue se mange chaude en trempant des cubes de pain piqués dans une fourchette.

**Variante.** – Si la fondue est un peu liquide, on peut l'épaissir en y ajoutant 1 pincée de farine délayée d'abord à l'eau froide.

## 127. Hochepot
## Hutspot met Klapstük

**Préparation : 25 min – Cuisson : 2 h 15 à 2 h 30**

| |
|---|
| 1 kg de bœuf (plat de côte) |
| 1 kg de grosses carottes |
| 1 kg de pommes de terre |
| 350 g d'oignons |
| 50 g de saindoux ou de beurre |
| Sel, poivre |

Cuire la viande, à feu doux, dans 1 litre d'eau salée et poivrée pendant 1 h 30. Ajouter les carottes grattées et coupées en petits morceaux. Au bout de 15 min de cuisson, mettre les oignons épluchés et émincés, les pommes de terre épluchées, coupées en quatre, ainsi que la graisse. Continuer encore la cuisson pendant 30 à 45 min. Retirer la viande, la couper en petits morceaux. Écraser tous les légumes. Si nécessaire, ajouter un petit peu de lait ou d'eau chaude. Vérifier l'assaisonnement. Mais l'ensemble des légumes doit être plutôt une purée qu'une soupe. Placer la viande sur cette purée et servir bien chaud.

## 128. Crevettes en sauce
### Garnalenragout
**Préparation : 15 min – Cuisson : 10 à 15 min**

Préparer une sauce blanche avec le beurre et la farine, mouiller avec le lait chaud, ajouter la crème fraîche, saler, poivrer et assaisonner avec l'arôme Maggi.
Faire réchauffer à part les crevettes au bain-marie. Incorporer le blanc d'œuf battu en neige et mélanger les crevettes à la préparation. Parsemer de persil haché.

300 g de crevettes roses cuites décortiquées
40 g de farine
50 g de beurre
15 cl de lait
15 cl de crème fraîche
1 blanc d'œuf
1 cuil. à café d'arôme de Maggi
Persil plat
Sel, poivre

**Variante.** – Peut se manger en entrée.
On peut également garnir des croûtes en pâte feuilletée de cette préparation.

## 129. Foudre brûlant
### Hete Bliksem
**Préparation : 25 min – Cuisson : 1 h**

Faire cuire le lard dans 50 cl d'eau, compter d'abord 30 min d'ébullition régulière, ajouter les pommes de terre épluchées et coupées en morceaux, les pommes épluchées, coupées en quartiers et dont on a retiré le cœur. Continuer la cuisson pendant encore 30 min. Retirer le morceau de lard et piler, dans la casserole, pommes et pommes de terre en ajoutant si nécessaire un peu d'eau bouillante. Vérifier l'assaisonnement. Servir aussitôt, bien chaud, avec le lard disposé sur la purée, mais coupé en tranches.

500 g de lard salé maigre
1 kg de pommes acides
1,5 kg de pommes de terre
Sel, poivre

**Variante.** – On peut remplacer le lard par du saucisson frais à cuire. Compter alors seulement 30 min de cuisson.

## 130. Roulés de Gouda
**Préparation : 35 min – Cuisson : 1 h 30**

Faire tremper la mie de pain dans du lait ou de l'eau tiède. Bien exprimer le liquide puis mélanger la mie de pain, la chair à saucisse et l'échalote hachée. Saler, poivrer et préparer 12 petites boulettes.
Aplatir les tranches de bœuf, y disposer 1 tranche de lard, mettre au milieu 1 cornichon et de chaque côté 1 boulette. Rouler comme une paupiette. Ficeler soigneusement.
Mettre le beurre dans une cocotte, chauffer et y faire revenir les roulés. Lorsqu'ils sont bien dorés, mouiller avec un peu d'eau ou de bouillon. Faire partir l'ébullition puis cuire à feu régulier et moyen pendant 1 h 30, à couvert.

| |
|---|
| 6 tranches fines de bœu (dans le rumsteck ou la tranche) |
| 6 tranches de lard maigre |
| 90 g de chair à saucisse |
| 100 g de mie de pain |
| 80 g de beurre |
| 6 cornichons |
| 15 g d'échalote |
| Sel, poivre |

## 131. Chou rouge aux pommes
**Préparation : 25 min – Cuisson : 1 h 45**

Éplucher, laver et ciseler le chou rouge. Faire revenir dans une cocotte au beurre chaud l'oignon épluché et haché, y mettre le chou bien égoutté et laisser « fondre » pendant environ 10 min. Mettre de l'eau pour recouvrir juste le chou et assaisonner avec le laurier, les clous de girofle, du sel et du poivre. Cuire doucement pendant 45 min.
Éplucher les pommes, les couper en fines tranches, laver le riz, mélanger avec le chou en ajoutant la cannelle (suivant les goûts) et le sucre. Couvrir et prolonger la cuisson pendant encore 45 min.

| |
|---|
| 700 g de chou rouge |
| 750 g de pommes acides |
| 60 g d'oignon |
| 150 g de riz |
| 50 g de beurre |
| 40 g de sucre en poudre |
| 3 clous de girofle |
| Cannelle en poudre |
| 1 feuille de laurier |
| Sel, poivre |

## 132. Trois dans la poêle (grosses crêpes aux raisins secs)
### Drie-in-de-Pan

**Préparation : 15 min – Cuisson : 25 min**
(45 min à l'avance)

| |
|---|
| 250 g de farine |
| 100 g de saindoux |
| 100 g de beurre |
| 50 g de raisins de Smyrne |
| 50 g de raisins de Corinthe |
| 30 cl de lait |
| 25 g d'écorce d'orange confite |
| 15 g de levure de boulanger |
| Sucre glace à volonté |
| 1 bonne pincée de sel |

Dans une terrine, faire une pâte assez solide avec la farine, la levure de boulanger délayée dans un peu de lait tiède, le sel et le reste du lait. Y incorporer les raisins épluchés, lavés et séchés, l'écorce d'orange coupée en fins morceaux. Laisser lever dans un endroit tiède, la terrine couverte d'un torchon, pendant 45 min.

Dans une poêle, mettre la quantité de matière grasse nécessaire (moitié saindoux et moitié beurre) pour faire cuire 3 cuillerées de pâte. Cuisson régulière (le corps gras ne devant pas être trop chaud) pour que l'intérieur des gâteaux soit correctement cuit. Continuer jusqu'à épuisement de la pâte. Égoutter. Dresser en couronne sur un compotier et saupoudrer de sucre glace.

**Remarque.** – Pour faire cuire les gâteaux, on peut utiliser de l'huile à la place du mélange saindoux et beurre.

## 133. Gâteaux secs épicés
### Speculaas

**Préparation : 20 min – Cuisson : 45 min**
(1 heure à l'avance)

| |
|---|
| 200 g de farine |
| 125 g de cassonade |
| 100 g de beurre |
| 50 g d'amandes |
| 50 g d'écorce d'orange confite |
| 10 g de mélange 4-épices |
| 2 cuil. à soupe de lait ou d'eau |
| 5 g de levure chimique |
| Sel |

Travailler dans une terrine le beurre avec la cassonade et du sel, ajouter le lait, la farine, la levure et les épices. Incorporer ensuite les amandes et l'écorce d'orange confite coupée en morceaux, pétrir avec les mains. Laisser reposer 1 h sur une planche farinée.

Presser la pâte sur la planche pour lui donner la surface nécessaire pour entrer dans le moule en bois choisi pour faire les speculaas. Retourner le moule

et faire tomber les sujets sur la plaque beurrée en tapant sur le moule.
Cuire à four moyen de 20 à 45 min selon l'épaisseur de la pâte.

**Remarque.** – Les moules à speculaas sont des « images » taillées en
creux dans du bois et représentant des thèmes variés : portraits,
vaisseaux, chasseurs, etc. On peut faire ces biscuits sans ces moules,
à l'aide d'emporte-pièces.

## 134. Bisschop
### Vin d'évêque
**Préparation : 5 min – Cuisson : 5 min**

| |
|---|
| 50 cl de bon vin rouge |
| 1 orange non traitée (ou 1 citron) |
| Clous de girofle |
| Sucre à volonté |

Ce vin chaud, très apprécié en Hollande, se prépare
de la façon suivante : faire chauffer doucement 50 cl
d'eau, le vin rouge dans lequel on a mis l'orange (ou le citron) piquée
de clous de girofle. Ne pas porter à ébullition. Retirer le fruit et sucrer
à volonté.

Se sert comme un grog, dans des verres à vin.

## 135. Poffertjes
### Petites crêpes
**Préparation : 15 min – Cuisson : 25 min**
(30 min à l'avance)

| |
|---|
| 125 g de farine de froment |
| 125 g de farine de sarrasin |
| 1 œuf |
| 30 cl de lait |
| 80 g de beurre |
| 10 g de levure de boulanger |
| 2 cuil. à soupe de sirop de sucre (ou de miel, ou de sirop d'érable) |
| Sucre glace à volonté |
| 1 pincée de sel |

Faire tiédir un peu de lait et y dissoudre la levure.
Mélanger les farines, les former en puits et verser le
lait avec la levure au milieu en mélangeant. Verser
ensuite le reste du lait, et le sel. Ajouter ensuite
l'œuf battu et le sirop de sucre et mélanger à
nouveau. Laisser reposer la pâte pendant 30 min.
Faire fondre la moitié du beurre dans une poêle
antiadhésive. Y verser la pâte pour former de petites
crêpes et les faire dorer des deux côtés. Les saupoudrer de sucre glace et poser sur chacune une lamelle de beurre.

**Variante.** – On peut réaliser cette recette avec 250 g de farine de
froment.

# Suisse

## 136. Rösti ou Rœschti
## Grosses galettes de pommes de terre
**Préparation : 20 min – Cuisson : 50 min**

1 kg de pommes de terre

100 g de beurre

Sel, poivre

Cuire les pommes de terre à l'eau salée avec leur peau. Les laisser refroidir. Les éplucher, les râper sur une râpe à gros trous.

Mettre dans une poêle assez grande pour contenir toute cette purée, 75 g de beurre, le faire fondre sans trop chauffer. Y ajouter la purée, saler, poivrer, mettre par-dessus le reste du beurre, couvrir avec un couvercle ou une assiette. Laisser cuire à feu doux pendant environ 30 min. Retourner la galette ainsi obtenue sur le plat de service. Consommer chaud.

**Variante.** – On peut mettre dans le beurre soit 60 g de lard fumé coupé en petits dés, soit 1 oignon (50 à 60 g) émincé très finement, soit encore les deux (lard et oignon).

## 137. Salée au fromage
**Préparation : 40 min – Cuisson : 30 min**
(1 h 30 à 2 h à l'avance)

300 g de farine

150 g de gruyère

Beurre

15 g de levure de boulanger

Sel, poivre

Préparer une pâte bien homogène avec la farine, la levure, 10 cl d'eau et du sel. La laisser reposer pendant 1 h 30 à 2 h.

L'étaler au rouleau sur une épaisseur de 1,5 cm environ. Beurrer une plaque à tarte, y disposer la pâte et recouvrir largement celle-ci de gruyère coupé en petites tranches. Parsemer de petits morceaux de beurre. Saupoudrer de poivre et cuire à four chaud. Servir chaud.

**Variante.** – On peut faire une pâte brisée (donc contenant 150 g de beurre). La recouvrir de fromage et napper ensuite avec 1 œuf entier battu en omelette avec 10 cl de lait.

# 138. Fricassée genevoise
**Préparation : 20 min – Cuisson : 2 h 20**

(12 h à l'avance)

| |
|---|
| 750 à 800 g de porc (échine ou côtelettes) |
| 100 g de lard fumé |
| 40 cl de vin rouge |
| 10 cl de sang de porc |
| 150 g d'oignons blancs |
| 5 cl de crème fraîche |
| 30 g de beurre |
| 40 g de farine |
| Bouquet garni |
| Sel, poivre |

La veille, faire mariner le porc dans le vin rouge (en y ajoutant un peu d'eau si nécessaire) avec 1 oignon pelé, bouquet garni, sel et poivre.

Le jour même, couper la viande en morceaux réguliers de 5 à 6 cm, les essuyer. Chauffer dans une cocotte le beurre, y faire revenir le lard coupé en morceaux, le reste des oignons blancs pelés, les retirer lorsqu'ils sont dorés. Mettre les morceaux de porc, les faire dorer. Saupoudrer avec la farine, faire roussir et mouiller avec de la marinade (la sauce doit juste recouvrir la viande, donc ne pas tout mettre s'il y a trop de marinade). Remettre lardons, oignons, bouquet garni, vérifier l'assaisonnement et faire cuire à couvert et à feu régulier pendant 1 h 45 à 2 h. Au moment de servir, faire un mélange très homogène avec le sang et la crème dans un bol. Lier en ajoutant de la sauce. Verser dans la cocotte, chauffer sans bouillir pendant 5 min. Pour servir, retirer le bouquet garni. Ce plat est accompagné d'un gratin dauphinois.

**Variante.** – La fricassée peut aussi se faire avec du vin blanc genevois : le mandement.

# 139. Émincé de veau à la zurichoise
**Préparation : 30 min – Cuisson : 15 à 20 min**

| |
|---|
| 1 kg de noix de veau |
| 400 g de champignons de Paris |
| 1 oignon |
| 30 cl de vin blanc sec |
| 30 cl de crème fraîche |
| 50 g de beurre |
| 2 cuil. à soupe de farine |
| 2 cuil. à soupe d'huile |
| Sel, poivre |

Couper la noix de veau en fines lamelles. Peler l'oignon et le hacher finement. Couper les champignons en fines lamelles. Faire fondre le beurre avec l'huile dans une grande poêle et y faire dorer les lamelles de veau à feu vif pendant 3 à 4 min, les retirer de la poêle et les garder au chaud. Mettre l'oignon et les champignons dans la poêle, saler, et faire cuire le tout pendant 5 min. Saupoudrer de farine, puis verser le vin blanc, poivrer, et laisser réduire le liquide de moitié. Verser ensuite la crème fraîche, ajouter la viande et retirer du feu dès l'ébullition. Servir.

## 140. Gâteau aux pommes et zwiebacks

**Préparation : 30 min – Cuisson : 40 min**

Dans une assiette creuse, verser du lait tiède, y tremper très rapidement les biscottes (l'une après l'autre). Disposer une première couche de biscottes dans le fond d'un plat à soufflé. Recouvrir avec de fines tranches de pommes épluchées. Parsemer de raisins de Corinthe lavés et trempés à l'eau (ou au rhum). Saupoudrer de sucre et de cannelle. Recommencer une nouvelle couche de biscottes trempées, pommes, raisins, sucre, cannelle, et continuer jusqu'à épuisement des ingrédients et pour atteindre la hauteur du moule. Battre le reste du lait avec les œufs en omelette. Sucrer selon le goût et verser le tout sur la préparation. Mettre à four chaud pendant 30 à 40 min.

**Remarque.** – Il est impossible de donner des quantités précises, les biscottes absorbent plus ou moins de lait, étant plus ou moins denses. Les pommes doivent être plus ou moins acides.

500 g de pommes

100 g de raisins de Corinthe

15 zwiebacks (biscottes)

3 œufs

50 à 75 cl de lait

Sucre en poudre

Cannelle en poudre

## 141. Gâteau des Grisons

**Préparation : 30 min – Cuisson : 45 min**

Recouvrir une tourtière à tarte de 30 cm de diamètre avec la pâte feuilletée étalée sur une épaisseur de 1 à 1,5 cm. Cette pâte doit aussi remonter sur les bords de la tourtière.

Disposer une couche de confiture (au choix) sur la pâte. Recouvrir ensuite avec le mélange suivant : travailler dans une terrine le beurre avec une cuillère pour le réduire en crème. Incorporer les jaunes d'œufs, l'un après l'autre, les amandes hachées avec

400 g de pâte feuilletée

5 œufs

90 g de beurre

90 g d'amandes

Confiture de framboises ou de mûres ou d'abricots

90 g de chapelure

60 g de farine

Cannelle en poudre

leur peau, la chapelure et de la cannelle à volonté. Ajouter ensuite la farine mélangée aux blancs d'œufs battus en neige très ferme.

Cuire à four bien chaud pendant 45 min.

## 142. Pain de poires de Saint-Gall

### Birnebrot

**Préparation : 45 min – Repos de la pâte : 2 à 3 h**
**Cuisson : 40 min**

(à préparer la veille)

| |
|---|
| 150 g de poires séchées |
| 150 g de pommes séchées |
| 150 g de figues sèches |
| 150 g de noix |
| 500 g de farine |
| 100 g de sucre en poudre |
| 60 g de noisettes |
| 40 g de beurre |
| 1 œuf |
| 1 citron (non traité) |
| Lait |
| 15 g d'écorce confite d'orange |
| 15 g de cannelle en poudre |
| 15 à 20 g de levure de boulanger |
| Noix muscade râpée |

La veille, faire tremper poires, pommes, figues dans de l'eau tiède. Le matin même, préparer une pâte à pain en délayant la levure dans du lait tiède. Mettre, dans une terrine, la farine, y faire un puits, y verser le beurre et le mélange de levure. Commencer à travailler la pâte et y ajouter du lait froid pour délayer, de façon à ce que la pâte soit assez épaisse. La travailler à la main pour qu'elle soit lisse. La laisser reposer pendant 2 à 3 h.

Pendant ce temps, préparer la garniture. Hacher finement noix et noisettes. Égoutter les fruits trempés. Les couper grossièrement. Les mettre dans une terrine. Mélanger aux noix et noisettes. Ajouter le sucre, le zeste du citron râpé, le jus de ce citron et l'écorce d'orange en petits morceaux. Parfumer avec la cannelle, la noix muscade à volonté et mouiller avec un peu d'eau de trempage des fruits.

Étaler la pâte au rouleau, sur une planche farinée, en lui donnant la forme d'un grand rectangle. Disposer la farce au centre, mais en laissant environ 5 cm de pâte non garnie, tout autour. Rouler la pâte en forme de pain et rabattre les bords pour empêcher la farce de sortir de la pâte. Placer sur une plaque beurrée et cuire, après avoir doré à l'œuf, pendant 40 min à four chaud.

# Scandinavie

## Danemark

### 143. Buffet froid
Koldt Bord

Peut se composer de (à titre indicatif) :

Harengs marinés – Anguille fumée – Anchois – Sardines – Moules
à la mayonnaise – Saumon poché ou saumon fumé – Œufs durs
décorés avec des tranches de tomates – Œufs brouillés froids
– Salade de légumes à la mayonnaise – Salade de pommes de terre
– Salade de champignons – Jambon danois – Charcuterie –
Rôti de porc en tranches – Pâté de foie – Rôti de veau à la gelée
coupé en tranches – Salade de fruits (à la mayonnaise sucrée).

### 144. Smoerrebroed à l'anguille fumée
Roeget aal

**Préparation : 20 min – Cuisson : 5 à 8 min**

| |
|---|
| 6 tranches de pain bis |
| Anguille fumée |
| 40 g de beurre |
| Ciboulette |
| **Pour les œufs brouillés :** |
| 3 œufs |
| 30 g de beurre |
| Sel, poivre |

Préparer avec les œufs et le beurre, des œufs brouillés bien assaisonnés. Couper l'anguille en morceaux de la taille des tranches de pain. Il faut 3 tronçons. Enlever la peau et l'arête centrale.

Placer un demi-tronçon d'anguille sur la moitié du pain beurré, garnir l'autre moitié avec 1 cuil. à soupe d'œufs brouillés. Saupoudrer avec de la ciboulette hachée.

## 145. Smoerrebroed au saumon fumé

### Roeget laks og Roeraeg
**Préparation : 15 min – Cuisson : 5 à 8 min**

| |
|---|
| 6 tranches de pain blanc |
| 6 tranches de saumon fumé |
| 40 g de beurre |
| Ciboulette |
| **Pour les œufs brouillés** |
| 2 œufs |
| 25 g de beurre |
| Sel, poivre |

Avec les œufs et le beurre, préparer des œufs brouillés bien assaisonnés. Placer 1 tranche de saumon fumé sur chaque tranche de pain beurré. Disposer en diagonale un cordon d'œufs brouillés froids. Garnir avec de la ciboulette hachée finement.

## 146. Smoerrebroed aux crevettes

### Reser
**Préparation : 30 min**

| |
|---|
| 6 tranches de pain blanc |
| 300 g de crevettes cuites |
| 50 g de beurre |

Décortiquer les crevettes. Tartiner les tranches de pain avec le beurre et recouvrir le plus largement possible de crevettes.

Se sert sans aucun autre apprêt.

**Remarque.** – On peut trouver dans le commerce des crevettes déjà décortiquées.

## 147. Smoerrebroed au poulet

### Kylling
**Préparation : 25 min – Cuisson : 45 min**
[1 à 2 h à l'avance]

| |
|---|
| 1 poulet de 1,2 kg |
| 6 tranches de pain bis |
| 40 g de beurre |
| 250 g de concombre |
| 70 g de gelée de groseille |
| 6 feuilles de laitue |
| Sel, poivre |

Préparer le poulet, le faire rôtir soit au four, soit sur le gril, soit encore à la cocotte. Le laisser refroidir et le découper en six morceaux. D'autre part, couper le concombre en tranches fines sans l'éplucher, le faire dégorger pendant 2 h environ dans une marinade (voir ci-après). Égoutter. Tartiner de beurre les tranches de pain. Placer sur chacune une feuille de laitue bien lavée et essorée, disposer alors un morceau de poulet, décorer avec 5 ou 6 tranches de concombre et 1 cuil. à soupe de gelée de groseille.

**Marinade pour concombre.** – Avec 10 cl d'eau, 20 cl de vinaigre, 15 g de sucre en poudre, du sel et du poivre. Faire chauffer et laisser bouillir 1 min, laisser refroidir avant d'y déposer les tranches de concombre.

## 148. Smoerrebroed aux tomates et aux œufs
### Tomat og aeg
**Préparation : 30 min – Cuisson : 10 min**

| Ingrédients |
|---|
| 6 tranches de pain bis |
| 40 g de beurre |
| 4 œufs |
| 300 g de tomates |
| 30 g de cresson |
| 30 g d'oignon |
| 6 feuilles de laitue |

Faire durcir les œufs pendant 10 min dans de l'eau bouillante. Pendant ce temps, laver les légumes, hacher le cresson, éplucher l'oignon, le couper en rondelles et les défaire pour obtenir des anneaux, couper les tomates en tranches.

Beurrer les tranches de pain, poser des tranches de tomates en les faisant se chevaucher et poser des tranches d'œufs (5 tranches environ). Garnir avec des anneaux d'oignons crus et déposer un peu de cresson haché au sommet. Placer 1 feuille de laitue selon les goûts, comme garniture.

## 149. Smoerrebroed au bœuf et à l'œuf
### Boef med spejlaeg
**Préparation : 25 min – Cuisson : 25 min**

| Ingrédients |
|---|
| 6 tranches de pain bis |
| 6 tranches de bœuf rôti |
| 65 g de beurre |
| 60 g d'oignon |
| 6 œufs |
| 25 g de sucre en poudre |
| Huile pour friture |
| Sel, poivre |

Éplucher l'oignon, l'émincer. Faire bien chauffer 25 g de beurre, y faire rissoler les tranches d'oignon jusqu'à ce qu'elles soient bien dorées. Saupoudrer de sel, de poivre et du sucre en poudre.

Tartiner de beurre les tranches de pain, y placer les tranches de viande, mettre une couche d'oignons rissolés. Placer, par-dessus, 1 œuf frit dans l'huile bien chaude (ou bien 1 œuf sur le plat).

## 150. Smoerrebroed au porc rôti et aux fruits
### Heistegt Svinekam
**Préparation : 1 h – Cuisson : 1 h**
(6 h à l'avance)

| |
|---|
| 750 g de carré de porc |
| 6 tranches de pain bis |
| 150 g de chou rouge |
| 150 g de pommes |
| 150 g de pruneaux |
| 50 g de sucre en poudre |
| 40 g de beurre |

Mettre les pruneaux pendant 6 h dans 75 cl d'eau bouillante. Ils sont alors assez réhydratés pour être utilisés sans les cuire.

Faire cuire le morceau de porc en rôti. Pendant la cuisson, préparer la garniture.

Cuire les pommes épluchées, coupées en quartiers, dans un sirop fait avec 20 cl d'eau et le sucre. Les quartiers de pommes doivent rester bien entiers.

Éplucher et laver le chou rouge, enlever les grosses côtes, couper en fines lanières.

Lorsque le rôti est cuit, le laisser refroidir. Le couper lorsqu'il est encore tiède. Disposer les tranches (fines) de viande sur le pain bis beurré. Garnir avec 2 quartiers de pomme, 3 pruneaux et mettre du chou rouge haché entre les deux sortes de fruits.

**Remarque.** – Le carré de porc est une pièce de boucherie comprenant l'ensemble des côtes premières et secondes.

## 151. Porc au chou rouge
**Préparation : 1 h 30 – Cuisson : 3 h**

| |
|---|
| 1,5 kg de rôti pris dans le jambon |
| 25 g de beurre |
| 20 g de gelée de viande |
| 15 g de farine |
| Gingembre en poudre |
| Sel |

Cuire le morceau de porc bien en chair avec une couche de graisse qui sera ciselée au couteau. Frotter l'extérieur de ce rôti avec du gros sel et du gingembre. Surveiller la cuisson avec soin comme pour un rôti de porc habituel, mouiller si nécessaire avec un peu d'eau chaude.

Préparer pendant la cuisson de ce rôti les concombres marinés (voir recette 147). Laver ensuite le chou rouge avec soin, l'éplucher et l'égoutter, le couper en fines lanières. Mettre dans une cocotte le beurre et le sucre, le faire fondre mais non roussir. Mettre alors le chou et tourner jusqu'à ce que tout soit bien mélangé et que l'eau du chou commence à sortir. Ajouter alors 5 cl d'eau, le vinaigre ou peu à peu le sirop de groseilles et du sel. Faire cuire à feu régulier, en surveillant la cuisson pour que le chou ne caramélise pas.

Préparer enfin les pommes de terre caramélisées (voir recette 154). Au moment de servir, c'est-à-dire lorsque le rôti est cuit, recueillir le jus, le dégraisser, y faire fondre la gelée et lier à la farine pétrie avec le beurre. Faire chauffer rapidement et mettre en saucière. Saler le chou.

Servir le rôti coupé en tranches, sur un plat décoré selon les goûts avec les pommes de terre et le chou rouge, la sauce en saucière et les concombres à part.

**Remarque.** – Le chou rouge doit cuire 2 h 30 à 3 h.

**Pour le chou rouge :**

1,2 kg de chou rouge

60 à 100 g de beurre

100 à 150 g de sucre en poudre

2 cuil. à soupe de vinaigre ou 50 cl de sirop de groseilles

Sel

**Pour le concombre mariné :**

700 g de concombre

20 cl de vinaigre

15 g de sucre en poudre

Sel, poivre

**Pour les pommes de terre :**

1,5 kg de pommes de terre nouvelles

300 g de sucre en poudre

40 g de beurre

# 152. Poulet danois
## Dansk Kylling
### Préparation : 45 min – Cuisson : 1 h 45
(1 h à l'avance)

Éplucher le concombre, le couper en tranches que l'on fait dégorger 1 h en les saupoudrant de sel.

Préparer les poulets, les vider, mettre à l'intérieur de chacun du persil lavé, un peu de beurre, du sel, du poivre et bien les ficeler.

Dans une grande cocotte, faire chauffer le reste de beurre et y faire revenir les poulets. Lorsqu'ils sont dorés, couvrir et laisser cuire à feu doux, à découvert pendant 1 h.

1,8 kg de poulets tendres (2 ou 3 petits poulets)

1 kg de petites pommes de terre

1 kg de rhubarbe

500 g de concombre

300 g de persil plat

200 g de sucre en poudre

130 g de beurre

10 cl de crème fraîche

Vanille en poudre

Sel, poivre

Préparer alors la compote de rhubarbe. Éplucher les tiges, les couper en tronçons et les faire cuire avec le sucre, un peu de vanille et très peu d'eau. Lorsque la rhubarbe est cuite, en faire une compote. Éplucher les pommes de terre et les sauter au beurre (compter 20 à 25 min de cuisson). Au moment où les poulets sont cuits, lier la sauce avec la crème fraîche. Pour servir, déficeler les poulets, les disposer sur un plat et accompagner des pommes de terre, de la salade de concombre et de la compote de rhubarbe en saucière.

## 153. Poulet aux fruits
**Préparation : 40 min – Cuisson : 1 h**

1,4 kg de poulet tendre

750 g de petits pois écossés

160 g de champignons de Paris

120 g de petits oignons

2 oranges

2 pommes

150 g de noisettes

90 g de beurre

10 cl de crème fraîche

Paprika

Sel, poivre

Préparer le poulet, le vider, le couper en morceaux. Faire chauffer dans une cocotte 30 g de beurre et y faire dorer les morceaux de poulet. Retirer de la cocotte, ajouter 30 g de beurre et y faire revenir les oignons épluchés et les champignons nettoyés. Remettre les morceaux de poulet, saler, poivrer, mettre 1 pincée de paprika et ajouter 10 cl d'eau bouillante (en mettre un peu plus si nécessaire, elle doit arriver à mi-hauteur de la viande). Couvrir et laisser cuire 35 à 40 min.

Pendant la cuisson, préparer les petits pois, les faire cuire 20 min à l'eau bouillante, égoutter, les remettre dans la casserole avec 30 g de beurre et les maintenir au chaud.

Éplucher les oranges et les pommes, les couper en petits cubes. Réduire les noisettes en poudre, mélanger aux fruits dans une grande jatte. Mettre au frais en attendant de servir.

Au moment de servir, lier le jus de cuisson du poulet avec la crème fraîche – vérifier l'assaisonnement – disposer le poulet dans un plat et servir avec les petits pois, des pommes de terre frites et la salade de fruits.

## 154. Pommes de terre caramélisées
### Brunede Kartofler
**Préparation : 20 min – Cuisson : 35 min**

1,5 kg de pommes de terre nouvelles

300 g de sucre en poudre

40 g de beurre

Éplucher les pommes de terre nouvelles, les laver, les laisser dans l'eau.

Dans une sauteuse, préparer avec 5 cl d'eau et le sucre un caramel pas trop foncé. Lorsqu'il est brun, y mettre le beurre, le laisser fondre et se mélanger avec le caramel, y mettre alors les pommes de terre égouttées grossièrement. Secouer jusqu'au moment où elles sont toutes enrobées. Continuer la cuisson en secouant de temps en temps la sauteuse. Les pommes de terre cuisant à découvert deviennent brillantes et caramélisées.

**Remarque.** – Attention : elles sont sucrées !

## 155. Gelée de fruits rouges
### Rodgroed med Floede
**Préparation : 40 min – Cuisson : 30 min**
(1 h 30 à l'avance)

300 g de groseilles rouges

150 g de framboises

100 g de cassis

150 g de cerises

325 g de sucre en poudre

70 g d'amandes mondées

150 g de crème fraîche

Fécule ou Maïzena (compter 60 g par litre de jus)

10 cl de vin blanc

1 gousse de vanille

Laver les fruits, les piler, les mettre dans une casserole, y ajouter 75 cl d'eau. Faire bouillir. Laisser reposer pendant 15 à 20 min puis passer le tout à travers une passoire très fine ou un tamis pour recueillir le jus.

Procéder ensuite comme pour une gelée. Remettre ce jus dans une casserole avec le sucre et la vanille. Faire bouillir. Retirer du feu au moment du premier bouillon. S'il y a de l'écume, la retirer. Mesurer le volume du jus ainsi obtenu. Délayer dans le vin blanc la quantité de fécule ou Maïzena nécessaire, allonger avec un peu de jus de fruit si besoin et verser dans le jus qui est dans la casserole et encore chaud, en faisant chauffer. Le liquide épaissit. Au moment de l'ébullition, la crème est épaissie. La verser aussitôt dans une coupe en porcelaine (et non en verre) refroidie.

Décorer avec les amandes mondées séparées par moitié ou coupées en filets selon les goûts. Saupoudrer de sucre en poudre. Tenir au réfrigérateur et servir avec de la crème fraîche fouettée ou non.

## 156. Soupe sucrée aux fraises et framboises
**Préparation : 20 min**

| |
|---|
| 60 g de fraises ou de framboises |
| 50 g d'amandes mondées |
| 2 jaunes d'œufs |
| 80 g de sucre en poudre |
| 1 litre de babeurre |
| 125 g de crème fraîche |
| 1 cuil. à soupe de jus de citron |

Travailler dans une terrine les 2 jaunes d'œufs avec le sucre en poudre. Lorsque le mélange est mousseux et blanc, ajouter d'abord progressivement le jus de citron, puis le babeurre, bien froid.

Incorporer alors la crème fouettée, les amandes coupées en filets et les fruits.

**Variante.** – On peut remplacer le babeurre par du lait frais mélangé à un peu de vinaigre.

## 157. Soufflé aux pommes
### Aeblegroed med Mandeldejg
**Préparation : 30 min – Cuisson : 30 min**

| |
|---|
| 700 g de pommes |
| 200 g de crème fouettée |
| 100 g d'amandes mondées |
| 3 œufs |
| 125 g de sucre en poudre |
| 15 g de beurre |

Faire une purée très fine avec les pommes épluchées, un peu d'eau et 80 g de sucre.

Piler soigneusement les amandes et les mélanger avec le sucre restant. Ajouter les 3 jaunes d'œufs et travailler le mélange pendant 5 à 10 min.

Battre les 3 blancs en neige très ferme et les incorporer à cette crème.

Beurrer un plat allant au four, y étaler la purée de pommes, la recouvrir avec la préparation contenant les blancs d'œufs. Passer au four chaud pendant 20 à 30 min.

Servir ce soufflé lorsqu'il a tiédi avec la crème fouettée.

**Variante.** – On peut utiliser la même quantité de poudre d'amande.

# 158. Gâteau aux pommes
## Aeblekage
**Préparation : 25 min – Cuisson : 25 min**

| |
|---|
| 700 g de pommes |
| 250 g de chapelure |
| 150 g de beurre |
| 100 g de sucre en poudre |
| 100 g de crème fraîche fouettée |

Préparer une compote avec les pommes épluchées et coupées en petites tranches et un peu d'eau. La passer finement, la réserver.

Faire chauffer le beurre dans une poêle, y jeter la chapelure et le sucre pour faire rissoler le mélange.

Dans un plat à bords un peu hauts, mettre une couche de purée, une couche de chapelure, etc. Recommencer l'opération jusqu'à épuisement des ingrédients. Recouvrir de crème fouettée et servir froid.

**Remarque.** – Attention : le mélange chapelure, beurre et sucre caramélisé est brûlant. Ne pas le goûter pendant la cuisson.

# Norvège

## 159. Soupe de poisson
**Préparation : 35 à 40 min – Cuisson : 1 h**

Préparer les merlans, les vider, les laver et les mettre à cuire dans de l'eau froide salée. Porter à ébullition et cuire doucement jusqu'à ce qu'ils tombent en bouillie (1 h environ). Pendant ce temps, éplucher, laver et couper en petits dés les navets, carottes, pommes de terre et les faire cuire dans de l'eau salée bouillante (juste ce qu'il faut pour que les légumes soient recouverts). Commencer par les carottes et les navets. Au bout de 10 min, mettre les pommes de terre. Compter 30 min de cuisson pour les légumes. Dans une casserole, avec le beurre et la farine, faire un roux blanc qu'on mouille d'abord avec la crème fraîche. Continuer en ajoutant progressivement l'eau de cuisson du poisson (passée à la passoire fine). Remettre les légumes dans le potage et faire une liaison avec 1 jaune d'œuf et mettre 1 bonne cuil. à coupe de persil haché.

Servir ce potage bien chaud avec, à volonté, du vinaigre et du sucre.

| Ingrédients |
|---|
| 400 g de merlans |
| 400 g de pommes de terre |
| 200 g de carottes |
| 150 g de navets |
| 1 jaune d'œuf |
| 30 g de beurre |
| 20 g de farine |
| 10 cl de crème fraîche |
| Vinaigre et sucre en poudre selon les goûts |
| Persil plat |
| Sel |

## 160. Chou aigre
**Préparation : 30 min – Cuisson : 3 h**

Éplucher le chou, le laver, retirer les grosses côtes et le couper en lanières. Faire fondre le beurre dans une cocotte et alterner des couches de chou saupoudrées de farine. Mettre du sel fin et du cumin sur chaque couche, jusqu'à épuisement. Mouiller avec le jus de viande ou à défaut avec de l'eau et faire cuire à couvert (à l'étouffée) pendant 3 h.

Secouer de temps en temps la cocotte pour bien mélanger. 10 min avant de servir, mettre le sucre et le vinaigre.

Servir ce chou avec des saucisses, du porc, du lard, cuits à part.

| Ingrédients |
|---|
| 1 chou blanc d'environ 1,350 kg |
| 100 g de beurre |
| 50 cl de jus de viande |
| 50 g de farine |
| 20 g de sucre en poudre |
| 2 cuil. à soupe de vinaigre |
| 1 cuil. à café de cumin en poudre |
| Sel |

## 161. Saumon de Norvège rose et vert
**Préparation : 20 min – Cuisson : 40 à 50 min**

| |
|---|
| 1 saumon entier d'environ 2 kg écaillé et vidé |
| 2 concombres |
| 30 cl de vin blanc sec |
| 40 cl de crème liquide |
| 80 g de beurre |
| 6 brins d'aneth |
| Sel, poivre |

Préchauffer le four à 200 °C. Saler et poivrer l'intérieur du saumon. Le mettre dans un plat allant au four et l'arroser de crème et de vin blanc. Le mettre au four pour 30 à 40 min de cuisson. Vérifier que le saumon est cuit : planter un couteau dans la partie épaisse et regarder si la chair est devenue rose opaque. Pendant la cuisson, peler les concombres, les couper en deux, ôter les graines et les couper en bâtonnets. Les faire cuire à feu doux dans la moitié du beurre. Les saler et les poivrer. Ils doivent rester un peu croquants. Effeuiller l'aneth. Sortir le saumon du four et retirer la peau d'un côté. Le poser dans un plat en le retournant et retirer la peau de l'autre côté. Verser le jus qui reste dans le plat dans une casserole et le faire réduire d'un quart. Retirer du feu et ajouter le beurre restant en petits morceaux en fouettant. Disposer le concombre autour du saumon, verser la sauce dessus et décorer avec les pluches d'aneth.

## 162. Gâteau des princes
**Préparation : 20 min – Cuisson : 35 min**

| |
|---|
| 250 g de farine |
| 150 g de beurre |
| 125 g d'amandes mondées |
| 255 g de sucre en poudre |
| 1 œuf + 1 jaune |
| 7 g de levure chimique |
| 90 g de crème fraîche |

Sécher les amandes mondées au four, les passer à la râpe, travailler cette poudre avec 130 g de sucre en poudre, 10 cl d'eau et le blanc d'œuf.

On peut mettre seulement 50 g d'amandes et ajouter la valeur de 2 pommes de terre cuites à l'eau et réduites en purée.

Mettre dans une terrine la farine, y faire un puits, y mettre 1 jaune d'œuf, la crème, 125 g de sucre et le beurre amolli. Bien travailler le mélange, ajouter la levure. Beurrer un moule rond. Foncer ce moule avec une couche de cette pâte étendue au rouleau. Garnir avec la pâte d'amande. Étendre le reste de la pâte au rouleau, la couper en lanières de 1 cm de largeur, les disposer au-dessus de la pâte d'amande en croisillons. Dorer à l'œuf et cuire à four moyen pendant 30 à 35 min.

## 163. Soupe de rhubarbe

**Préparation : 10 min – Cuisson : 30 min**

| |
|---|
| 1 kg de rhubarbe |
| 6 cuil. à soupe de crème fraîche |
| 300 g de sucre en poudre |
| 100 g de fécule de pomme de terre |

Couper la rhubarbe en tronçons. Mettre 2 litres d'eau à bouillir et y verser les tronçons de rhubarbe. Quand ils sont bien tendres, retirer la soupe du feu et la sucrer à votre goût. Délayer la fécule dans un peu d'eau et la mélanger dans la soupe. Servir la soupe chaude ou froide dans des bols et ajouter 1 cuil. à soupe de crème fraîche sur chaque bol.

**Variante.** – On peut ajouter un peu de cannelle en poudre dans cette soupe de rhubarbe.

## 164. Gâteau fourré

**Préparation : 35 min – Cuisson : 1 h**

| |
|---|
| 50 g de cerises confites |
| 250 g de farine |
| 300 g de sucre en poudre |
| 15 cl de kirsch |
| 6 œufs |
| 15 g de levure chimique |
| 250 g de sucre glace |

Battre le sucre en poudre avec les œufs à l'aide d'une fourchette pendant 30 min. Ajouter du kirsch (5 cl), la farine, la levure. Beurrer un moule carré, y mettre la pâte et cuire à four moyen, puis chaud, pendant 1 h. Démouler le gâteau, le laisser refroidir.

Couper le gâteau dans l'épaisseur de façon à obtenir 3 couches de biscuit, les arroser largement avec le reste du kirsch. Intercaler entre chaque couche une épaisseur de 2 cm de crème (165).

Redonner au biscuit une belle forme régulière. Le glacer au sucre glace, mélanger avec quelques gouttes d'eau et le garnir avec les cerises confites.

## 165. Crème à fourrer

**Préparation : 5 min – Cuisson : 10 min**

| |
|---|
| 30 g de fécule de pomme de terre |
| 25 g de farine |
| 2 œufs + 4 jaunes |
| 125 g de sucre en poudre |

Dans une casserole, mélanger la farine et la fécule. Délayer avec la crème fraîche, ajouter l'un après l'autre les jaunes puis les œufs entiers (battus en omelette) terminer avec le lait et le sucre et faire cuire, à feu doux, jusqu'à épaississement. Laisser refroidir en tournant encore quelque temps, en incorporant un peu de kirsch (selon les goûts). Si la crème paraît un peu épaisse on peut y ajouter, lorsqu'elle est encore tiède, 1 ou 2 blancs d'œufs battus en neige.

25 cl de lait

100 g de crème fraîche

Kirsch

# Suède

## 166. Soupe aux orties
### Nässelsoppa
**Préparation : 15 min – Cuisson : 45 min**

| |
|---|
| 600 à 700 g d'orties tendres |
| 3 œufs durs |
| 40 g de beurre |
| 30 g de farine |
| Sucre en poudre |
| Ciboulette |
| Sel, poivre |

Bien laver les orties dans plusieurs eaux. Faire bouillir 75 cl d'eau dans une grande casserole, y jeter les orties et laisser cuire jusqu'au moment où elles sont molles, égoutter et garder l'eau de cuisson. Hacher finement les orties avec la ciboulette (suivant les goûts, la quantité peut être plus ou moins forte). Faire un roux avec le beurre et la farine. Mouiller avec le bouillon chaud reservé. Laisser cuire 5 min, puis y mettre la verdure hachée ; assaisonner (poivre, sel et sucre). Mettre dans chaque assiette une moitié d'œuf dur et servir le potage bien chaud.

## 167. La tentation du fils de Jan
### Janssons frestelse
**Préparation : 30 min – Cuisson : 45 min**
(3 h à l'avance)

| |
|---|
| 750 g de pommes de terre |
| 12 anchois ou filets de harengs |
| 150 g d'oignons |
| 40 g de beurre |
| 30 cl de crème fraîche |

Éplucher les pommes de terre, les laver, les couper en fines rondelles. Nettoyer les anchois, les couper en petits morceaux. Éplucher les oignons, les hacher finement.

Beurrer un plat allant au four, y mettre une couche de pommes de terre (la moitié), les couvrir avec l'oignon haché et les anchois. Terminer avec le reste de pommes de terre. Parsemer de petits morceaux de beurre et napper avec la crème. Laisser reposer à cru pendant 2 à 3 h.

Cuire à four moyen pendant 45 min.

## 168. Croquettes aux harengs
### Sillbüllar
**Préparation : 30 min – Cuisson : 15 min**

| |
|---|
| 750 g de harengs frais |
| 500 g de pommes de terre cuites |
| 50 g d'oignon |
| 20 g de beurre |
| 50 g de saindoux |
| Chapelure |
| Sel, poivre |

Éplucher l'oignon, le hacher finement et le faire revenir dans le beurre.

Nettoyer, vider les harengs, les laver. Enlever les arêtes et hacher la chair. Réduire les pommes de terre en purée. Mélanger le hachis de harengs et la purée, ajouter l'oignon haché et revenu et assaisonner avec du sel et du poivre. Préparer à la main des croquettes (13) ; leur donner une forme longue ou ronde. Les passer dans la chapelure. Faire chauffer le saindoux dans une poêle et y faire dorer une seule croquette (car le saindoux frais ne convient pas ; il faut l'avoir utilisé pour cette cuisson témoin). Retirer cette croquette et faire dorer les autres dans le saindoux. Lorsqu'elles sont toutes cuites, les laisser encore mijoter pendant 5 min dans la poêle couverte. Servir avec une Sauce aux raisins de Corinthe (169).

## 169. Sauce aux raisins de Corinthe
**Préparation : 10 min – Cuisson : 15 min**

| |
|---|
| 30 g de beurre |
| 20 g de farine |
| 1 cuil. à soupe de mélasse ou 30 g de sucre en poudre |
| 30 g de raisins de Corinthe |
| 25 cl d'eau ou de bouillon |
| 1 cuil. 1/2 de vinaigre |

Faire tremper les raisins lavés dans de l'eau bien chaude. Faire avec la farine et le bouillon (ou l'eau froide) une bouillie. Porter à ébullition, en tournant avec soin et faire cuire pendant 8 à 10 min.

Ajouter alors le beurre, la mélasse (de préférence au sucre), les raisins de Corinthe et le vinaigre. Faire réchauffer le tout et servir en saucière ou napper les Croquettes aux harengs (168).

## 170. Boulettes de viande
## Kottbullar
**Préparation : 30 min – Cuisson : 30 min**

| |
|---|
| 300 g de bœuf haché |
| 100 g de porc haché |
| 100 g de chapelure |
| 60 g d'oignon |
| 15 g de fécule de pomme de terre |
| 1 cuil à soupe de farine |
| 20 cl de lait |
| 50 g de margarine |
| Sel, poivre |

Mettre la chapelure à tremper dans le lait. Mélanger dans une terrine les viandes hachées, l'oignon haché, la chapelure et la fécule. Saler et poivrer. À l'aide de deux cuillères trempées dans de l'eau froide, former des petites boulettes de la grosseur d'une noix. Dans une poêle où l'on a mis 30 g de margarine à fondre, faire dorer les boulettes. Lorsqu'elles sont bien colorées, les retirer de la poêle.

Faire dans cette même poêle, une sauce brune avec 20 g de margarine, la farine, et de l'eau bouillante ou du bouillon. Saler et poivrer. Remettre les boulettes dans la poêle, couvrir et faire cuire pendant 10 à 15 min.

## 171. Viande à la poêle
## Pytt I Pannan
**Préparation : 25 min – Cuisson : 15 min**

| |
|---|
| 600 g de viande ou de saucisses cuites |
| 1 kg de pommes de terre cuites |
| 100 g d'oignons |
| 60 g de graisse ou de beurre |
| Sel, poivre |

Éplucher les pommes de terre et les couper en petits dés de 1 à 1,5 cm de côté.

Couper la viande cuite en petits dés de mêmes dimensions. Hacher finement les oignons épluchés. Faire chauffer la graisse ou le beurre dans une poêle assez grande, y faire dorer les oignons hachés, ajouter pommes de terre et viande, saler, poivrer. Faire chauffer en remuant délicatement. Servir très chaud avec des betteraves rouges.

**Variante.** – On peut ajouter aux oignons 2 pommes épluchées et coupées très fin.

## 172. Gravlax
### Saumon mariné à l'aneth
**Préparation : 20 min**
(48 h à l'avance)

1 kg de filets de saumon, sans arêtes, avec la peau

2 bouquets d'aneth

150 g de sucre en poudre

150 g de gros sel

2 cuil. à soupe de poivre blanc moulu

Hacher finement l'aneth. Mélanger le sucre, le gros sel et le poivre. Frotter les filets de saumon côté chair avec ce mélange. Les parsemer généreusement d'aneth puis les envelopper dans du film alimentaire et les mettre au réfrigérateur pour 48 h. Au moment de servir, poser les filets côté peau sur une planche et les couper en tranches très fines.

**Conseil.** – On peut servir le gravlax avec une salade de pommes de terre à la crème et à l'aneth et une sauce à la moutarde douce.

## 173. Pommes grillées
### Stekta Aepplen
**Préparation : 20 min – Cuisson : 30 min**

12 pommes de taille moyenne

Sucre en poudre à volonté

200 g de chapelure

60 g de beurre

Laver les pommes sans les éplucher. Retirer cœur et pépins avec un vide-pomme. Les couper en rondelles de 1 cm d'épaisseur.

Beurrer un plat allant au four, y disposer les pommes par couches, les saupoudrer de sucre et de chapelure. Continuer jusqu'à épuisement des ingrédients. Terminer avec le beurre en petits morceaux. Et mettre à cuire à four chaud pendant 25 à 30 min.

Servir soit chaud, soit tiède avec crème fraîche ou crème à la vanille.

## 174. Le gâteau au sucre d'Ulla
### Ullas Sokerkaka
**Préparation : 30 min – Cuisson : 45 min**

2 œufs

240 g de sucre en poudre

200 g de farine

100 g de beurre + 10 g

1 citron non traité (zeste)

15 cl de crème fraîche

15 g de levure chimique

Chapelure

Dans une terrine, battre les œufs avec le sucre pour obtenir une mousse légère. Ajouter le beurre fondu tiède, le zeste râpé, la crème fraîche et la farine mélangée avec la levure.

Verser la pâte dans un moule en couronne, beurré et passé à la chapelure.

Cuire à four doux pendant 45 min.

Servir dans un plat creux. Mettre à l'intérieur de la couronne des fruits cuits avec leur jus.

Garnir avec un peu de crème chantilly.

## 175. Gâteau à la crème

**Préparation : 40 min – Cuisson : 45 min**

150 g de sucre en poudre

150 g de pommes de terre cuites à l'eau

100 g de beurre

Passer les pommes de terre au tamis pour les réduire en purée fine, la mélanger soigneusement avec le beurre, les amandes, le sucre et les 3 jaunes.

Mettre 1 toute petite pincée de sel fin. Ajouter les blancs battus en neige. Verser la préparation dans un moule beurré et faire cuire à feu doux pendant 45 min. Laisser refroidir.

Démouler et servir nappé d'une crème anglaise à la vanille ou au citron.

# Europe de l'Est

## Bulgarie

### 176. Tarator
#### Soupe froide au concombre et yaourt
**Préparation : 20 min**
(1 h à l'avance)

Peler les concombres et les couper en petits cubes. Hacher finement les cerneaux de noix et l'aneth. Peler et écraser la gousse d'ail. Mélanger tous les ingrédients dans un bol, saler et réfrigérer pendant 1 h. Servir dans des petits bols avec la glace pilée.

750 g de yaourt brassé

2 concombres

100 g de cerneaux de noix

1 gousse d'ail

6 brins d'aneth

3 cuil. à soupe d'huile

12 glaçons pilés

Sel

### 177. Salade chopska
**Préparation : 30 min**

Effeuiller le persil. Peler les oignons. Couper les tomates, les concombres et les oignons en rondelles. Les mélanger avec les feuilles de persil, l'huile d'olive, le vinaigre et du sel. Râper le fromage et le répartir sur la salade au moment de servir.

2 concombres

6 tomates

3 oignons blancs

200 g de fromage bulgare kachkaval (ou de feta)

6 brins de persil plat

3 cuil. à soupe d'huile d'olive

1 cuil. à soupe de vinaigre

Sel

# 178. Poivrons farcis au fromage
**Préparation : 20 min – Cuisson : 40 min**

Préchauffer le four à 200 °C. Effeuiller le persil. Couper le haut des poivrons et vider les graines qui se trouvent à l'intérieur. Saler et poivrer l'intérieur des poivrons. Écraser le fromage avec les œufs. Farcir les poivrons avec ce mélange et les mettre au four 30 à 40 min.

6 poivrons

300 g de fromage bulgare sirene (ou feta)

3 œufs

12 brins de persil plat

Sel, poivre

# Hongrie

## 179. Ragoût de veau
### Pörkölt de veau
**Préparation : 30 min – Cuisson : 1 h 40**

| |
|---|
| 1 kg de veau (épaule) |
| 100 g de tomates |
| 250 g d'oignons |
| 100 g de saindoux |
| 20 g de farine |
| 20 g de paprika |
| 2 gousses d'ail |
| 2 piments verts |
| 30 g de concentré de tomate |
| Sel |

Couper le veau en cubes de 2 à 3 cm de côté. Laver à l'eau fraîche. Faire chauffer dans une cocotte le saindoux, y faire revenir les oignons hachés, retirer du feu et mettre l'ail haché et le paprika. Remuer, mouiller avec un peu d'eau et délayer le concentré de tomate. Laisser cuire, en tournant pendant 4 à 5 min. Mettre la viande dans la sauce. Saler et couvrir. Cuire pendant 1 h 30. Au milieu de la cuisson mettre les piments verts et les tomates coupés en morceaux. 5 min avant de servir, saupoudrer avec de la farine pour épaissir légèrement le jus. Servir avec des pommes de terre à l'eau.

## 180. Tokàny de bœuf
**Préparation : 30 min – Cuisson : 1 h 40**

| |
|---|
| 1 kg de bœuf |
| 200 g d'oignons |
| 100 g de saindoux |
| 50 g de concentré de tomate |
| 2 gousses d'ail |
| Sel, poivre |

Couper la viande de bœuf en lanières très fines (5 mm d'épaisseur, moins si c'est possible) et d'une longueur de 6 à 8 cm pour 1,5 cm de largeur. Les laver à l'eau froide. Égoutter, essuyer. Mettre dans une cocotte le saindoux ; lorsqu'il est fondu, y faire dorer les oignons hachés, puis mettre l'ail pilé et le concentré de tomate délayé avec un peu d'eau. Faire bouillir pendant 2 à 3 min (il faut qu'il y ait assez de liquide pour que la viande puisse y baigner). Mettre les lamelles de bœuf, saler et poivrer légèrement. Couvrir. Cuire à feu régulier pendant 1 h 30. Surveiller la cuisson et si la sauce réduit trop y remettre un peu d'eau chaude. Servir avec du riz cuit à l'eau ou des pommes de terre cuites à l'eau.

## 181. Goulasch
**Préparation : 25 min – Cuisson : 2 h**

| |
|---|
| 800 g de bœuf |
| 1 kg de pommes de terre |
| 250 g d'oignons |
| 100 g de tomates |
| 20 g de paprika doux |
| 60 g de beurre ou de saindoux |
| Sel |

Faire chauffer dans une cocotte le beurre ou le saindoux, y faire blondir les oignons épluchés et hachés finement. Retirer du feu et laisser un peu refroidir avant de mettre le paprika sous peine de lui faire perdre sa belle couleur rouge. Mettre ensuite la viande de bœuf coupée en petits cubes. Chauffer en tournant pour arriver au mijotage. Mouiller alors avec environ 125 cl d'eau. Saler. Couvrir et cuire pendant 1 h 15.

Ajouter alors les pommes de terre coupées en cubes, poursuivre la cuisson ; mettre les tomates coupées en dés 10 min avant de servir.

## 182. Paprikacsirke
## Poulet au paprika
**Préparation : 30 min – Cuisson : 55 min**

| |
|---|
| 1 gros poulet fermier pour 6 (ou 1 poulet 1/2) |
| 2 poivrons rouges |
| 3 tomates |
| 3 oignons |
| 20 cl de crème aigre (ou de crème fraîche) |
| 1 cuil. à soupe de paprika |
| 15 cl d'huile d'arachide |
| 75 cl d'eau ou de bouillon de volaille |
| Sel |

Couper le poulet en gros morceaux. Couper les tomates en dés en retirant les pépins. Épépiner les poivrons et les couper en lanières. Peler et hacher les oignons. Faire chauffer l'huile à feu moyen dans une cocotte et y mettre les oignons à blondir. Quand ils sont bien mous, verser le paprika et l'eau ou le bouillon. Ajouter les tomates, les poivrons et les morceaux de poulet. Saler et laisser mijoter environ 40 min, en ajoutant de l'eau si nécessaire. Quand c'est cuit, retirer les morceaux de poulet et les poser dans un plat. Verser la crème dans la sauce avec les légumes. La faire bouillir puis la verser sur le poulet et servir.

# 183. Crêpes au fromage blanc et aux raisins

## Turospalacsinta

**Préparation : 15 min – Repos : 30 min**
**Cuisson : 20 min**

| |
|---|
| 250 g de fromage blanc |
| 250 g de farine |
| 4 œufs + 2 jaunes |
| 65 g de sucre en poudre |
| 50 cl de lait |
| 40 g de raisins de Corinthe |
| 30 g de beurre |
| 10 cl de crème aigre (ou de yaourt ou de crème fraîche) |
| Sel |

Mélanger la farine, 15 g de sucre et 1 pincée de sel. Ajouter le lait en fouettant, puis les 4 œufs. Laisser reposer la pâte 30 min. Mélanger le fromage blanc avec la crème, les 2 jaunes d'œufs, 50 g de sucre et les raisins secs. Faire fondre un peu de beurre dans une poêle antiadhésive. Y verser un peu de pâte et l'étaler pour faire une crêpe. La faire dorer des deux côtés. Procéder de la même façon jusqu'à épuisement de la pâte. Remettre du beurre dans la poêle quand c'est nécessaire. Étaler le mélange de fromage blanc sur les crêpes, les rouler et les servir.

# Pologne

## 184. Bortsch

**Préparation : 20 min – Cuisson : 50 min**

| |
|---|
| 1 kg de betteraves crues |
| 4 jaunes d'œufs |
| 100 g de crème fraîche |
| 20 cl de concentré de tomate |
| 10 g de farine |
| 5 cl de vinaigre |
| Sucre en poudre |
| Sel |

Éplucher les betteraves, les laver puis les couper en lamelles, soit au couteau, soit à la mandoline.

Mettre les betteraves dans une marmite et recouvrir d'eau froide. Celle-ci doit dépasser le niveau des légumes de 5 cm. Saler. Faire chauffer. Juste avant l'ébullition mettre le vinaigre et laisser bouillir 45 min. Ajouter alors le concentré de tomate. Bien délayer. Dans une terrine, mélanger les jaunes d'œufs avec la farine et un peu de sucre. Ajouter progressivement le liquide du bortsch. Laisser refroidir. Mettre au réfrigérateur.

Au moment de servir, mélanger la crème fraîche et si nécessaire un peu de sucre et de vinaigre. Servir glacé.

## 185. Petits pâtés à la viande
### Pierog

**Préparation : 1 h 30 – Cuisson : 30 à 35 min**

| |
|---|
| 100 g de lard gras |
| **Pour la pâte :** |
| 300 g de farine |
| 1 œuf |
| **Pour la farce :** |
| 300 g de viande de bœuf |
| 60 g d'oignon |
| 30 g de beurre |
| 100 g de graisse de rognon |
| 1 œuf |
| Origan |
| Mélange 4-épices |
| Sel, poivre |

**La pâte.** – Faire une pâte à nouilles avec la farine, l'œuf et 5 cl d'eau. Bien la travailler à la main. En faire une boule. Puis l'étaler par portions sur une planche farinée. La pâte ne doit pas avoir plus de 3 m d'épaisseur.

**La farce.** – Hacher finement l'oignon épluché, le faire étuver pendant 20 min au beurre. Hacher à la moulinette la viande de bœuf (crue ou cuite) et la graisse.

Mélanger dans une terrine oignon, viande, graisse ; saler, poivrer. Assaisonner avec de l'origan et du 4-épices. Si la farce n'est pas assez liée, ajouter 1 œuf entier.

**Préparation.** – Découper la pâte en disques de 4 cm. Placer sur chacun d'entre eux une petite noix de farce. Recouvrir avec un deuxième disque. Souder à l'eau. Appuyer avec les dents d'une fourchette ou utiliser la pince à pâte.

**Cuisson.** – Faire bouillir de l'eau salée (2 à 3 litres), y faire pocher à eau frémissante les pierog (10 à 12 min) ; la cuisson est terminée quand ils remontent à la surface. Égoutter. Tenir au chaud et faire fondre à la poêle le lard gras coupé en petits morceaux.

En arroser les pierog et servir aussitôt.

## 186. Petits pâtés au fromage blanc
### Pierog
**Préparation : 1 h 30 – Cuisson : 30 à 35 min**

Procéder en tous points selon la formule précédente pour faire la pâte à nouilles. Préparer la farce en mêlant ensemble les pommes de terre, le fromage blanc et l'oignon épluché, haché et étuvé au beurre. Assaisonner avec du sel, de l'origan, du 4-épices. Ajouter 1 œuf entier pour lier si nécessaire.

Préparer et cuire les pierog au fromage blanc de la même façon que les pierog à la viande.

| Pout la pâte : |
| --- |
| Voir formule précédente (185) |
| 100 g de beurre |

| Pour la farce : |
| --- |
| 200 g de pommes de terre cuites à l'eau |
| 200 g de fromage blanc |
| 60 g d'oignon |
| 30 g de beurre |
| 1 œuf |
| Origan |
| Sel |
| Mélange 4-épices |

## 187. Chou-fleur à la polonaise
**Préparation : 15 min – Cuisson : 25 min**

Éplucher et laver avec soin le chou-fleur. Le faire cuire dans 2 à 3 litres d'eau bouillante salée (on peut le blanchir en le mettant d'abord dans de l'eau froide, faire bouillir 1 min, égoutter et procéder à la cuisson indiquée au début de la recette).

Faire durcir 2 œufs, les écaler, les passer à travers une passoire à gros trous.

Au bout de 25 min, égoutter le chou-fleur, le mettre sur un plat de service. Saupoudrer de chapelure, d'œuf dur pilé, poivrer et arroser avec le beurre fondu.

| 1 gros chou-fleur |
| --- |
| 2 œufs |
| 60 g de chapelure |
| 100 g de beurre |
| Sel, poivre |

# République tchèque

## 188. Knedliky

**Préparation : 15 min – Cuisson : 25 min**
(1 h 30 à l'avance)

500 g de farine

200 g de pain rassis

2 œufs

10 cl de lait

40 g de beurre

15 g de levure
de boulanger

Sel

Faire tiédir le lait et y dissoudre la levure. Laisser reposer 15 min. Couper le pain rassis en petits cubes. Faire chauffer le beurre dans une poêle et y faire dorer les cubes de pain. Mélanger le lait avec la farine et du sel, puis ajouter les œufs et les cubes de pain et mélanger à nouveau. Laisser lever pendant 1 h. Former 2 pains allongés avec la pâte, les couvrir d'une serviette et les laisser lever encore 15 min.

Les faire cuire 20 min dans de l'eau bouillante salée. Les retourner une fois en cours de cuisson. Les couper délicatement en tranches avant de les servir.

**Conseil.** – Les knedliky se servent en garniture d'un plat principal.

## 189. Fromage pané

Smazeny syr
**Préparation : 10 min – Cuisson : 5 min**

6 tranches d'environ
1,5 cm d'épaisseur
de fromage type
mimolette ou edam

2 œufs

100 g de farine

300 g de chapelure

Huile pour friture

Battre les œufs en omelette dans un plat creux. Étaler la farine et la chapelure dans 2 assiettes. Passer les tranches de fromage dans la farine, puis dans l'œuf battu et enfin dans la chapelure en les enrobant bien. Mettre 2 cm d'huile à chauffer dans une sauteuse et y faire frire les tranches de fromage panées, environ 30 s par côté, jusqu'à ce qu'elles soient bien dorées. Servir immédiatement.

**Conseil.** – On peut servir ce plat avec une sauce tartare.

## 190. Salade de concombres
## Uhorkovy salat
**Préparation : 15 min**

Peler les concombres. Les émincer en tranches d'environ 2 mm d'épaisseur. Mélanger dans un bol, les tranches de concombre avec le sucre, le vinaigre et le sel. Assaisonner un peu plus si ça manque de goût. Saupoudrer de paprika et servir.

3 concombres

3 cuil. à soupe de vinaigre blanc

1 cuil. à soupe de sucre en poudre

1 pincée de paprika

Sel

## 191. Galettes de pommes de terre à la marjolaine
## Bramborak
**Préparation : 20 min – Cuisson : 10 min**

Peler et hacher finement les gousses d'ail. Peler et râper les pommes de terre. Les mélanger avec les œufs, l'ail, la farine, la marjolaine. Ajouter un peu de lait pour obtenir une pâte épaisse.

Saler et poivrer. Faire chauffer de l'huile dans une poêle antiadhésive. Former 6 galettes avec la pâte et les faire bien dorer des deux côtés. Servir chaud.

**Conseil.** – On peut servir ces galettes avec des viandes ou des volailles rôties.

1 kg de pommes de terre

100 g de farine

2 gousses d'ail

2 cuil. à soupe de marjolaine (origan)

2 œufs

Un peu de lait

Huile

Sel, poivre

# Roumanie

## 192. Poivron farci à la roumaine

**Préparation : 20 min – Cuisson : 50 min**

Préchauffer le four à 200 °C. Effeuiller le persil et le couper en lanières. Peler et hacher finement les oignons. Faire fondre le saindoux et y faire dorer les oignons. Mélanger la viande hachée, les oignons cuits, les œufs et la noix muscade. Saler et poivrer. Couper le sommet des poivrons, vider délicatement les graines et les farcir avec le mélange. Les poser dans un plat allant au four. Les faire cuire 40 min. Les servir chauds avec la crème fraîche.

6 poivrons

500 g de viande de bœuf hachée

250 g de viande de porc hachée

2 œufs

30 cl de crème fraîche

2 oignons

1/2 bouquet de persil plat

1 cuil. à café de noix muscade râpée

50 g de saindoux (ou 7 cl d'huile)

Sel, poivre

## 193. Feuilles de chou farcies
## Sarmale

**Préparation : 40 min – Cuisson : 2 h 30**

Détacher les feuilles de chou. Les faire blanchir rapidement à l'eau bouillante. Les couper en carrés de 10 cm sur 10, sans les nervures centrales. Faire cuire le riz. Peler et hacher les oignons. Faire chauffer de l'huile dans une poêle et y faire revenir les oignons jusqu'à ce qu'ils soient transparents. Effeuiller le persil et le hacher. Mélanger dans un bol, le riz cuit, la viande, les oignons cuits, la moitié de la sauce tomate et le persil. Saler et poivrer. Poser un petit tas en forme de cylindre sur chaque carré de feuille de chou et le rouler. Émincer le chou restant. Étaler la moitié du chou émincé au fond d'une cocotte. Poser les rouleaux de chou dessus et les couvrir avec le chou restant. Verser la sauce tomate restante et le bouillon. Couvrir et faire cuire à

1 kg de viande de porc hachée

2 kg de chou blanc

40 cl de sauce tomate

3 oignons

1 bouquet de persil plat

3 cuil. à soupe de riz

1 litre de bouillon de volaille ou de viande

Huile

Sel, poivre

feu doux environ 2 h jusqu'à ce que les feuilles de chou soient tendres.

**Variante.** – On peut mélanger de la viande de porc et de veau pour réaliser la recette et l'accompagner de crème fraîche.

## 194. Catalf

**Préparation : 30 min – Cuisson : 40 min**
(1 h à l'avance)

300 g de farine

225 g de sucre en poudre (dont 150 g pour le caramel)

150 g de noisettes en poudre

1 œuf entier + 7 jaunes

1 gousse de vanille

Un peu de beurre pour le moule

Battre l'œuf et les jaunes à la fourchette. Ajouter la farine petit à petit en pétrissant pour obtenir une pâte compacte. La rouler en boudin, la mettre 15 min au frais. La couper en tranches très fines. Les laisser se dessécher pendant 45 min. Préchauffer le four à 180 °C. Beurrer un moule à génoise. Y disposer une couche de ronds de pâte. Les saupoudrer de sucre et de noisettes en poudre. Recommencer pour refaire une couche et ainsi de suite jusqu'à épuisement des ingrédients. Fendre la gousse de vanille et la gratter pour récupérer les graines. Faire un caramel avec les 150 g de sucre, les graines de vanille et 15 cl d'eau dans une poêle antiadhésive. Quand il prend une couleur bien dorée, le verser dans le moule. Le mettre au four pour 30 min. Laisser refroidir et servir.

# Russie

## 195. Potage d'été aux glaçons
**Préparation : 25 min**

Éplucher concombre, radis, tomates et couper ces légumes en petits dés. Dénoyauter les olives et les couper en petits morceaux ainsi que le jambon. Mettre le tout dans une soupière. Ajouter le fenouil haché. Poivrer et saler légèrement.

Verser le yaourt et mettre des glaçons (s'ils sont petits, compter 2 à 3 par personne). Attendre 10 min avant de servir. À ce moment mélanger le tout.

| |
|---|
| 350 g de concombre |
| 150 g de radis |
| 150 g de tomates |
| 1 branche de fenouil ou 1 gousse d'ail |
| 150 g de jambon |
| 45 cl de yaourt |
| 10 olives vertes |
| Glaçons |
| Sel, poivre |

## 196. Pirojkis
### Petits pâtés
**Préparation : 45 min – Cuisson : 20 min**

Les pirojkis se présentent sous forme de petites rissoles (fourrées avec une préparation au choix), de petits pains farcis (de même) ronds ou allongés. Les pirojkis sont cuits à la friture bien chaude. Servir chauds ou froids.

| |
|---|
| **Pour la pâte :** |
| 300 g de farine |
| 150 g de beurre |
| Eau |
| Sel |
| **Pour la farce :** |
| Voir les farces du Pâté à la viande (204) et du Pâté au chou (205) |
| Huile pour friture |

## 197. Bœuf Stroganof
**Préparation : 20 min – Cuisson : 1 h 50 à 2 h**

Couper le morceau de filet en petits cubes de 1,5 à 2 cm.

Faire chauffer dans une cocotte 50 g de beurre. Y faire revenir les morceaux de bœuf ainsi que les oignons épluchés et émincés. Lorsque le tout est bien doré, saler, poivrer.

| |
|---|
| 800 g de bœuf (filet) |
| 1 kg de pommes de terre |
| 250 g de champignons de Paris |
| 160 g d'oignons |
| 100 g de beurre |
| 60 g de crème fraîche |
| Sel, poivre |

Couvrir et laisser mijoter à feu doux pendant 1 h 30 environ. Mettre alors les champignons. Pendant la cuisson du bœuf, faire sauter les pommes de terre épluchées, lavées et coupées en morceaux dans le reste de beurre. Lorsqu'elles sont presque cuites, les ajouter au plat (qui cuit 1 h 40). Continuer encore 10 min à douce ébullition après avoir mis la crème.

## 198. Kacha à l'eau
## Grains de sarrasin
**Préparation : 5 min – Cuisson : 20 à 25 min**

300 g de kacha
(grains de sarrasin)

60 g de beurre

Sel

Faire bouillir dans une cocotte 1 litre d'eau, saler, y jeter les grains de sarrasin, cuire à feu moyen, à couvert, pendant 10 à 12 min. Égoutter.

Remettre le sarrasin dans la cocotte, parsemer avec le beurre coupé en petits morceaux.

Mettre un papier beurré, couvrir et cuire à l'étouffée jusqu'au moment où le kacha sera bien tendre.

**Remarque.** – Le kacha se sert avec de la crème fraîche ou de la sauce de ragoût.

## 199. Kacha revenu au beurre
## Grains de sarrasin
**Préparation : 5 min – Cuisson : 20 à 25 min**

300 g de kacha
(grains de sarrasin)

60 g de beurre

Sel

Faire chauffer dans une cocotte le beurre. Avant qu'il soit doré mettre les grains de sarrasin, les faire revenir. Lorsqu'ils sont grillés, mouiller avec 1 litre d'eau bouillante salée. Cuire à feu moyen et à couvert.

Servir chaud.

**Remarque.** – Le kacha se sert avec de la crème fraîche ou de la sauce de ragoût.

## 200. Bortsch

**Préparation : 40 min – Cuisson : 4 h à 4 h 30**

| |
|---|
| 1 kg de bœuf (gîte) |
| 600 g de porc (échine) |
| 400 g de saucisson frais |
| 1 chou |
| 500 g de betteraves |
| 200 g de poireaux |
| 300 g de crème fraîche |
| 150 g d'oignons |
| 1 ou 2 feuilles de laurier |
| Sel, poivre |

Éplucher et laver chou, betteraves, poireaux et oignons. En faire une julienne. Arroser tous ces légumes placés dans une grande terrine, avec au moins 2 litres d'eau bouillante. Laisser macérer dans cette eau jusqu'au moment de les ajouter au pot-au-feu.

Mettre dans un pot-au-feu les morceaux de viande de bœuf et de porc. Recouvrir avec 3 à 3,5 litres d'eau. Porter doucement à ébullition. Saler, écumer. Laisser bouillir environ 15 min et ajouter les légumes égouttés. Poivrer.

Laisser mijoter pendant 2 h 30 à 3 h avec le laurier. 30 min avant de servir, ajouter le saucisson frais ou des saucisses.

Couper le saucisson en morceaux, les viandes en cubes de 3 à 4 cm de côté. Servir viandes, saucisson et légumes avec le bortsch dans la soupière. Accompagner avec de la crème fraîche présentée, séparément, dans une saucière.

## 201. Soupe aux choux

### Schi

**Préparation : 30 min – Cuisson : 3 h 30 à 4 h 30**

| |
|---|
| 1 kg de bœuf (gîte) |
| 600 g de poitrine de porc |
| 100 g de carottes |
| 50 g de céleri rave |
| 1 poireau (facultatif) |
| 20 cl de purée de tomates |
| 500 g de chou vert ou choucroute crue |
| 100 g de betteraves |
| 20 g de farine |
| 350 g de crème fraîche |
| Sel, poivre |

Mettre d'abord la viande de porc (fumée ou non suivant les goûts) et le morceau de bœuf dans un pot-au-feu. Recouvrir de 3 à 3,5 litres d'eau froide, saler, poivrer, porter doucement à ébullition. Écumer. Ajouter les carottes épluchées et le morceau de céleri râpés, mettre si l'on veut un poireau. Si l'on utilise du chou vert frais, l'éplucher, le laver, le couper en lanières et le faire étuver au beurre pendant environ 30 min. L'ajouter au pot-au-feu et cuire pendant 3 h.

Si l'on utilise de la choucroute, la laver soigneusement et la mettre dans la marmite où cuisent déjà les viandes (même temps de cuisson). 1 h avant de servir, délayer 50 g de crème fraîche avec la farine. Incorporer ce mélanger à la soupe, en même temps que la betterave râpé et la purée de tomates.

Servir comme le bortsch (200) et accompagner avec le reste de la crème fraîche mise dans une saucière.

## 202. Potage orge perlé et champignons
**Préparation : 10 min – Cuisson : 30 min**
(3 ou 4 h à l'avance)

| |
|---|
| 1,5 litre de bouillon |
| 125 g d'orge perlé |
| 300 g de champignons de Paris |
| 200 g de crème fraîche |
| Sel, poivre |

Faire tremper l'orge dans une terrine, dans de l'eau froide, pendant 3 ou 4 h.

Au moment de préparer le potage, faire chauffer le bouillon, y mettre l'orge égoutté et laisser cuire pendant 20 à 25 min. Pendant ce temps, éplucher les champignons, les laver, les émincer finement et les mettre dans le potage. Saler et poivrer si nécessaire. Cuire pendant 5 min. Servir avec la crème fraîche.

**Variante.** – Remplacer les champignons par 12 écrevisses. Dans ce cas ne mettre que 1 litre de bouillon et ajouter 50 cl de court-bouillon des écrevisses. Décortiquer celles-ci. Écraser les carapaces et ajouter au potage le jus obtenu ainsi que les écrevisses. Mettre dans la soupière 60 à 100 g de crème fraîche.

## 203. Blinis
**Préparation : 20 min – Cuisson : 30 min**
(2 h à l'avance)

| |
|---|
| 125 g de farine de sarrasin |
| 125 g de farine de blé |
| 10 g de levain de boulanger |
| 2 œufs |
| Beurre |
| Sel |

Mélanger les 2 farines dans une terrine. Y faire un puits, y délayer le levain avec 10 cl d'eau tiède et incorporer progressivement la quantité de farine qui peut être absorbée pour obtenir une pâte molle. Couvrir et laisser reposer pendant 2 h.

Incorporer alors les jaunes d'œufs et du sel en mélangeant le reste de la farine. Battre les blancs en neige et les ajouter à la pâte. Au cas où la pâte serait un peu trop épaisse, l'éclaircir avec un peu d'eau ou de crème fraîche battue. Mais elle doit cependant être plus épaisse qu'une pâte à crêpes ordinaire.

Puis dans une petite poêle (il existe des moules spéciaux pour blinis), mettre une noisette de beurre et cuire les blinis comme des crêpes ordinaires. Ils doivent être dorés sur les deux faces.

Les servir entassés et chauds. Les blinis accompagnent très souvent les hors-d'œuvre, poissons fumés, etc.

## 204. Pâté à la viande
### Koulebiaka
**Préparation : 40 min – Cuisson : 35 à 40 min**

| Pour la pâte brisée : |
| --- |
| 350 g de farine |
| 150 g de beurre |
| 1 œuf pour dorer la pâte |
| Sel |

| Pour la farce : |
| --- |
| 2 œufs durs |
| 250 g de viande de veau hachée |
| 50 g de beurre |
| 250 g de champignons de Paris |
| Sel, poivre |

Faire d'abord la pâte brisée. La laisser reposer.

Préparer la farce. Faire revenir dans le beurre la viande de veau. Laisser refroidir. Pendant ce temps, écaler les œufs, les hacher grossièrement et les ajouter à la viande. Nettoyer, laver, hacher les champignons. Les incorporer au mélange. Saler et poivrer. Étaler la pâte sur une planche farinée sur une épaisseur de 1 cm en lui donnant la forme d'une bande ayant au moins 30 cm de long et 23 à 24 cm de large. Mettre la farce dans le milieu. Rouler comme un gros saucisson. Souder la pâte et la dorer à l'œuf et cuire sur une plaque beurrée à four modéré pendant 30 à 40 min. Servir chaud, coupé en tranches, avec du beurre fondu en saucière.

## 205. Pâté au chou
### Koulebiaka
**Préparation : 40 min – Cuisson : 35 à 40 min**

| Pour la pâte : |
| --- |
| Voir formule précédente (204) |

| Pour la farce : |
| --- |
| 500 g de chou |
| 150 g de lard fumé |
| 2 œufs durs |
| Sel, poivre |

Faire blanchir le chou pendant 5 min à l'eau bouillante salée, le hacher assez finement. Passer au hachoir ou à la moulinette le lard fumé. Hacher grossièrement les œufs durs et mélanger le tout, saler, poivrer et farcir le koulebiaka.

Cuire selon la formule précédente (204).

## 206. Boulettes russes
## Bitkis
**Préparation : 45 min – Cuisson : 20 min**
(1 h à l'avance)

| |
|---|
| 400 g de bœuf haché |
| 400 g de porc ou de veau haché |
| 60 g de chapelure fine |
| 5 cl de crème aigre ou de sauce tomate |
| 30 g de farine |
| 80 g de beurre |
| 100 g de mie de pain |
| 1 ou 2 œufs |
| Fines herbes (persil, ciboule), etc. |
| Sel, poivre |

Faire tremper d'abord la mie de pain dans un peu d'eau ou de lait. Bien égoutter.

Mélanger cette mie de pain avec les viandes hachées et crues. Mettre alors les œufs et les fines herbes hachées. Assaisonner avec sel et poivre. Mélanger avec soin, avec une cuillère en bois ou mieux encore avec la main mouillée avec de l'eau.

Laisser reposer 1 h.

Former ensuite à la main des boulettes un peu aplaties et allongées suivant les goûts, mais n'ayant pas plus de 2 cm d'épaisseur. Passer dans la farine, puis dans la chapelure.

Faire chauffer dans une poêle une partie du beurre et lorsqu'il est bien chaud y disposer une partie des bitkis. Lorsqu'ils sont saisis, baisser un peu le feu et laisser cuire environ 3 à 4 min sur chaque face.

Continuer la cuisson des autres bitkis. Servir chaud avec du beurre fondu ou de la crème aigre, ou de la sauce tomate.

**Variantes.** – On peut servir les bitkis lorsqu'ils sont froids avec de la salade.

On peut remplacer le bœuf et le porc ou le bœuf et le veau, par du veau et du porc ou du veau et du poulet.

## 207. Koulibiac de saumon
**Préparation : 30 min – Cuisson : 1 h 30**

| |
|---|
| 1 kg de saumon frais |
| 600 g de pâte feuilletée |
| 250 g de champignons de Paris |
| 300 g d'épinards |
| 100 g de riz |
| 3 œufs + 1 jaune |
| 60 g de beurre |

Délayer le sachet de court-bouillon dans de l'eau froide. Y ajouter le saumon, porter à ébullition et le faire pocher pendant 10 min. L'égoutter. Faire cuire le riz dans le liquide de cuisson du saumon. Faire cuire les 3 œufs entiers dans de l'eau jusqu'à ce qu'ils soient durs (environ 10 min).

Émincer les épinards et les champignons. Peler et hacher l'oignon. Faire chauffer de l'huile et y faire revenir l'oignon et les champignons pendant 15 min. Les saler et poivrer en cours de cuisson. Presser le demi-citron et arroser les champignons avec le jus. Faire chauffer le beurre et y faire suer les épinards jusqu'à ce qu'ils ramollissent. Les saler en cours de cuisson. Effeuiller l'aneth et hacher les pluches.

1 oignon

1/2 citron (jus)

1 bouquet d'aneth

2 cuil. à soupe de crème fraîche

1 sachet de court-bouillon

Huile

Sel, poivre

Écaler les œufs et les couper en deux dans la longueur. Préchauffer le four à 210 °C. Retirer la peau et les arêtes du saumon et effilocher sa chair. Étaler les deux tiers de la pâte feuilletée en forme de rectangle, sur une plaque antiadhésive allant au four. Étaler le riz cuit dessus, puis les champignons et l'aneth, ensuite le saumon, les épinards et pour terminer les moitiés d'œufs durs, jaune vers le bas. Replier les bords de la pâte.

Mélanger le jaune d'œuf avec la crème fraîche et badigeonner les bords de la pâte avec ce mélange. Étaler le reste de la pâte et le poser par dessus. Bien sceller les bords. Badigeonner la pâte avec le mélange crème et jaune d'œuf restant. Faire 2 cheminées dans le haut de la pâte. Faire cuire au four 40 min. Servir le koulibiac chaud ou tiède en le coupant délicatement en tranches.

## 208. Beignets de fromage blanc Cirniky

**Préparation : 25 min – Cuisson : 20 min**

350 g de fromage blanc

2 ou 3 œufs

20 cl de crème aigre

60 g de beurre

Farine

Sel, poivre

Mélanger dans une terrine le fromage blanc avec les œufs. Assaisonner avec sel, poivre et incorporer, en pluie, de la farine en quantité suffisante pour obtenir une pâte assez malléable. L'étaler sur une planche.

La couper en triangles de 2 cm d'épaisseur et de 5 à 6 cm de côté. Passer ces triangles dans la farine et les faire dorer à la poêle, dans le beurre chaud.

Servir avec de la crème aigre.

## 209. Tarte au fromage blanc
## Watrouchka
**Préparation : 30 min – Cuisson : 30 min**

Mélanger, dans une terrine, le fromage blanc très égoutté avec 2 jaunes d'œufs et la farine.

Parfumer avec de la vanille en poudre et sucrer à volonté. Garnir une tourtière avec la pâte sablée étalée au rouleau sur une épaisseur de 1 petit cm.

Verser la préparation au fromage blanc sur la pâte crue.

Faire cuire à four chaud 25 à 30 min.

250 g de fromage blanc à 0% de matière grasse

2 œufs

30 g de farine

Vanille en poudre

350 g de pâte sablée

Sucre en poudre (à volonté)

# Maghreb

# Algérie

## 210. Chorba
### Soupe

**Préparation : 30 min – Cuisson : 2 h 30**

(12 h à l'avance)

La veille faire tremper les haricots blancs et les pois chiches.

Couper les côtelettes et la queue de mouton en morceaux. Éplucher oignons, tomates, et hacher grossièrement.

Faire chauffer l'huile dans une cocotte, y faire revenir l'oignon, puis les tomates. Ajouter viande et queue de mouton. Mettre alors la courgette coupée en morceaux, l'ail haché et le persil ciselé, du thym et du laurier. Assaisonner avec du sel, 1 pincée de poivre rouge, 1 pincée de poivre noir, du safran. Mettre alors 2 litres d'eau chaude puis les haricots et les pois chiches égouttés.

Cuire à feu régulier pendant 2 h au moins. Faire cuire à part les macaronis coupés en morceaux dans de l'eau bouillante salée, les égoutter et les ajouter 5 min avant de servir dans la cocotte où cuit la chorba. Servir très chaud.

**Variantes.** – On peut remplacer les macaronis par du vermicelle. On peut remplacer la courgette par 100 g d'abricots et 100 g de poivrons.

| Ingrédients |
|---|
| 1 queue de mouton |
| 650 g de côtelettes de mouton |
| 100 g de pois chiches |
| 100 g de macaronis coupés |
| 100 g de haricots blancs |
| 200 g de tomates |
| 1 courgette |
| 100 g d'oignons |
| 50 cl d'huile |
| 1 gousse d'ail |
| 1 bouquet de persil plat |
| Thym |
| Laurier |
| Safran |
| Sel, poivre rouge, poivre noir |

## 211. Harira
### Pot-au-feu au riz
**Préparation : 35 min – Cuisson : 2 h 30**
(12 h à l'avance)

Mettre les pois chiches à tremper la veille. Dans un pot-au-feu mettre au moins 1,5 litre d'eau froide avec les abattis préparés et la viande de mouton coupée en petits dés. Ajouter à froid, les oignons épluchés et hachés grossièrement et les pois chiches égouttés. Assaisonner avec le gingembre et le safran en poudre et les filaments de safran pilées avec du sel, du poivre (selon les goûts). Couvrir et porter doucement à ébullition. Ajouter le beurre quand l'eau frémit. Laisser cuire pendant environ 2 h 30.

Avant de servir, préparer le riz en le cuisant à l'eau bouillante salée (assaisonner avec beurre, sel et poivre).

Mettre dans une terrine la pâte à levain, 75 cl d'eau froide, la coriandre pilée avec les tomates pelées et épépinées et du sel. Bien mélanger et mettre cette préparation dans une casserole sur feu vif, faire bouillir 10 min et mélanger au riz. Ajouter les viandes et les légumes ayant cuit avec elles, ainsi que le bouillon de cuisson. Servir dans des bols.

**Variante.** – On peut remplacer les tomates par le jus de 1 ou 2 citrons « bergamote ».

**Pour le bouillon :**

Abattis de 2 poulets (gésier, cou, foie, ailerons)

300 g de viande de mouton

100 g de pois chiches

100 g d'oignons

50 g de beurre

1 cuil. à café de gingembre et de safran en poudre

2 g de filaments de safran

Sel, poivre

**Pour le riz :**

100 g de riz

30 g de beurre

Sel, poivre

**Pour la sauce :**

60 g de levain (levure de bière avec pâte à pain) ou 20 g de levure de boulanger

150 g de tomates

75 cl d'eau froide

Coriandre

Sel

## 212. Couscous
**Préparation : 2 h – Cuisson : 3 h**
(12 h à l'avance)

Mettre les pois chiches à tremper la veille. Préparation de la viande : couper la viande de mouton (et/ou le poulet) en morceaux, la faire revenir dans un peu d'huile d'olive, saler, poivrer. La mettre alors dans

1 kg de couscous moyen

1 kg d'épaule de mouton et/ou 1 poulet d'1,2 à 1,5 kg

500 g de viande de bœuf

Carottes à volonté

Navets à volonté

Poireaux à volonté

un pot-au-feu avec les carottes, le chou, les navets et les poireaux épluchés et les pois chiches. Recouvrir de 3 à 4 litres d'eau froide. Faire cuire à feu régulier pendant 2 à 3 h.

Pendant ce temps, faire les préparations complémentaires :

Éplucher les oignons, les couper en tranches minces et les faire fondre doucement dans un grand poêlon avec 50 g de beurre, saler légèrement. Réserver.

Faire tremper les raisins secs dans 50 cl de bouillon et les cuire 30 min avant de servir le couscous.

Hacher la viande de bœuf, la mêler à l'ail haché, l'œuf, du sel et du poivre. Former à la main de petites boulettes, les passer légèrement dans la farine et les faire rissoler au beurre. Tenir au chaud.

Éplucher, laver les courgettes, poivrons et tomates. Ces légumes sont à cuire 20 à 25 min (au plus) dans le bouillon du pot-au-feu, avant de servir le plat.

Préparation du couscous : commencer environ 1 h 30 avant de servir.

| |
|---|
| 600 g de courgettes |
| 500 g de tomates |
| 500 g de poivrons |
| 1/2 chou |
| 750 g d'oignons d'Espagne |
| 250 g de pois chiches |
| 150 g de raisins de Malaga (secs) |
| 250 g de beurre |
| 1 œuf |
| 1 gousse d'ail |
| 15 g de farine |
| 15 cl d'huile d'olive |
| Piment rouge piquant ou poivre rouge piquant en poudre |
| Mélange 4-épices |
| Sel, poivre |

Mettre le couscous dans un plat, l'asperger avec de l'eau salée 30 min avant de le mettre à cuire. Utiliser pour cela une passoire, ou de préférence un couscoussier qui s'adapte parfaitement à la marmite remplie de bouillon aux deux tiers. La vapeur de celui-ci gonfle les grains. Et pour éviter la déperdition de cette vapeur, mettre un linge mouillé entre la marmite et la rehausse. Au bout de 30 à 35 min, renverser le couscous sur un torchon, l'écraser légèrement à la fourchette pour défaire les boulettes qui auraient pu se former. Asperger légèrement d'un peu d'eau salée, mettre 1 à 2 cuil. à soupe d'huile d'olive et 150 à 200 g de beurre en petits morceaux. Mélanger délicatement et reverser dans le haut du couscoussier où il peut cuire encore 30 min. (On peut utiliser du couscous précuit, ce qui réduit le travail.)

Préparation de la sauce : prendre 50 cl de bouillon, y mêler de la poudre de piment, ou de poivre rouge, et du mélange 4-épices. Prendre garde de ne pas faire une sauce trop forte. Verser le couscous dans un grand plat rond. Le disposer en forme de dôme. Creuser le centre, y mettre les oignons. Placer tout autour les raisins égouttés. Les légumes variés seront servis avec la viande sur un autre plat, arrosés d'une louche de bouillon. Disposer autour les boulettes de viande de bœuf.

Servir le couscous dans des assiettes creuses. On y ajoute suivant les goûts les légumes, les viandes et du bouillon. Corser avec la sauce forte.

## 213. Poulet farci

**Préparation : 20 min – Cuisson : 1 h 15**

| |
|---|
| 1 poulet d'1,3 kg environ |
| 260 g de riz |
| 150 g d'oignons |
| 100 g de raisins secs (Malaga) |
| 100 g d'amandes mondées |
| 50 g de beurre ou 5 cl d'huile |
| Noix muscade râpée |
| 1 bouquet de persil plat |
| Sel, poivre |

Préparer la farce en faisant revenir dans 20 g de beurre 60 g de riz, y ajouter 50 g d'oignons hachés fins, ajouter deux fois le volume du riz en eau et faire cuire pendant 14 min. Saler, poivrer, saupoudrer de noix muscade râpée. Ajouter 50 g de raisins secs et 50 g d'amandes hachées grossièrement. Mettre cette farce dans le poulet vidé sans trop remplir car le riz et les raisins gonflent à la cuisson.

Faire chauffer le reste de la matière grasse dans une cocotte, y faire revenir le poulet et cuire à feu moyen pendant 1 h environ. Mouiller avec un peu d'eau chaude si nécessaire. 30 min avant de servir, mettre le reste des oignons coupés en quartiers, des amandes et des raisins puis ajouter le persil haché.

Servir le poulet découpé et la farce sur un lit de riz cuit à la créole. Arroser avec le jus de cuisson.

## 214. Loubia
### Haricots blancs

**Préparation : 20 min – Cuisson : 2 à 3 h**

| |
|---|
| 1 kg de haricots blancs |
| 2 gousses d'ail |
| 1 cuil. à café de cumin en poudre |
| 1 petit piment de Cayenne |
| 1 cuil. à café de poivre rouge |
| 2 clous de girofle |
| 2 cl d'huile d'olive |
| Sel |

Faire cuire les haricots, trempés au préalable, dans une marmite et à l'eau froide. Porter doucement à ébullition, écumer, saler au milieu de la cuisson.

20 min avant de servir, égoutter les haricots et ajouter le mélange obtenu en broyant dans un mortier toutes les épices indiquées avec les gousses d'ail épluchées et l'huile.

## 215. Pain de dattes
### Djamilah
**Préparation : 15 min – Cuisson : 30 min**

| |
|---|
| 250 g de dattes hachées |
| 125 g de poudre d'amande |
| 150 g de sucre en poudre |
| Vanille en poudre (selon les goûts) |
| 4 œufs |
| 50 g de beurre |
| 45 g de fécule de pomme de terre |

Mettre dans une terrine les jaunes d'œufs avec le sucre et la vanille en poudre. Tourner pendant 5 min.

Ajouter alors le beurre amolli, les dattes hachées et la poudre d'amande. Mettre enfin la fécule et les blancs battus en neige très ferme.

Beurrer un moule à tarte de 20 cm de diamètre. Cuire à four chaud pendant 30 min.

## 216. Mouna
**Préparation : 20 min – Cuisson : 45 min**

| |
|---|
| 1 citron (jus) |
| 1 orange non traitée (zeste) |
| 500 g de farine |
| 5 œufs |
| 250 g de sucre en poudre |
| 1 cuil. à soupe de rhum |
| 2 cuil. à soupe de lait |
| 1 paquet de levure chimique |
| 6 cl d'huile |
| 1 pincée de sel |

Mettre la farine dans une terrine, y faire un puits, y mettre le sucre, le sel, l'huile et le lait. Ajouter les 5 œufs et mélanger avec soin en commençant par le milieu et en faisant progressivement tomber la farine. Travailler la pâte avec soin, ajouter le jus de citron, le zeste d'orange râpé, le rhum et pour terminer la levure.

Beurrer un moule à biscuit de 22,5 cm de diamètre et cuire à four chaud, puis moyen pendant 45 min.

On peut mettre aussi la pâte dans un moule en forme de couronne et la saupoudrer de sucre cristallisé 5 min avant de le retirer du four.

## 217. Beignets algériens
### Messelmen
**Préparation : 25 min – Cuisson : 20 à 30 min**

| |
|---|
| 300 g de farine de blé |
| 75 g de sucre en poudre |
| 152 g d'amandes hachées |
| Huile pour friture |
| 50 cl d'huile d'olive |
| 1 sachet de sucre vanillé |
| 15 g de levure chimique |
| 3 cuil. à soupe de miel |

Mélanger dans une terrine la farine, le sucre, l'huile d'olive, le sucre vanillé et la levure. Travailler avec soin en mouillant avec de l'eau pour obtenir une pâte bien souple. L'abaisser au rouleau sur une planche à pâtisserie, lui donner l'épaisseur de 5 mm. Couper des carrés repliés en deux (en forme de triangle) ou des ronds de 5 cm de diamètre. Faire chauffer l'huile de friture et y cuire ces beignets quand l'huile est bien chaude, par séries de 6 à 8 beignets.

Dans une assiette creuse mélanger du miel avec un peu d'eau chaude pour faire un sirop épais. Lorsque les beignets sont dorés et égouttés, les tremper dans ce sirop puis les parsemer d'amandes hachées grossièrement.

## 218. Cornes de gazelles
**Préparation : 2 h – Cuisson : 35 à 40 min**

| Pour la pâte : |
|---|
| 350 g de farine |
| 1 œuf |
| 125 g de beurre |
| Sel |
| **Pour la pâte d'amande (pour garnir) :** |
| 250 g d'amandes |
| 40 g de beurre |
| 125 g de sucre en poudre |
| 3 cuil. à soupe de sucre glace |
| Eau de fleur d'oranger |

Monder les amandes, les hacher au hachoir puis les piler finement, ajouter le sucre en poudre, parfumer à l'eau de fleur d'oranger et incorporer également 40 g de beurre. Bien travailler pour obtenir une pâte d'amande onctueuse.

Préparer une pâte assez souple avec la farine, le beurre, du sel, de l'eau et l'œuf. Beurrer légèrement une planche à pâtisserie, le rouleau et le bout des doigts. Prendre un morceau de cette pâte, l'étaler au rouleau puis l'étirer encore avec les mains pour qu'elle ait au plus 2 à 3 mm d'épaisseur.

Couper la pâte avec une roulette à pâtisserie, en carrés ayant environ 10 à 12 cm de côté.

Préparer de petites saucisses de pâte d'amande, les placer au milieu, mais en diagonale des carrés de pâte. Rouler en forme de croissant.

Le croissant ne doit pas être plus épais qu'un doigt.

Faire cuire à four tiède jusqu'à ce que les gâteaux soient légèrement dorés. Si la pâte a tendance à gonfler pendant la cuisson, piquer avec un petit couteau pointu ou la dent d'une fourchette.

Passer chaque croissant dans le sucre glace.

## 219. Le doigt de la fiancée
### Sebaa el aaroussa
**Préparation : 45 min – Cuisson : 15 à 20 min**

| |
|---|
| 2 œufs |
| 350 g de farine |
| 60 g de sucre en poudre |
| 200 g de miel |
| Huile pour friture |
| Sel |

Mettre la farine dans une terrine, y faire un puits et y mettre un peu de sel, le sucre et les 2 œufs. Travailler avec une cuillère d'abord, puis avec les mains pour obtenir une pâte bien ferme.

Étaler sur la planche farinée avec un rouleau, sur 1 cm d'épaisseur.

Couper des bâtonnets de 5 cm de longueur. Les rouler dans la farine pour donner la forme de doigts effilés.

Plonger dans l'huile chaude. Égoutter lorsque les bâtonnets sont dorés. Rouler ensuite dans le miel.

Servir chaud ou froid.

# Maroc

## 220. Harira

**Préparation : 30 min – Cuisson : 1 h 30 à 2 h**
**(5 à 12 h à l'avance)**

| |
|---|
| 250 g de bœuf ou de mouton |
| 50 g de pois cassés |
| 50 g de lentilles |
| 50 g de pois chiches |
| 50 g de févettes (petites fèves) |
| 1 œuf |
| 1 citron (jus) |
| 15 g de farine |
| 6 cl d'huile |
| 1 bonne poignée de persil |
| 1 bonne poignée de coriandre |
| 1 bonne poignée de céleri |
| Sel, poivre |

Faire tremper les légumes secs la veille ou quelques heures à l'avance. Laver et hacher le persil, la coriandre et le céleri.

Couper la viande de bœuf (ou de mouton) en petits cubes de 1,5 à 2 cm de côté.

Mettre l'huile dans une marmite, la faire chauffer, y faire fondre la verdure, ajouter les légumes secs, les morceaux de viande et couvrir avec 2 litres d'eau froide. Saler à mi-cuisson et bien poivrer.

Au moment de servir, préparer une liaison avec la farine et l'œuf battu, dans laquelle on met le jus de citron, verser dans la soupe et donner un bouillon.

**Variante.** – On peut, 10 min avant de faire la liaison, mettre 30 g de vermicelle.

## 221. Salade mechouya

**Préparation : 20 min – Cuisson : 20 min**

| |
|---|
| 500 g de tomates |
| 500 g de poivrons |
| 1 gousse d'ail |
| 10 cl d'huile |
| Sel |

Faire chauffer l'huile ; y faire griller les tomates et les poivrons avec leur peau. Lorsque les deux sortes de légumes sont cuites, les égoutter, les éplucher, les épépiner puis les piler au mortier avec l'ail.

Assaisonner avec sel et huile. Plus simplement on obtient la purée en passant le tout à la moulinette.

On peut servir cette purée, ainsi assaisonnée, étalée lorsqu'elle est froide, sur des canapés de pain.

## 222. Kefta grillé

**Préparation : 25 min – Cuisson : 8 min environ
(pour 30 keftas)**

| |
|---|
| 600 g de viande de bœuf ou de mouton |
| 1 gousse d'ail |
| Huile d'olive |
| 1 citron (jus) |
| 1 cuil. à soupe d'harissa |
| Cumin en poudre |
| Sel, poivre |

Hacher la viande, y incorporer l'ail haché finement et assaisonner avec poivre, sel et cumin en poudre. Préparer les boulettes (répartir le hachis en 30 portions), les aplatir légèrement et les faire griller sur les deux faces en les plaçant sur un gril bien chaud.

Servir avec une sauce forte faite de 1 cuil. à soupe d'harissa délayée dans de l'huile d'olive et relevée avec un peu de jus de citron.

## 223. Tagine de poulet aux pruneaux

**Préparation : 20 min – Cuisson : 1 h 30**

| |
|---|
| 1 poulet d'1,2 kg |
| 300 g de pruneaux |
| 150 g d'oignons |
| 6 cl d'huile |
| 1 cuil. à café de piment rouge |
| Sel, poivre |

Faire tremper les pruneaux à l'avance.

Couper le poulet en morceaux, faire chauffer l'huile dans un poêlon de terre (ou une cocotte) et y faire revenir légèrement les morceaux de poulet.

Assaisonner avec du piment rouge, du poivre et du sel.

Disposer sur la viande les oignons épluchés et coupés en gros morceaux. Couvrir et laisser cuire à feu doux pendant 40 min environ. Ajouter les pruneaux égouttés et continuer la cuisson à tout petit feu pendant encore 40 min.

## 224. Flan au poulet

### Milina

**Préparation : 25 min – Cuisson : 55 min**

| |
|---|
| 500 g de viande cuite de poulet |
| 18 œufs |
| Huile |
| Sel, poivre |

Faire durcir 4 œufs.

Hacher finement la viande de poulet. Mettre dans une terrine le hachis et y incorporer les œufs restants. Battre en omelette, saler, poivrer et ajouter les 4 œufs durs (écalés et entiers).

Huiler un moule, y verser la préparation et cuire à four modéré pendant 45 min. Laisser refroidir. Pour servir, démouler.
La milina se coupe au couteau comme un gâteau.

## 225. Couscous aux oignons confits et aux raisins
### Couscous tfaya
**Préparation : 30 min – Cuisson : 1 h 30**

| |
|---|
| 1 kg d'agneau dans le collier |
| 1 kg de semoule de couscous fine |
| 500 g d'oignons |
| 200 g de raisins secs |
| 250 g de beurre |
| 5 cuil. à soupe de miel |
| 7 cuil. à soupe d'huile d'olive |
| 1 cuil. à café de cannelle en poudre + 1 bâton |
| 1 pincée de safran |
| Sel |

Couper la viande en gros morceaux. Peler et émincer les oignons. Mettre dans la partie basse du couscoussier 5 cuil. à soupe d'huile d'olive, la viande, 100 g des oignons émincés, le bâton de cannelle, du sel et 50 cl d'eau. Porter à ébullition et ajouter le safran. Ajouter de l'eau en cours de cuisson si nécessaire, faire cuire jusqu'à ce que la viande soit très tendre. Préparer la semoule de couscous, comme expliqué dans la formule 212 avec 150 g de beurre et 2 cuil. à soupe d'huile d'olive. Dans une autre cocotte faire fondre 100 g de beurre, ajouter les oignons restants, le miel et la cannelle en poudre. Saler. Laisser cuire pendant 30 min. 5 min avant la fin de la cuisson ajouter les raisins secs. Dresser la semoule en couronne, poser la viande au centre et l'arroser des oignons confits.

## 226. Salade de carottes au cumin
**Préparation : 20 min – Cuisson : 20 min**

| |
|---|
| 750 g de carottes |
| 3 gousses d'ail |
| 1/2 bouquet de persil plat |
| 1/2 bouquet de coriandre |
| 1/2 citron (jus) |
| 2 cuil. à café de cumin en poudre |
| 4 cuil. à soupe d'huile d'olive |
| Sel, poivre |

Peler les carottes et les couper en fines rondelles. Les faire cuire à l'eau bouillante salée jusqu'à ce qu'elles deviennent tendres puis les égoutter. Peler et écraser les gousses d'ail. Effeuiller et hacher les herbes. Mettre tous les ingrédients dans un bol, poivrer et mélanger. Servir tiède ou froid.

## 227. Tajine de veau aux coings
**Préparation : 30 min – Cuisson : 1 h 30**

| |
|---|
| 1,2 kg de jarret de veau |
| 1 kg de coings |
| 3 oignons |
| 25 g de beurre |
| 10 cl d'huile d'olive |
| 3 cuil. à soupe de miel |
| 3 pincées de safran |
| 1 cuil. à café de cannelle en poudre |
| Sel |

Peler et émincer les oignons. Couper la viande en gros morceaux. Faire chauffer l'huile dans une cocotte. Y mettre la viande à dorer 5 à 6 min. Ajouter les oignons et le safran. Saler et couvrir d'eau. Faire cuire à couvert, à petits bouillons jusqu'à ce que la viande soit vraiment tendre. Ajouter la cannelle quelques minutes avant la fin de la cuisson. Ôter la viande de la cocotte. Couper les coings en quartiers sans les éplucher. Les épépiner. Les ajouter dans la cocotte avec les oignons. Rajouter de l'eau à mi-hauteur des coings et laisser réduire. Retirer les coings au fur et à mesure qu'ils sont cuits. Faire chauffer le beurre et le miel dans une casserole. Y faire caraméliser les coings. Pour servir, réchauffer la viande dans la sauce aux oignons. La disposer sur un plat de service. L'arroser du miel de cuisson des coings et poser les coings autour.

**Variante.** – On peut également préparer ce tagine avec de la viande d'agneau.

## 228. Pastilla de pigeon
**Préparation : 1 h 30 – Cuisson : 1 h 30**

| |
|---|
| 4 pigeons vidés |
| 12 feuilles de brick |
| 500 g d'oignons |
| 8 œufs + 1 jaune |
| 250 g d'amandes |
| 200 g de beurre |
| 6 cuil. à soupe d'huile |
| 1 bouquet de persil plat |
| 4 doses de safran |
| Cannelle en poudre |
| 1 cuil. à café de gingembre en poudre |
| 150 g de sucre en poudre |
| 2 cuil. à soupe de sucre glace |
| Sel, poivre |

Peler et émincer les oignons. Couper les pigeons en morceaux. Mettre la moitié du beurre à fondre dans une cocotte avec 3 cuil. à soupe d'huile. Ajouter les morceaux de pigeon, les oignons, le safran et le gingembre et faire revenir quelques minutes à feu vif. Couvrir de 50 cl d'eau. Saler et poivrer. Porter à ébullition puis couvrir la cocotte et laisser cuire à petits bouillons pendant 30 min. Effeuiller et hacher le persil. Ôter les morceaux de pigeon de la cocotte et y ajouter le sucre en poudre, 1 cuil. à soupe de cannelle et le persil. Faire réduire la sauce jusqu'à ce qu'elle devienne sirupeuse. Y casser les 8 œufs un par un en remuant constamment.

Au bout de 5 min retirer la cocotte du feu et la laisser refroidir. Désosser les morceaux de pigeons. Préchauffer le four à 160 °C. Mettre de l'eau à bouillir et y plonger rapidement les amandes. Les égoutter et leur retirer la peau. Faire chauffer 3 cuil. à soupe d'huile à feu vif dans une poêle et y faire dorer les amandes. Les égoutter sur du papier absorbant puis les hacher. Faire fondre le beurre restant. Étaler 5 feuilles de brick au fond d'un moule à tarte en les faisant déborder. En poser une dernière au centre. Badigeonner les feuilles de brick de beurre fondu. Étaler le mélange aux œufs dans le moule puis la moitié des amandes, la chair des pigeons, puis le reste des amandes. Rabattre les bords et recouvrir avec le reste des feuilles de brick. Badigeonner avec le beurre fondu restant puis le jaune d'œuf battu. Mettre au four pour 40 min de cuisson. Pour servir, faire glisser la pastilla sur un plat de service et la saupoudrer de sucre glace et de croisillons de cannelle en poudre.

## 229. Salade à l'orange

**Préparation : 10 min**

[1 h à l'avance]

| |
|---|
| 7 oranges |
| 6 feuilles de menthe |
| 2 cuil. à soupe d'eau de fleur d'oranger |
| 1 cuil. à café de cannelle en poudre |
| 2 cuil. à soupe de sucre en poudre |

Presser une orange. Mettre son jus dans une casserole avec l'eau de fleur d'oranger et le sucre. Faire bouillir pendant 5 min. Peler les oranges restantes à vif et les couper en tranches. Les disposer dans un plat, les arroser du sirop d'orange et les saupoudrer de cannelle. Les mettre au frais au moins 1 h. Servir décoré des feuilles de menthe.

## 230. Briouates au miel et aux amandes

**Préparation : 20 min – Cuisson : 20 min**

| |
|---|
| 12 feuilles de brick |
| 250 g d'amandes |
| 150 g de miel liquide |
| 150 g de sucre en poudre |
| 1 jaune d'œuf |
| 10 g de beurre |

Couper le plus grand carré possible dans les feuilles de brick, puis couper ces carrés en deux pour obtenir des bandes. Faire bouillir de l'eau et y plonger rapidement les amandes. Les égoutter et retirer leur peau. Faire chauffer de l'huile dans une poêle et y faire griller le quart des amandes jusqu'à ce qu'elles soient dorées. Mettre toutes les amandes, le sucre, le beurre, l'eau de fleur d'oranger et la cannelle dans le bol d'un mixeur. Mixer jusqu'à obtenir une pâte compacte. Étaler les bandes de

2 cuil. à soupe d'eau de fleur d'oranger

1/2 cuil. à café de cannelle en poudre

Huile pour friture

feuilles de brick. Poser à l'extrémité de chacune une boulette de pâte aux amandes. Replier un coin pour former un triangle et continuer de la même façon, jusqu'à obtenir des triangles. Coller le dernier pan de triangle avec le jaune d'œuf. Mettre le miel à chauffer à feu doux. Faire chauffer de l'huile dans une poêle. Y faire dorer les briouates des deux côtés, puis les plonger dans le miel chaud et les égoutter.

## 231. Pastilla au lait

**Préparation : 20 min – Cuisson : 1 h**

Faire chauffer de l'huile dans une poêle et y faire griller les amandes jusqu'à ce qu'elles soient dorées. Les mixer grossièrement avec la moitié du sucre. Refaire chauffer de l'huile dans une poêle et y faire dorer une par une les feuilles de brick. Les égoutter sur du papier absorbant. En poser une sur le plat de service et la saupoudrer d'amandes mixées avec le sucre. Recommencer jusqu'à épuisement des

10 feuilles de brick

200 g d'amandes mondées

150 g de sucre en poudre

50 cl de lait

3 cuil. à soupe de Maïzena

1 cuil. à soupe d'eau de fleur d'oranger

Huile pour friture

ingrédients. Au moment de servir faire bouillir le lait avec la Maïzena, le reste de sucre et l'eau de fleur d'oranger. Remuer constamment et quand le mélange commence à épaissir le retirer du feu. Laisser tiédir. Verser la crème de lait sur les feuilles de brick et autour. Servir immédiatement.

# Tunisie

## 232. La caponata

**Préparation : 20 min – Cuisson : 1 h 30**

Éplucher les aubergines et les courgettes. Ébouillanter les tomates et les poivrons afin de retirer les peaux ; enlever ensuite les pépins.

Couper tous les légumes en tranches, les mettre dans un poêlon assez grand et frotté d'ail. Arroser avec l'huile, saler, poivrer, couvrir et cuire à feu doux pendant 1 h 30. Ajouter alors les olives dénoyautées et les câpres.

Mélanger, laisser refroidir dans le plat de cuisson. Servir froid en entrée.

| |
|---|
| 600 g d'aubergines |
| 500 g de tomates |
| 250 g de courgettes |
| 250 g de poivrons doux |
| Olives noires et vertes (à volonté) |
| 50 g de câpres au vinaigre |
| 10 cl d'huile d'olive |
| 1 gousse d'ail |
| Sel, poivre |

## 233. Concombres aux poivrons

**Préparation : 20 min – Cuisson : 10 min –**
**Macération : 2 h**

[12 h à l'avance]

La veille, éplucher les concombres, les fendre dans la longueur, retirer les graines. Couper en tranches minces au-dessus d'une passoire. Saupoudrer de sel fin, mélanger et laisser dégorger 12 h.

Le jour même, égoutter et essuyer en pressant les tranches de concombre dans un torchon.

Équeuter les piments, les laver, les ouvrir pour retirer les pépins et les couper en tranches minces. Faire durcir les œufs.

Mélanger concombre et piment. Assaisonner avec huile d'olive et jus de citron. Laisser macérer pendant 2 h. Disposer sur le plat de service et décorer avec des quartiers d'œufs durs.

| |
|---|
| 1 kg de concombres |
| 5 piments verts ou rouges, doux |
| 2 œufs |
| 1 citron (jus) |
| Huile d'olive |
| Sel, poivre |

## 234. Bricks à l'œuf
**Préparation : 10 min – Cuisson : 20 min**

Couper le citron en six quartiers. Faire chauffer de l'huile dans une poêle. Casser 1 œuf dans chaque feuille de brick, saler et poivrer. Replier les feuilles de brick en deux. Les faire dorer une par une dans l'huile en les retournant en cours de cuisson. Les égoutter sur du papier absorbant. Les servir avec les quartiers de citron pour les arroser.

**Variante.** – On peut ajouter des miettes de thon à l'huile et du persil plat haché dans les bricks avant des les replier.

| |
|---|
| 6 feuilles de brick |
| 6 œufs |
| 1 citron |
| Huile pour friture |
| Sel, poivre |

## 235. Sardines à la tunisienne
**Préparation : 10 min – Cuisson : 5 min**
(1 h à l'avance)

Peler et hacher les gousses d'ail. Effeuiller et hacher la coriandre. Mélanger tous les ingrédients pour faire une marinade et y mettre les sardines pendant 1 h au frais. Préchauffer le four à 200 °C. Mettre les sardines égouttées dans un plat et les enfourner 5 min. Les arroser de la marinade à la sortie du four et servir.

| |
|---|
| 24 sardines écaillées, vidées et lavées |
| 4 gousses d'ail |
| 3 citrons (jus) |
| 1/2 bouquet de coriandre |
| 4 cuil. à soupe d'harissa |
| 1 cuil. à café de cumin en poudre |
| 20 cl d'huile d'olive |
| Sel |

## 236. Bouillabaisse de Sfax
## Margat el hout
**Préparation : 30 min – Cuisson : 30 à 40 min**

Éplucher les oignons, les couper en tranches. Écraser dans un mortier le sel, le cumin et les gousses d'ail. Mettre l'huile dans un tajine (plat en terre) ou dans une cocotte, y verser les oignons, les faire dorer ; saupoudrer avec le poivre rouge, bien mélanger, mouiller avec un peu d'eau (la valeur de 2 cuil. à soupe) et ajouter la préparation pilée dans le mortier. Enfin, ajouter les tomates coupées en trois ou quatre morceaux. Tourner jusqu'au moment où les tomates sont bien saisies.

| |
|---|
| 1 kg de poissons (sargues, dentis ou daurades royales) |
| 500 g de tomates |
| 120 g d'oignons |
| 30 cl d'huile |
| 3 gousses d'ail |
| 1 cuil. à soupe de poivre noire |
| 2 cuil. à soupe de poivre rouge |
| 2 cuil. à soupe de cumin en poudre |
| 15 g de sel |

Mouiller avec 2 litres d'eau et porter à ébullition. À ce moment, mettre les poissons qui ont été vidés et lavés. Saupoudrer avec le poivre noir. Cuire à petit feu jusqu'au moment où les poissons sont tendres.

## 237. Thon comme à Sidi Daoud
**Préparation : 10 min – Cuisson : 1 h 10**

| |
|---|
| 800 g de thon |
| 1 citron (jus) |
| 10 cl d'huile d'olive |
| 6 gousses d'ail |
| Sel, poivre |

Badigeonner le thon avec l'huile et attendre 10 min. Utiliser cette même huile, la faire chauffer dans une cocotte (prendre de préférence un poêlon en terre) y faire revenir le thon. Lorsqu'il est doré, saler, poivrer, ajouter les gousses d'ail. Couvrir. Laisser cuire à feu doux et régulier pendant 1 h.

Arroser avec le jus de citron et servir bien chaud.

## 238. Épaule de mouton farcie aux fèves
**Préparation : 30 min – Cuisson : 4 h**

| |
|---|
| 1,2 kg d'épaule de mouton |
| 2 kg de fèves fraîches écossées |
| 400 g de tomates |
| 100 g de carottes |
| 4 œufs |
| 300 g de mie de pain |
| 250 g d'oignons |
| Persil plat haché |
| Mélange 4-épices |
| 3 cl d'huile d'olive |
| Sel, poivre |

Préparer d'abord la farce en écrasant la mie de pain. Y incorporer les œufs battus en omelette, le persil haché, du sel, du poivre et le 4-épices.

Désosser l'épaule. Introduire la farce. Refermer, coudre et ficeler bien serré.

Faire chauffer dans une cocotte l'huile, y faire revenir les oignons hachés en même temps que la viande. Ajouter les carottes grattées et coupées en rondelles, les tomates pelées et coupées en morceaux, du sel et du poivre. Couvrir et laisser cuire à feu doux en retournant la viande de temps en temps.

Servir avec les fèves fraîches cuites à l'eau salée.

## 239. Boules aux cacahuètes
**Préparation : 25 min – Cuisson : 20 min**
(24 h à l'avance)

| |
|---|
| 250 g de cacahuètes entières ou en poudre |
| 300 g de sucre en poudre |
| 3 blancs d'œufs |

Râper les cacahuètes si elles sont entières. Battre les blancs en neige, y verser doucement la poudre de cacahuètes et le sucre. Mélanger avec soin.

Former des boulettes en roulant la pâte dans le creux de la main, les rouler dans le sucre, les placer sur une plaque beurrée pouvant aller au four. Laisser reposer 24 h.

Le lendemain, cuire à four doux pendant 20 min.

## 240. Makroud
**Préparation : 25 min – Cuisson : 30 min**

| |
|---|
| 1 kg de semoule de blé |
| 1 kg de dattes dénoyautées |
| 1 orange non traitée (zeste) |
| Huile pour friture |
| 25 cl d'huile |
| 2 cuil. à soupe de miel |
| Cannelle en poudre |
| 2 cuil. à café de bicarbonate de soude |

Réduire les dattes en hachis, les parfumer avec de la cannelle en poudre et le zeste d'une orange haché très finement. Travailler le tout pour obtenir une pâte lisse.

Dans une grande terrine, mettre la semoule de blé. Bien chauffer l'huile, la verser sur la semoule en travaillant l'ensemble avec les dents d'une fourchette pour que les grains soient imprégnés d'huile. Ajouter 1/2 verre d'eau tiède et le bicarbonate de soude. Mélanger. La pâte doit être molle. Étaler cette préparation sur une planche (épaisseur de 1 cm) avec la main.

Couper en bandes de 8 cm de largeur. Recouvrir la moitié de chaque bande d'une couche de purée de dattes.

Rabattre l'autre moitié. Appuyer fortement avec la main. Couper en morceaux et en biais. Faire frire dans l'huile très chaude, continuer la cuisson jusqu'à épuisement de la pâte. Égoutter et tremper dans du miel tiède.

## 241. Confiture de citrons

**Préparation : 30 min – Cuisson : 30 min**
(48 h à l'avance)

6 citrons non traités

1,2 kg de sucre
en poudre

Faire tremper les citrons pendant 24 h dans 2 litres d'eau froide.
Le lendemain, les faire cuire pendant 20 min dans la même quantité d'eau bouillante.
Faire tremper à nouveau 24 h dans 2 litres d'eau froide. Égoutter.
Couper alors les citrons en tranches fines. Les mettre dans une bassine avec le sucre, faire chauffer puis cuire doucement jusqu'à consistance normale de confiture.

## 242. Thé à la menthe

**Préparation : 5 min – Cuisson : 10 min**

2 cuil. à soupe rases
de thé vert

1 bouquet de menthe

12 morceaux de sucre

Faire bouillir de l'eau. En verser un peu dans la théière et la vider. Mettre le thé dans la théière.
Verser un petit verre d'eau bouillante dessus et la jeter en filtrant. Cela enlève l'amertume du thé. Verser ensuite dans la théière assez d'eau pour 6 tasses de thé, le sucre et les feuilles de menthe. Bien enfoncer les feuilles de menthe dans l'eau pour ne pas qu'elles noircissent. Laisser infuser 5 min et servir.

**Conseil.** – Verser le thé du plus haut possible pour le faire mousser.

# Moyen-Orient

# Égypte

## 243. Coftas

**Préparation : 30 min – Cuisson : 15 à 20 min**

Hacher la viande de mouton, y ajouter les œufs, la chapelure, les oignons et l'ail hachés finement, du persil et de la menthe ciselés. Assaisonner avec du sel, du poivre et du 4-épices. Pétrir le tout, bien travailler pour obtenir une pâte lisse. Former des petites boulettes de 3 cm de diamètre, les aplatir légèrement. Chauffer l'huile dans une poêle, y faire dorer les coftas 5 min de chaque côté.

Servir telles quelles chaudes ou accompagnées d'une sauce tomate.

| Ingrédients |
| --- |
| 600 g de mouton haché |
| 2 œufs |
| 100 g d'oignons |
| 250 g de chapelure |
| 6 à 10 cl d'huile |
| 3 gousses d'ail |
| Persil plat |
| Menthe |
| Mélange 4-épices |
| Sel, poivre |

## 244. Poisson froid

**Préparation : 10 min – Cuisson : 30 à 35 min**

Couper le poisson préparé en tranches de 2 cm d'épaisseur. Faire chauffer dans une sauteuse l'huile d'olive, y faire dorer l'ail pelé et haché, puis ajouter les tranches de poisson, les faire légèrement revenir. Mouiller ensuite avec 50 cl d'eau dans laquelle on a mis le jus d'1 citron 1/2 et du persil haché. Saler, poivrer. Faire mijoter à couvert pendant 25 min, puis laisser refroidir et mettre au réfrigérateur. Le jus de cuisson prendra en gelée.

| Ingrédients |
| --- |
| 1 kg de poisson (colin ou mulet) |
| 1 gousse d'ail |
| 1 citron 1/2 (jus) |
| Persil plat haché |
| 5 cl d'huile d'olive |
| Sel, poivre |

## 245. Bœuf haché en saucisson
## El belehat

**Préparation : 30 min – Cuisson : 30 min**

| |
|---|
| 700 g de bœuf haché |
| 350 g de purée de tomates fraîches |
| 4 œufs |
| 50 g de chapelure |
| 20 g de farine |
| 4 cl d'huile d'olive |
| Cumin en poudre |
| 2 gousses d'ail |
| Sel, poivre |

Hacher la viande, l'assaisonner avec les gousses d'ail pilées, du sel, du poivre et du cumin en poudre. Cuire 2 œufs durs, les écaler mais les laisser entiers. Étaler un torchon sur la table, saupoudrer ce torchon de farine, y placer la viande hachée, l'aplatir et placer au milieu de cette galette les 2 œufs durs, rouler la viande pour les enrober et former un gros saucisson.

Battre 2 œufs en omelette. Passer le saucisson dans cette préparation puis le rouler dans la chapelure.

Dans une casserole, pouvant contenir le saucisson sans le déformer, verser l'huile d'olive. La faire chauffer et y faire dorer le saucisson, sur toutes ses faces. Ajouter alors 10 cl d'eau chaude et la purée de tomates. Couvrir et laisser cuire à petit feu pendant 30 min.

## 246. Gombos à l'égyptienne
## Bamia

**Préparation : 25 min – Cuisson : 1 h 30**
(24 h à l'avance si les gombos sont secs.)

| |
|---|
| 700 g de gombos |
| 400 g de poitrine de mouton |
| 350 g de tomates |
| 2 gousses d'ail |
| 50 g d'huile |
| Sel, poivre |

Si l'on utilise des gombos secs, il faut les faire tremper pendant une vingtaine d'heures dans de l'eau froide.

Si l'on utilise des gombos frais, pratiquer des lavages prolongés sous un filet d'eau courante, puis égoutter pour les débarrasser de l'excès de mucilage (substance végétale contenue dans le gombo qui a la propriété de gonfler dans l'eau).

Faire chauffer l'huile dans une cocotte, y faire revenir les gombos ; ajouter l'ail haché, les tomates coupées en morceaux et la viande de mouton coupée elle aussi en cubes de 2 cm de côté.

Assaisonner avec du sel et du poivre. Mouiller avec 10 cl d'eau. Couvrir et cuire à feu doux pendant 1 h 30.

## 247. Fèves au cumin
### Foul midamess

**Préparation : 20 min – Cuisson : 2 h – Repos : 1 h**
(12 h à l'avance)

600 g de fèves sèches

2 oignons

2 gousses d'ail

2 citrons (jus)

Quelques brins de persil plat

1 pincée de cumin en poudre

20 cl d'huile d'olive

Sel

La veille, mettre les fèves à tremper dans de l'eau au réfrigérateur.

Le jour même, les égoutter. Peler et hacher l'ail et l'oignon. Faire chauffer 5 cl d'huile dans une casserole. Y verser les fèves, l'ail et l'oignon et couvrir d'eau. Porter à ébullition, puis baisser le feu et laisser mijoter jusqu'à ce que les fèves soient tendres, environ 2 h. Écumer en cours de cuisson. Quelques minutes avant la fin, ajouter du sel. Égoutter le contenu de la casserole et le passer au moulin à légumes. Effeuiller et hacher le persil plat. Fouetter la purée de fèves en y ajoutant le jus des citrons, le reste de l'huile d'olive, le cumin et le persil haché. Laisser refroidir et servir frais.

## 248. Gâteaux farcis
### El menenas

**Préparation : 30 min – Cuisson : 30 min**

Pour la pâte :

250 g de farine

175 g de beurre

1 cuil. à café d'eau de fleur d'oranger

Pour la farce :

200 g d'amandes

150 g de sucre glace

Cannelle en poudre

Eau de fleur d'oranger

Mettre la farine dans une terrine et y ajouter le beurre amolli. Ajouter l'eau de fleur d'oranger et pétrir à la main, si possible sans y ajouter d'eau. Former à la main des petites boules ayant 2 à 4 cm de diamètre, y faire un trou en enfonçant le pouce, c'est dans cette ouverture qu'on mettra la pâte d'amande.

Préparation de la pâte d'amande : piler avec un pilon dans un mortier les amandes hachées (ou en poudre) avec le sucre glace. Ajouter 1 cuil. à café d'eau de fleur d'oranger et de la cannelle suivant les goûts. Lorsque cette préparation est bien lisse, en farcir les gâteaux.

Placer les menenas sur une plaque beurrée et cuire à four chaud pendant 30 min. Ces gâteaux doivent être à peine dorés. Saupoudrer de sucre glace.

**Variante.** – On peut faire une farce avec 250 g de dattes dénoyautées et hachées finement, et pétries en pâte lisse avec 60 g de beurre.

## 249. Crème à l'eau de rose
### Mehallabeya
**Préparation : 10 min – Cuisson : 10 min**
**Repos au frais : 1 h**

1 litre de lait

45 g de farine de riz

200 g de sucre en poudre

4 cuil. à soupe d'eau de rose

3 cuil. à soupe de pistaches non salées

Hacher finement les pistaches. Verser la farine de riz dans 25 cl de lait. Faire chauffer le reste du lait avec le sucre. Ajouter peu à peu le mélange lait/farine de riz en remuant. Quand le mélange commence à épaissir comme une crème anglaise, le retirer du feu. Verser l'eau de rose et mélanger. Mettre au réfrigérateur pour 1 h. Servir dans des bols parsemés de pistaches hachées.

**Variante.** – On peut rajouter une dose de safran dans la crème en cours de cuisson.

# Iran

## 250. Riz au poulet parfumé au safran, à l'orange et à la pistache
### Shirin polo
**Préparation : 30 min – Cuisson : 1 h 30 min**

| |
|---|
| 6 suprêmes de poulet |
| 400 g de riz |
| 3 carottes |
| 2 oignons |
| 2 oranges non traitées |
| 200 g d'amandes effilées |
| 200 g de sucre en poudre |
| 100 g de beurre + 10 g |
| 60 g de pistaches non salées |
| 2 doses de safran |
| 4 cuil. à soupe d'huile d'olive |
| Sel, poivre |

Prélever le zeste des oranges. Les mettre dans une casserole avec un peu d'eau, porter à ébullition puis égoutter les zestes. Peler les carottes et les couper en fins bâtonnets. Les mettre dans une casserole avec 50 g de beurre et les faire cuire 10 min. Diluer le safran dans 2 cuil. à soupe d'eau bouillante. Hacher les pistaches. Ajouter dans la casserole les zestes, le sucre, les amandes et le safran. Baisser à feu doux, couvrir et laisser cuire encore 2 min. Ajouter les pistaches et cuire encore 5 min.

Peler les oignons et les couper en quatre. Faire chauffer l'huile dans une poêle et y faire dorer les blancs de poulet, 4 à 5 min de chaque côté. Ôter le poulet de la poêle et la dégraisser. Désosser et émincer le poulet, le remettre dans la poêle, saler et poivrer. Ajouter l'oignon dans la poêle avec le poulet. Couvrir d'eau, porter à ébullition. Baisser le feu, couvrir et laisser cuire. Préchauffer le four à 180 °C.

Pendant la cuisson du poulet, préparer le riz. Le rincer sous l'eau froide. Faire fondre 50 g de beurre dans une casserole et y faire revenir le riz jusqu'à ce qu'il soit translucide. Verser dessus le double de son volume d'eau et porter à ébullition. Baisser le feu, couvrir et faire cuire pendant 15 min.

Beurrer un plat allant au four et y étaler la moitié du riz. Répartir par-dessus la moitié du poulet aux oignons, puis la moitié des carottes. Recommencer pour faire une deuxième couche. Faire cuire 30 min au four.

## 251. Chelo kebab
**Préparation : 15 min – Cuisson : 20 min**

Peler et hacher les oignons. Mélanger avec les mains, la viande hachée, l'oignon, le cumin et l'œuf. Saler et poivrer. Former 6 rectangles avec le mélange et les enfiler sur des brochettes. Couper les tomates en deux. Saler et poivrer et les enfiler sur des brochettes. Faire cuire toutes les brochettes au barbecue 6 à 10 min par côté, jusqu'à ce que la viande soit bien cuite.

**Conseil.** – On peut servir ce plat avec du riz.

| |
|---|
| 1 kg de viande d'agneau hachée |
| 2 oignons |
| 12 petites tomates |
| 1 œuf |
| 2 cuil. à café de cumin en poudre |
| Sel, poivre |

## 252. Beignets au citron et au miel
**Préparation : 10 min – Cuisson : 30 min**
(45 min à l'avance)

Verser le sucre et 15 cl d'eau dans une casserole et faire cuire à petits bouillons pendant 10 min. Ajouter 2 cuil. à café de jus de citron et le miel. Laisser cuire doucement 5 min pour obtenir un sirop.

| |
|---|
| 1 citron (jus) |
| 1 cuil. à soupe de miel |
| 750 g de sucre en poudre |
| 100 g de farine |
| 1 sachet de levure chimique |
| Huile pour friture |

Verser la farine dans un bol et former un puits au centre. Diluer la levure dans 15 cl d'eau. La verser dans le puits, ajouter le jus de citron restant et mélanger pour former une pâte lisse pas trop liquide. La laisser reposer environ 45 min.

Faire chauffer l'huile dans une friteuse à 175 °C. Mettre la pâte dans une poche à douille et la presser au-dessus de l'huile pour obtenir de petits beignets. Les sortir au fur et à mesure qu'ils sont bien dorés. Les égoutter sur du papier absorbant. Les tremper dans le sirop au miel et au citron, puis les servir.

# Israël

## 253. Jus israélien (sauce pour salade)
**Préparation : 10 min**

| |
|---|
| 10 cl de jus de raisin |
| 100 g de yaourt |
| 100 g de petits oignons nouveaux |
| 1 citron (jus) |
| 1 cuil. à soupe de persil plat haché |
| 1 branche d'estragon |
| 2 ou 3 brins de menthe verte |
| Sel, poivre |

Hacher très finement les petits oignons épluchés et les herbes. Ajouter le yaourt, les jus de raisin et de citron.
Bien mélanger. Saler et poivrer suivant les goûts.

## 254. Avocats farcis
**Préparation : 20 min**

| |
|---|
| 4 avocats |
| 40 g de cerneaux de noix |
| 15 g de concentré de tomate |
| 1 branche de céleri |
| 1 cuil. à soupe de vinaigre |
| Sel, poivre |

Ouvrir 3 avocats par le milieu (sens de la longueur), retirer le noyau et disposer les demi-fruits sur le plat de service. Écraser en purée la pulpe du quatrième avocat et y incorporer les noix coupées en lamelles (garder 6 cerneaux pour la décoration), le céleri coupé en petits dés, le concentré de tomate, le vinaigre, du sel et du poivre. Remplir la cavité de chaque demi-avocat réservés avec cette préparation, et décorer avec les cerneaux de noix réservés.

## 255. Carpe à la juive
### Gefilte fisch
**Préparation : 1 h – Cuisson : 1 h**

| |
|---|
| 1 carpe vivante de 1,5 à 1,8 kg |
| 200 g de colin |
| 40 g de carotte |
| 40 g de céleri rave |
| 150 g d'oignons |
| 100 g de pain rassis |
| 3 œufs |

Prendre une carpe vivante et de préférence avec laitance. Tuer la carpe, l'écailler. Couper la tête et vider le poisson par l'ouverture ainsi pratiquée. Faire très attention à ne pas déchirer la peau qui doit rester intacte. Réserver la laitance et la tête.

Couper le poisson en tranches de 2 cm d'épaisseur et retirer dans chacune un peu de chair selon le schéma.

| |
|---|
| 4 cl d'huile |
| 30 g de sucre en poudre |
| Sel, poivre |

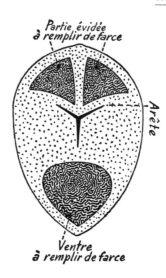

Partie évidée
à remplir de farce

Arète

Ventre
à remplir de farce

Passer au hachoir la chair prélevée sur la carpe, la chair du colin, 50 g d'oignons épluchés, émincés et revenus dans l'huile et le pain trempé dans l'eau mais bien égoutté. Ajouter à cette farce les œufs, saler, poivrer et mettre 15 g de sucre. Pétrir cette farce à la main. Si elle n'est pas assez compacte, y ajouter un peu de mie de pain. Garnir chaque tranche de carpe avec cette farce. Préparer un court-bouillon en mettant dans une cocotte de l'eau froide à mi-hauteur, 100 g d'oignons coupés en tranches, la carotte et le céleri en morceaux, du sel, du poivre et 15 g de sucre. Porter à ébullition puis laisser refroidir. Lorsqu'il est tiède, y plonger la laitance, les morceaux de carpe et la tête. Cuire à feu doux pendant 1 h. Laisser refroidir dans le bouillon. Servir froid.

## 256. Bœuf à l'étouffée au four

## Tcholent

**Préparation : 30 min – Cuisson : 12 h**

Il faut obligatoirement une marmite en terre vernie pour faciliter une cuisson très lente.

Couper la poitrine de bœuf en morceaux, les mettre dans la marmite avec les oignons épluchés et hachés finement, l'ail épluché et piqué avec le clou de girofle, les pommes de terre épluchées, coupées en morceaux et le kacha. Saler, poivrer. Mettre de l'eau pour couvrir le tout. Placer le couvercle. Le souder avec une pâte épaisse à la farine, le ficeler à la marmite pour ne pas qu'il s'ouvre à la cuisson. Mettre au four doux pendant 12 h. La viande doit être brunie et l'eau presque évaporée.

| |
|---|
| 1,5 kg de poitrine de bœuf |
| 500 g de kacha (graines de sarrasin) |
| 500 g de pommes de terre |
| 200 g d'oignons |
| 1 gousse d'ail |
| 1 clou de girofle |
| Farine |
| Sel, poivre |

## 257. Artichauts à la juive

**Préparation : 15 min – Cuisson : 40 min**

Couper les premières feuilles des artichauts et les fendre par le milieu afin d'enlever le foin. Laver chaque artichaut.

Dans une casserole assez grande, mettre l'huile, la farine, le jus de citron. Placer les artichauts, saler, poivrer et ajouter de l'eau.

Couvrir et cuire à feu vif pendant 40 min. Servir chaud ou froid.

| |
|---|
| 12 petits artichauts |
| 1 citron (jus) |
| 6 cl d'huile |
| 15 g de farine |
| Sel, poivre |

## 258. Gâteau aux pommes

**Préparation : 30 min – Cuisson : 40 min**

(3 h à l'avance)

Mettre la farine dans une terrine, la parsemer du beurre coupé en petits morceaux, y faire un puits et ajouter alors les œufs, le sucre, 1 pincée de sel, le lait, le zeste de citron râpé, de la vanille et la levure. Travailler le tout assez rapidement, mais la pâte doit

| |
|---|
| 500 g de farine |
| 200 g de beurre |
| 150 g de sucre en poudre |
| 2 œufs |
| 1 paquet de levure chimique |
| 50 g de lait |
| 1 citron non traité (zeste) |

être homogène. Laisser reposer la pâte, en boule, pendant 3 h au réfrigérateur. Rouler alors la pâte au rouleau et y découper 2 ronds de 20 cm de diamètre (au moins) et ayant au moins 1 cm d'épaisseur. Éplucher les pommes, les râper, ajouter sucre et cannelle et étaler cette purée sur un des ronds de pâte. Poser le deuxième rond dessus, souder les bords et aplatir avec les dents d'une fourchette. Dorer à l'œuf. Placer sur une plaque beurrée et faire cuire à four chaud pendant 40 min.

Vanille en poudre

Sel

Pour la garniture :

1 kg de pommes

1 œuf

45 g de sucre en poudre

5 g de cannelle en poudre

## 259. Petits gâteaux au fromage blanc

**Préparation : 40 min – Cuisson : 30 min**

(12 h à l'avance)

500 g de farine

250 g de beurre

45 g de sucre en poudre

2 jaunes d'œufs

20 g de levure boulanger

5 cl de lait

5 g de sel fin

Pour la garniture :

400 g de fromage blanc

100 g de sucre en poudre

100 g de raisins secs

2 jaunes d'œufs + 1 œuf

La veille, mettre la farine dans une terrine, faire un puits, y ajouter le sel, le sucre en poudre, les jaunes d'œufs, la levure délayée dans le lait et le beurre coupé en petits morceaux. Mélanger le tout et pétrir à la main assez rapidement. Faire une boule de pâte et la laisser reposer 12 h au réfrigérateur.

Le jour même, étaler la pâte sur une planche farinée sur 5 mm d'épaisseur. Découper des carrés ayant environ 10 cm de côté, préparer la garniture en mélangeant le fromage blanc avec les jaunes d'œufs, les raisins secs lavés et le sucre en poudre. Battre le tout. Placer la valeur de 1 cuil. à soupe sur chaque carré de pâte. Relever les coins, les souder grâce à un mélange d'œuf et d'eau. Dorer avec ce même mélange et faire cuire sur une plaque beurrée à four chaud pendant 30 min.

# Liban

## 260. Taboulé
### Hors-d'œuvre au blé

**Préparation : 20 min**

(30 min à l'avance)

Laver le blé concassé 30 min avant la préparation du plat. Hacher finement oignons et queues d'oignon, persil et menthe. Laver les tomates, les couper en petits morceaux.

Mélanger blé, tomates et hachis et assaisonner avec sel, poivre, huile et jus de citron. Verser le tout dans un plat. Présenter à part les feuilles vertes. Les convives mettent 1 cuil. à soupe de taboulé sur la feuille et mangent le tout.

| |
|---|
| 300 g de boulghour |
| 600 g de tomates |
| 180 g de queues d'oignon |
| 150 g d'oignons blancs |
| 60 g de persil plat |
| Feuilles de vigne ou de laitue ou de choux |
| 3 ou 4 citrons (jus) |
| 30 g de feuilles de menthe |
| 12 cl d'huile |
| Sel, poivre |

## 261. Courgettes en boulettes

**Préparation : 10 min – Cuisson : 20 min**

Éplucher les courgettes, les couper en tranches et les faire blanchir pendant 10 min à l'eau bouillante salée. Égoutter, réduire en purée. Incorporer à cette préparation le parmesan râpé, les œufs battus, du poivre et de la chapelure en quantité suffisante pour épaissir. Préparer des boulettes de la grosseur d'un petit œuf, les rouler dans la chapelure et faire frire à l'huile chaude.

| |
|---|
| 6 courgettes |
| 100 à 200 g de chapelure |
| 100 g de parmesan des Balkans |
| 2 œufs |
| Huile pour friture |
| Sel, poivre |

## 262. Houmous

**Préparation : 10 min**

Peler les gousses d'ail. Égoutter les pois chiches. Mettre les pois chiches, les gousses d'ail, la tahiné, le cumin, le jus de citron et du sel dans le bol d'un mixeur. Mixer en versant petit à petit l'huile d'olive, jusqu'à obtenir un crème lisse. Effeuiller et hacher le

| |
|---|
| 500 g de pois chiches en boîte (poids égoutté) |
| 3 cuil. à soupe de tahiné (crème de sésame) |
| 1 citron (jus) |
| 2 gousses d'ail |
| Quelques brins de persil plat |

persil plat. En parsemer le houmous au moment de servir.

1 cuil. à soupe de cumin en poudre

10 cl d'huile d'olive

Sel

## 263. Salade fattouche
**Préparation : 30 min – Cuisson : 5 min**

Préchauffer le four à 200 °C. Couper les tomates en petits dés. Peler le demi-concombre et le couper en petits dés. Couper la laitue en fines lanières. Retirer la queue des poivrons, vider les graines, retirer les membranes blanches et couper la chair en lanières. Peler les oignons et les émincer. Peler l'ail et l'écraser. Effeuiller les herbes et les hacher. Mélanger tous les légumes dans un saladier. Saler. Verser dessus l'huile d'olive, le jus de citron, le vinaigre, le sumac et mélanger.

Passer les pains libanais quelques minutes au four jusqu'à ce qu'ils soient dorés. Les couper en morceaux et les poser sur la salade.

4 tomates

1 laitue

1/2 concombre

2 poivrons

2 oignons doux

1 citron (jus)

2 gousses d'ail

1/2 bouquet de menthe

1 bouquet de persil plat

3 cuil. à soupe de sumac en poudre

2 cuil. à soupe de vinaigre

10 cl d'huile d'olive

3 pains libanais (ou pita)

Sel

## 264. Falafels
## Croquettes de pois chiches
**Préparation : 20 min – Cuisson : 10 min**

Peler l'oignon et les gousses d'ail. Les couper en gros morceaux. Faire tremper le boulghour dans de l'eau pendant 15 min. Pendant ce temps, mixer les pois chiches égouttés avec l'ail, l'oignon, le jus de citron, la coriandre, le paprika et le cumin. Incorporer le boulghour au mélange. Saler et poivrer. Former des boulettes avec les mains. Faire chauffer l'huile. Y faire dorer les boulettes pendant environ 4 min. Les égoutter sur du papier absorbant et les servir.

**Conseil.** – On peut servir les falafels avec une sauce au yaourt et au concombre et du pain pita.

400 g de pois chiches en boîte (poids égoutté)

3 gousses d'ail

1 oignon

1 cuil. à soupe de jus de citron

75 g de boulghour

1 cuil. à café de cumin en poudre

1 cuil. à café de coriandre en poudre

1 cuil. à café de paprika

Huile pour friture

Sel, poivre

## 265. Moutabal
### Caviar d'aubergines
**Préparation : 20 min – Cuisson : 30 min**

| |
|---|
| 3 aubergines |
| 2 yaourts brassés (type bulgare) |
| 2 gousses d'ail |
| 1 citron (jus) |
| 1 cuil. à soupe de paprika |
| 3 cuil. à soupe de tahiné (crème de sésame) |
| 2 cuil. à soupe d'huile d'olive |
| Sel, poivre |

Préchauffer le four à 240 °C. Piquer les aubergines avec la pointe d'un couteau et les mettre au four pour 30 min. Les retourner au milieu de la cuisson. Peler et écraser les gousses d'ail. Sortir les aubergines du four, les laisser tiédir puis les couper en deux et récupérer la chair. Mettre la chair dans le bol d'un mixeur. Ajouter le jus de citron, les yaourts, la tahiné, l'ail et le paprika. Mixer le tout jusqu'à ce que ce soit homogène. Saler et poivrer. Verser le mélange dans un bol et l'arroser d'huile d'olive. Servir frais.

## 266. Kafta
### Boulettes de viande hachée
**Préparation : 30 min – Cuisson : 10 min**
(30 min à l'avance)

| |
|---|
| 900 g de viande de bœuf hachée |
| 3 oignons rouges |
| 2 bouquets de persil plat |
| 1 cuil. à café de sumac en poudre |
| 6 pains libanais ou pitas |
| Sel, poivre |

Peler 2 oignons. Effeuiller le persil (réserver quelques feuilles pour le service). Hacher l'oignon et le persil dans un robot. Mélanger avec la viande. Saler et poivrer. Mettre 30 min au frais. Couper le dernier oignon en fines rondelles. Les mélanger avec le sumac, les feuilles de persil réservées, du sel et du poivre. Faire chauffer le gril du four. Former des boudins de viande de 10 cm de long et de 3 cm de diamètre. Les mettre dans un plat allant au four et les faire griller environ 4 min par côté. Servir les kaftas grillés dans les pains, accompagnés du mélange d'oignons pour les tremper.

**Variante.** – On peut préparer cette recette avec de la viande d'agneau.

## 267. Sayadiyah
### Poisson

**Préparation : 30 min – Cuisson : 45 min**

(30 min à l'avance)

Presser 1 citron et couper les 2 autres en tranches.
Couper le poisson en tranches et les arroser avec
le jus du citron. Saler et poivrer. Mettre 30 min au
frais. Peler et émincer les oignons. Faire chauffer de
l'huile dans une cocotte et y faire revenir les oignons
jusqu'à ce qu'ils soient translucides. Les saler.

Rincer le riz sous l'eau froide. Le verser dans la
cocotte et ajouter 1,5 litre d'eau chaude. Dès que l'eau
bout, baisser le feu, couvrir et laisser cuire 25 min.

Pendant ce temps, peler et écraser les gousses d'ail. Les mélanger avec
le cumin. Frotter les tranches de poisson avec ce mélange.

Faire chauffer 6 cuil. à soupe d'huile dans une poêle et y faire revenir
les tranches de poisson, jusqu'à ce qu'elles soient bien dorées. Les
retirer de la poêle et les garder au chaud. Verser l'huile de cuisson
du poisson sur le riz quand il est cuit et égoutté et le laisser reposer
quelques minutes. Faire dorer les pignons de pin dans une poêle
à sec. Verser le riz dans un plat, disposer les tranches de poisson
dessus et parsemer des pignons et des tranches de citron.

| |
|---|
| 1 grand bar (ou plusieurs petits écaillés et vidés) |
| 500 g de riz |
| 3 citrons (dont 2 non traités) |
| 4 oignons |
| 4 gousses d'ail |
| 4 cuil. à soupe de pignons de pin |
| 1/2 cuil. à café de cumin en poudre |
| Huile |
| Sel, poivre |

## 268. Chich taouk
### Brochettes de poulet mariné

**Préparation : 15 min – Cuisson : 20 min**

(2 h à l'avance)

Peler et écraser 4 gousses d'ail. Effeuiller le thym.
Couper les blancs de poulet en cubes d'environ
3 cm de côté. Verser 10 cl d'huile d'olive, l'ail écrasé,
le jus de citron, les feuilles de thym, le cumin, le
piment et la cannelle sur les cubes de poulet. Saler,
poivrer et bien mélanger. Mettre au frais à mariner
pendant 2 h.

| |
|---|
| 6 blancs de poulet |
| 2 citrons (jus) |
| 10 gousses d'ail |
| 1 oignon |
| 1/2 bouquet de persil plat |
| 3 brins de thym |
| 1 cuil. à soupe de sumac |
| 1 cuil. à café de cumin en poudre |
| 1 cuil. à café de piment en poudre |

Peler les 6 gousses d'ail restantes, les mettre dans le bol d'un mixeur avec du sel. Les mixer puis ajouter l'huile d'olive restante en filet pour faire monter la sauce comme une mayonnaise. Peler l'oignon et l'émincer finement. Effeuiller le persil plat et couper les feuilles en lanières. Mélanger l'oignon, le sumac et le persil. Saler.

1 cuil. à café de cannelle en poudre

20 cl d'huile d'olive

Sel, poivre

Faire chauffer un barbecue ou le four à 200 °C.

Enfiler les morceaux de poulet sur des brochettes. Les faire griller au barbecue en les arrosant de la marinade et en les retournant en cours de cuisson ou les mettre avec la marinade dans un plat allant au four et les faire cuire 20 min, en les retournant. Servir les brochettes dans un plat, recouvertes du mélange à l'oignon avec la sauce à l'ail à côté.

**Variante.** – On peut servir les brochettes dans du pain libanais.

## 269. Gâteaux sablés
# Ghoraybé
**Préparation : 15 min – Cuisson : 25 min**

400 g de sucre en poudre

480 g de farine

400 g de beurre

Amandes mondées

Battre le beurre fondu jusqu'à ce qu'il devienne blanc. Ajouter alors le sucre en poudre et travailler à la main avec soin jusqu'au moment où le sucre en poudre est fondu et bien aggloméré dans le beurre. Mettre alors la farine et délayer avec de l'eau. Cette pâte très sablée sera délicate à travailler : si elle est un peu molle, ajouter à nouveau un peu de farine.

Faire à la main de petites galettes rondes sur lesquelles on place 1 ou 2 amandes mondées. Cuire à four moyen sur une plaque beurrée pendant 20 à 25 min.

## 270. Glace à la rose
**Préparation : 10 min – Cuisson : 10 min**
**Au congélateur : 1 h 20 ou en sorbetière : 45 min**

6 jaunes d'œufs

75 cl de lait

90 g de sucre en poudre

15 cl d'eau de rose

Fouetter les jaunes d'œufs avec le sucre en poudre jusqu'à ce le mélange blanchisse et double de volume. Faire bouillir le lait. Verser un peu de lait bouillant sur les jaunes d'œufs en fouettant. Verser le reste de lait en fouettant encore. Reverser ce mélange dans la casserole et le faire cuire à feu doux en remuant, jusqu'à ce qu'il commence à épaissir. Le retirer du feu. Laisser refroidir et mélanger avec l'eau de rose. Si vous avez une sorbetière y verser le mélange et la faire fonctionner, sinon le mettre au congélateur, et au bout de 40 min, mixer le mélange et le remettre au congélateur pour 40 min.

# Turquie

## 271. Moules farcies
**Préparation : 1 h 30 – Cuisson : 2 h 15**

| |
|---|
| 1,5 litre de grosses moules |
| 750 g d'oignons |
| 100 g de riz |
| 75 g de raisins de Corinthe |
| 10 cl d'huile d'olive |
| 50 g de pignons |
| Cannelle en poudre |
| Sel, poivre |

Laver les moules, les nettoyer, les ouvrir crues avec un couteau, mais sans retirer la coquille supérieure. Éplucher les oignons, les couper en fines rondelles. Faire chauffer l'huile dans une cocotte. Y mettre les oignons et les faire fondre. Il faut qu'ils soient suffisamment cuits pour être réduits en purée.

Incorporer les raisins de Corinthe, les pignons hachés et le riz bien lavé. Vérifier l'assaisonnement (sel, poivre), parfumer avec un peu de cannelle (suivant les goûts). Faire revenir quelques minutes. À l'aide d'une petite cuillère, remplir la moitié des coquilles vides de chaque moule avec de la farce. Refermer chaque moule et les placer bien serrées les unes à côtés des autres dans une cocotte. Placer une assiette sur les moules. Mettre un poids sur l'assiette, de façon à maintenir parfaitement fermée chaque moule. Remplir d'eau froide jusqu'à la hauteur supérieure de l'assiette. Couvrir. Cuire à feu moyen pendant 1 h 30. L'eau doit être évaporée. Servir froid.

## 272. Beurek
## Rissoles au fromage blanc
**Préparation : 2 h – Cuisson : 25 min**
[1 h 30 à l'avance]

| |
|---|
| 500 g de pâte à beurek |
| 350 g de fromage en saumure |
| 60 g de beurre |
| 3 œufs |
| Aneth |
| Persil plat |
| Ciboule |
| Cerfeuil |
| Poivre |

Pour la farce : dessaler le fromage pendant 1 h 30 en le mettant dans une terrine, recouvert d'eau fraîche. Égoutter, éponger sur un linge ou du papier absorbant. Hacher les fines herbes. L'aneth peut être remplacé par du fenouil ou de l'estragon. Écraser grossièrement le fromage. Ajouter le hachis d'herbes. Incorporer d'abord 1 œuf entier, puis 1 jaune et ajouter suivant nécessité un peu du troisième œuf entier, de façon à obtenir une farce pas trop liquide, mais qui a de la tenue. Poivrer.

Faire fondre doucement le beurre, le décanter et n'utiliser que le beurre très pur.

Placer 1 feuille de pâte sur la planche à pâtisserie. À l'aide d'un pinceau, la badigeonner de beurre fondu. Mettre une deuxième feuille de pâte sur la première. Beurrer comme précédemment. Faire de même avec une troisième feuille. À l'aide d'un couteau, couper cette surface de pâte en quatre bandes d'égale largeur. Mettre sur le début de la bande la valeur d'1/2 cuil. à soupe de farce. Replier en triangle jusqu'au bout de la bande. Dorer à l'œuf. Faire cuire à four bien chaud pendant 20 à 25 min.

**Remarque.** – La pâte à beurek et le fromage en saumure se trouvent dans les boutiques de produits orientaux. La pâte à beurek mesure environ 30 cm de long.

On peut remplacer le fromage en saumure par du fromage blanc. Dans ce cas, ne pas oublier de saler la farce.

## 273. Beignets d'aubergines

**Préparation : 40 min – Cuisson : 15 à 20 min**
(1 h 30 à 2 h à l'avance)

| |
|---|
| 6 aubergines |
| 250 g de fromage en saumure |
| 250 g de farine |
| 2 œufs |
| 1 cuil. à soupe d'huile |
| Huile pour friture |
| Sel, poivre |

Préparer une pâte à frire. La laisser reposer pendant 1 h 30 à 2 h. Faire dessaler le fromage dans de l'eau fraîche pendant 1 h 30.

Pendant ce temps, éplucher les aubergines, les couper en tranches d'une épaisseur de 1,5 cm environ. Saupoudrer de sel et faire dégorger. Égoutter, éponger.

Égoutter le fromage, l'éponger. Intercaler entre 2 tranches d'aubergines, une petite couche de fromage. Poivrer. Tasser avec la main. Tremper chaque sandwich dans la pâte à frire et cuire dans la friture bien chaude. Égoutter. Servir bien chaud.

## 274. Aubergines farcies
## Imam bayildi
**Préparation : 1 h 20 – Cuisson : 1 h**

| |
|---|
| 6 aubergines |
| 500 g de tomates |
| 250 g d'oignons |
| 50 g de riz |
| 4 cl d'huile |
| Sel, poivre |

Couper les oignons en rondelles minces. Faire revenir à l'huile chaude (sans dorer) jusqu'à ce que l'on obtienne une purée.

Éplucher les aubergines, dans le sens de la longueur, en enlevant une bande de peau sur deux. Creuser chaque aubergine par le gros bout. Retirer avec une petite cuillère les pépins. Extraire également un peu de chair d'aubergine et l'ajouter aux oignons ; y mettre le riz bien lavé et la valeur de 100 g de pulpe de tomate. Assaisonner avec du sel et du poivre. Bien mélanger.

Introduire la farce dans chaque aubergine. Préparer une sauce légère bien assaisonnée avec les tomates. Disposer les aubergines farcies dans un plat allant au four. Napper avec la sauce tomate et cuire à four moyen pendant 1 h. Arroser de temps en temps avec la sauce.

## 275. Pain à la viande hachée
## Kiymali pide
**Préparation : 20 min – Cuisson : 30 min**
(1 h 30 à l'avance)

| |
|---|
| 250 g de viande d'agneau hachée |
| 1 oignon |
| 1/2 bouquet de persil plat |
| 2 œufs + 1 jaune |
| 120 g de beurre mou |
| 500 g de farine + un peu pour le plan de travail |
| 1 cuil. à café de levure de boulanger |
| 2 cuil. à soupe de lait |
| 1 cuil. à café de sucre en poudre |
| Sel, poivre |

Dissoudre la levure et le sucre en poudre dans le lait. Mettre la farine dans un bol et former un puits au centre. Y verser le lait, 80 g de beurre, les 2 œufs et 1 cuil. à café de sel. Pétrir jusqu'à obtenir une pâte souple. Couvrir la pâte d'un linge et la laisser lever dans un endroit tiède pendant 1 h. Pendant ce temps, peler l'oignon et le couper en petits dés. Effeuiller et hacher le persil. Mettre 20 g de beurre à chauffer dans une poêle et y verser la viande hachée, le persil et l'oignon. Saler et poivrer. Faire revenir jusqu'à ce que la viande soit bien cuite.

Partager la pâte en six morceaux et les aplatir sur un plan de travail fariné, en forme de cercle. Répartir la viande hachée dessus et rabattre les bords sur 2 cm. Laisser reposer encore 30 min. Préchauffer le four à 180 °C. Badigeonner les galettes de jaune d'œuf. Les mettre au four pendant environ 10 min, jusqu'à ce qu'elles soient bien dorées. À la sortie du four, les badigeonner des 20 g de beurre restant.

## 276. Baklava

**Préparation : 30 min – Cuisson : 40 min**

(1 h 30 à l'avance)

500 g de farine

300 g de pistaches non salées

800 g de sucre en poudre

250 g de beurre

2 œufs

75 g de Maïzena

1 citron (jus)

Sel

Préparer le sirop en faisant bouillir 80 cl d'eau avec le sucre en poudre. Quand le mélange prend une consistance sirupeuse, le retirer du feu. Ajouter le jus du citron et laisser refroidir. Concasser grossièrement les pistaches.

Préparer la pâte : verser la farine, les œufs, 70 g de Maïzena, 1 pincée de sel dans un robot et mixer jusqu'à obtenir une consistance homogène. Couvrir la pâte d'un torchon humide et la laisser reposer 1 h. Préchauffer le four à 180 °C. Former 8 boules avec la pâte. Les étaler le plus finement possible à la taille du plat allant au four, en les saupoudrant de Maïzena. Beurrer le plat et étaler dedans une couche de pâte, la recouvrir de pistaches. Recommencer jusqu'à épuisement des ingrédients en terminant par une couche de pâte. Faire des entailles en forme de losange sur la surface de la pâte. Faire fondre le beurre et en arroser le plat. Le mettre au four pour 30 min. Retirer l'excédent de beurre si nécessaire et arroser avec le sirop froid. Laisser reposer 30 min avant de servir.

**Variante.** – La pâte, qui doit être très fine, est assez difficile à réaliser. On peut la remplacer par des feuilles de pâte filo.

*Asie*

# Asie orientale

## Inde

### 277. Raïta au concombre

**Préparation : 20 min**
(1 h 30 à l'avance)

| | |
|---|---|
| 3 yaourts à la grecque | |
| 1 concombre 1/2 | |
| 3 petits oignons frais blancs | |
| 2 gousses d'ail | |
| 1/2 citron (jus) | |
| 1 cuil. à café de graines de cumin | |
| Sel, poivre | |

Peler les concombres. Les couper en deux et retirer les graines. Râper la chair. La saler et la mettre à dégorger 30 min dans une passoire. Peler et hacher les gousses d'ail. Émincer très finement les oignons blancs. Mélanger les yaourts, le jus de citron, le concombre râpé, les oignons, l'ail et les graines de cumin. Saler et poivrer. Laisser 1 h au réfrigérateur et servir bien frais.

**Variante.** – On peut ajouter quelques feuilles de coriandre ou de menthe fraîche à la raïta.

### 278. Beignets de légumes
## Pakoras

**Préparation : 20 min – Cuisson : 20 min**
(20 min à l'avance)

| | |
|---|---|
| 250 g de farine de pois chiches | |
| 100 g de chou-fleur | |
| 2 petites pommes de terre | |
| 2 oignons | |
| 20 feuilles d'épinard | |

Préparer la pâte à frire en versant dans un bol, la farine de pois chiches, les épices et un peu de sel.

Bien mélanger. Ajouter 25 cl d'eau en filet, en remuant pour obtenir une pâte lisse, fluide, mais pas trop liquide. La laisser reposer 20 min. Peler et couper les oignons et les pommes de terre en fines rondelles. Défaire le chou-fleur en fleurettes. Faire chauffer l'huile pour friture. Tremper les légumes dans la pâte et les faire frire par fournées, jusqu'à ce qu'ils soient bien dorés. Les égoutter sur du papier absorbant, puis les servir immédiatement.

1 cuil. à café de curcuma

1 cuil. à café de coriandre en poudre

1 cuil. à café de cumin en poudre

1/2 cuil. à café de piment en poudre

Huile pour friture

Sel

**Variante.** – On peut également utiliser cette pâte pour préparer des beignets de rondelles d'aubergines.

**Remarque.** – On trouve la farine de pois chiches dans les boutiques orientales.

## 279. Naans

**Préparation : 30 min – Cuisson : 10 min**

(2 h 20 à l'avance)

450 g de farine

150 g de yaourt à la grecque

25 cl de lait entier

30 g de beurre

1 cuil. à soupe d'huile

2 cuil. à café de sucre en poudre

1/2 sachet de levure chimique

Sel

Faire chauffer le lait à feu doux. Y faire dissoudre la moitié du sucre en poudre et toute la levure. Laisser reposer 20 min. Verser la farine dans un bol. Faire fondre le beurre. Mélanger la farine, le beurre fondu, le yaourt, 1 pincée de sel. Ajouter le lait en continuant à mélanger. Poser la pâte obtenue sur un plan de travail et la pétrir pendant au moins 10 min. La recouvrir d'un linge humide et la laisser reposer 2 h. Préchauffer le four à 190 °C. Huiler une plaque allant au four. Séparer la pâte en 6 boules et les aplatir pour former 6 disques de 5 mm d'épaisseur. Les répartir sur la plaque et les faire cuire 10 min, jusqu'à ce qu'ils soient bien dorés.

**Variante.** – On peut parsemer les naans de graines de sésame ou de pavot.

## 280. Kari

**Préparation : 30 min – Cuisson : 1 h 45**

Hacher très finement les oignons épluchés, les faire revenir dans une cocotte dans le beurre bien chauffé. Plonger pendant ce temps les tomates dans de l'eau bouillante, les retirer, enlever la peau, les épépiner, les couper en morceaux et les ajouter aux oignons. Bien mélanger, ajouter le curry, l'ail épluché et haché. Mouiller avec 5 cl d'eau froide. Mettre la viande (ou le poisson) dans cette préparation. Cuire pendant 30 min à couvert. Mettre 10 cl d'eau tiède, tourner pour mélanger avec soin. Incorporer alors le lait de coco et le gingembre pilé au mortier avec le sel. Arroser avec l'huile et continuer la cuisson pendant 45 min à 1 h. Servir avec du riz à la créole.

| Ingrédients |
|---|
| 700 g à 1 kg de viande (poulet, agneau) ou de poisson (au choix) |
| 250 g de tomates |
| 100 g d'oignons |
| 60 g de beurre |
| 15 g de curry |
| 10 g de gingembre |
| 2 cuil. à soupe de lait de coco |
| 2 gousses d'ail |
| 5 cl d'huile |
| 10 g de sel |

## 281. Kari de thon

**Préparation : 20 min – Cuisson : 1 h 15**

Préparer un kari selon la formule 280. Mettre le morceau de thon, le retourner avec soin dans la sauce, cuire à couvert pendant 30 min, ajouter l'eau tiède, le lait de coco, le thym, le gingembre pelé et pilé avec le sel. Continuer la cuisson à couvert pendant 45 min à feu doux et régulier.

| Ingrédients |
|---|
| 1 kg de thon |
| 250 g de tomates |
| 100 g d'oignons |
| 60 g de beurre |
| 15 g de curry |
| 10 g de gingembre |
| 2 cuil. à soupe de lait de coco |
| 1 branche de thym |
| 2 gousses d'ail |
| 5 cl d'huile |
| 10 g de sel |

## 282. Ragoût de poulet

### Mulligatawny

**Préparation : 30 min – Cuisson : 1 h 20**

Couper le poulet en morceaux, les faire revenir dans 50 g de beurre. Les retirer de la cocotte.

| Ingrédients |
|---|
| 1 poulet d'1,5 kg |
| 150 g d'oignons |
| 150 g de beurre |
| 15 g de farine |
| 1,5 litre de bouillon (de poule ou de veau) |

Éplucher les oignons et l'ail, les hacher finement et les piler ensemble. Mettre le reste du beurre dans la cocotte et y ajouter le hachis oignon-ail, faire revenir doucement. Frotter les morceaux de poulet avec du poivre noir moulu.

| |
|---|
| 1 citron (jus) |
| 1 gousse d'ail |
| 1 cuil. à café de coriandre en poudre |
| 1 cuil. à café de safran |
| Sel, poivre de Cayenne, poivre noir moulu |

Désosser les morceaux de poulet, couper la chair en petits dés. Mettre ceux-ci dans la cocotte avec le bouillon, la coriandre, le safran, 1 pincée de poivre de Cayenne et du sel. Cuire encore 30 min. Passer le bouillon, réserver les morceaux de poulet. Faire chauffer le liquide, y délayer la farine qui a été mouillée avec le jus du citron. Épaissir en maintenant l'ébullition pendant 5 min. Remettre les morceaux de viande et servir chaud.

**Remarque.** – On peut ajouter au bouillon la valeur de 10 cl de lait de coco.

## 283. Samosas à la viande
**Préparation : 30 min – Cuisson : 40 min**
(1 h à l'avance)

| |
|---|
| 400 g de viande de bœuf hachée |
| 500 g de farine |
| 2 oignons |
| 3 gousses d'ail |
| 1 citron (jus) |
| 1 morceau de gingembre de la taille d'un pouce |
| 6 cuil. à soupe de ghee (beurre clarifié) ou d'huile |
| Quelques brins de coriandre fraîche |
| 1 cuil. à soupe de curry en poudre |
| Huile pour friture |
| Sel |

Préparer la pâte : mélanger la farine et un peu de sel dans un bol en formant un puits. Faire bouillir 15 cl d'eau. Verser l'eau en filet dans le bol, ainsi que 6 cuil. à soupe de ghee ou d'huile, en remuant pour obtenir une pâte homogène. Ajouter de l'eau si elle est trop sèche. Pétrir la pâte sur un plan de travail fariné, jusqu'à ce qu'elle devienne souple (environ 10 min). La couvrir d'un linge humide et la laisser reposer 1 h.

Préparer la farce : peler et hacher les oignons, l'ail et le gingembre. Mettre le ghee ou l'huile restants à chauffer. Y faire dorer l'oignon. Ajouter la viande, le gingembre, l'ail, le jus du citron, le curry et bien mélanger. Faire cuire le tout à couvert environ 15 min en remuant de temps en temps. Ajouter de l'eau si la préparation devient trop sèche. Effeuiller la coriandre et la couper en lanières. Retirer la viande du feu et la parsemer de coriandre.

Partager la pâte en boules et les étaler très finement. Couper 12 rectangles dans la pâte et les recouper en diagonale pour former 24 triangles. Mettre de la farce au centre de chaque triangle et replier deux fois les bords pour former de petits triangles. Passer de l'eau sur les bords et bien appuyer pour les sceller. Laisser reposer les samosas 15 min, sous un linge humide. Faire chauffer 3 cl d'huile de friture dans une sauteuse, et y faire dorer les samosas, environ 2 min par côté. Les égoutter sur du papier absorbant et les servir immédiatement.

**Variante.** – Pour une version plus facile et rapide, on peut remplacer la pâte par des feuilles de brick.

## 284. Chutney aux mangues
**Préparation : 20 min – Cuisson : 1 h 15 min**

*2 mangues pas trop mûres*

*1 oignon*

*15 cl de vinaigre blanc ou de cidre*

*125 g de sucre roux*

*5 g de gingembre*

*1 cuil. à café de garam masala*

*Sel*

Peler les mangues et couper leur chair en cubes. Peler et hacher le gingembre et l'oignon. Dans une casserole, verser le vinaigre, 10 cl d'eau, le sucre, le garam masala, du sel et le gingembre et porter à ébullition. Baisser le feu, ajouter l'oignon et les cubes de mangue. Couvrir et faire cuire 45 min à petits bouillons. Retirer le couvercle et laisser cuire jusqu'à ce qu'il n'y ait plus de liquide. Laisser refroidir et mettre au frais.

**Conseil.** – On peut conserver le chutney quelques mois dans un pot au réfrigérateur. En plus des plats indiens, le chutney accompagne bien les viandes blanches et les volailles.

**Remarque.** – Le garam masala est un mélange d'épices : cumin, coriandre, cardamome, poivre noir, clous de girofle, laurier, cannelle.

## 285. Dal de lentilles
**Préparation : 10 min – Cuisson : 30 min**

*300 g de lentilles corail*

*1 oignon*

*6 brins de coriandre*

*1 cuil. à café de coriandre en poudre*

Peler et émincer l'oignon. Rincer les lentilles. Faire chauffer le ghee ou l'huile dans une casserole et y faire suer l'oignon. Ajouter les épices et faire cuire

encore 1 min. Ajouter ensuite les lentilles et le double de leur volume d'eau. Faire mijoter 20 min. Ajouter de l'eau en cours de cuisson si nécessaire. Effeuiller la coriandre et la couper en lanières. Saler le dal de lentilles, le parsemer de coriandre et servir.
**Variante.** – On peut parfumer le dal avec d'autres épices : de la cannelle, du curry, du gingembre…

1 cuil. à café de curcuma en poudre

1 cuil. à café de cumin en poudre

2 cuil. à soupe de ghee (beurre clarifié) ou d'huile

Sel

## 286. Korma d'agneau
**Préparation : 30 min – Cuisson : 1 h 20**

Couper la viande en cubes de 3 cm. Peler les oignons. En émincer 1 finement et couper l'autre en quatre. Épépiner les piments verts. Peler le gingembre et l'ail. Mixer l'oignon coupé en quatre, les piments verts, la noix de coco, l'ail et le gingembre jusqu'à obtenir une pâte fine et homogène. La verser dans un bol. Ajouter les épices en poudre (sauf le garam masala) et mélanger.

Faire chauffer de l'huile dans une cocotte à feu moyen. Y ajouter les bâtons de cannelle, les capsules de cardamome, les clous de girofle, les grains de poivre et faire revenir le tout pendant 1 min. Ajouter l'oignon émincé et faire dorer le tout pendant 5 min en remuant. Verser la pâte aux épices dans la cocotte en ajoutant 1 cuil. à soupe d'eau et faire cuire 10 min en remuant. Ajouter encore 3 cuil. à soupe d'eau pendant la cuisson.

Ajouter ensuite les cubes d'agneau et les faire revenir 5 min. Verser le yaourt petit à petit, en remuant encore. Saler. Baisser le feu, couvrir et laisser mijoter 1 h en mélangeant de temps en temps. Effeuiller la coriandre et la couper en lanières.

Quand la cuisson de la viande est terminée, verser le jus de citron et le garam masala dans la cocotte. Mélanger, parsemer de lanières de coriandre et servir.
**Conseil.** – On peut accompagner ce plat de riz basmati.

1 kg d'épaule ou de gigot d'agneau

2 yaourts à la grecque

2 oignons

4 gousses d'ail

1 citron (jus)

2 piments verts

6 brins de coriandre

1 morceau de gingembre de la taille d'un pouce

4 grains de poivre noir

4 clous de girofle

2 bâtons de cannelle

4 capsules de cardamome verte

1 cuil. à soupe de coriandre en poudre

1 cuil. à café de cumin en poudre

1 cuil. à café de garam masala

1 cuil. à café de piment rouge en poudre

2 cuil. à soupe de noix de coco râpée

Huile

Sel

## 287. Curry de Madras

**Préparation : 30 min – Cuisson : 40 min**

(30 min à l'avance)

| 6 blancs de poulet |
| 4 poivrons |
| 2 oignons |
| 2 feuilles de curry (ou de laurier) |
| 3 petits piments rouges secs |
| 40 g de graines de coriandre |
| 20 g de graines de cumin |
| 20 g de poivre noir en grains |
| 2 cuil. à café de graines de moutarde |
| 2 cuil. à café de curcuma |
| 1 cuil. à café de gingembre en poudre |
| 3 cuil. à soupe de ghee (beurre clarifié) ou d'huile |
| Sel |

Épépiner les piments secs. Les mettre à griller 2 min dans une poêle sans matière grasse avec la coriandre, le cumin, le poivre et les graines de moutarde. Les piler dans un mortier. Dans la même poêle, faire griller les feuilles de curry. Les piler et les ajouter au mélange d'épices, avec le curcuma et le gingembre. Mélanger le tout. Recouvrir les blancs de poulet de tous les côtés avec cette poudre et les réserver 30 min.

Peler et émincer les oignons. Couper les poivrons en deux et retirer les membranes blanches à l'intérieur. Les couper en lanières. Faire chauffer le ghee dans une casserole et y faire dorer l'oignon. Saler. Couper les blancs de poulet en tranches. Les mettre dans la casserole ainsi que les poivrons. Faire revenir quelques minutes, puis couvrir d'eau à hauteur et porter à ébullition. Couvrir la casserole, baisser le feu et laisser mijoter 20 min en remuant de temps en temps.

**Conseil.** – On peut trouver des poudres de curry toutes prêtes dans le commerce, mais celles faites maison sont vraiment savoureuses. On peut accompagner ce plat de riz basmati.

## 288. Agneau tika

**Préparation : 25 min – Cuisson : 10 min**

(2 à 6 h à l'avance)

| 1,2 kg de viande d'agneau |
| 1 yaourt à la grecque |
| 1 citron (jus) |
| 6 gousses d'ail |
| 1 morceau de gingembre de la taille d'un pouce |
| 1 cuil. à soupe de cumin en poudre |

Peler et écraser les gousses d'ail. Peler et râper ou hacher le gingembre. Mélanger les épices, le jus de citron, l'ail, le gingembre et le yaourt. Saler. Si vous souhaitez donner à votre sauce une couleur rouge comme dans les restaurants, ajoutez un peu de colorant alimentaire. Couper la viande en cubes de 3 cm. Enrober la viande de sauce au yaourt et la mettre à mariner entre 2 et 6 h au frais.

Préchauffer le four 240 °C. Enfiler les cubes de viande sur des brochettes et les poser sur une grille avec une lèchefrite en dessous. Les faire cuire 10 min, en les retournant 2 ou 3 fois en cours de cuisson.

**Variante.** – On peut faire cuire les brochettes au barbecue. On peut remplacer l'agneau par du poulet.

1 cuil. à soupe de garam masala

1 cuil. à café de curcuma

1 cuil. à café de piment en poudre

Colorant alimentaire rouge (facultatif)

Sel

## 289. Poulet tandoori

**Préparation : 30 min – Cuisson : 1 h 30**

(6 à 12 h à l'avance)

Couper le poulet en morceaux. Ôter la peau et les piquer à la fourchette. Peler le gingembre et l'ail. Épépiner le piment. Mixer le gingembre, l'ail et le piment avec 1 cuil. à soupe de jus de citron pour obtenir une pâte homogène. Mélanger tous les ingrédients sauf le poulet. Enrober les morceaux de poulet avec ce mélange et mettre au frais entre 6 h et 12 h.

Préchauffer le four à 180 °C. Mettre les morceaux de poulet et la sauce dans un plat allant au four. Faire cuire pendant 1 h 30 en remuant de temps en temps.

1 gros poulet ou 1 poulet 1/2

1 yaourt à la grecque

3 gousses d'ail

1 piment vert frais

30 g de gingembre

1 citron 1/2 (jus)

2 cuil. à soupe de ghee (beurre clarifié) ou d'huile

6 clous de girofle

4 capsules de cardamome verte

8 grains de poivre noir

1 cuil. à café de graines de cumin

1 cuil. à café de cannelle en poudre

1 cuil. à café de coriandre en poudre

1 cuil. à café de garam masala

1 cuil. à café de piment rouge en poudre

1 pincée de pistils de safran

1 feuille de curry frais (ou de laurier)

Sel

# 290. Poulet byriani

**Préparation : 40 min – Cuisson : 2 h 15**
(4 à 12 h à l'avance)

Couper le poulet en morceaux. Retirer leur peau et les piquer à la fourchette. Peler et émincer les oignons. Effeuiller la menthe et la coriandre et couper les feuilles en lanières. Faire chauffer 3 cuil. à soupe de ghee ou d'huile à feu vif dans une poêle et y faire frire les oignons. Les égoutter sur du papier absorbant.

Peler le gingembre et les gousses d'ail. Mixer le gingembre, l'ail et les oignons frits. Casser le bâton de cannelle. Dans un bol, mélanger le yaourt, la pâte aux oignons, la cardamome, la cannelle, les clous de girofle, la noix muscade, le piment, la moitié des lanières de coriandre et de menthe, le ghee ou l'huile restant et le jus de citron. Saler. Enrober les morceaux de poulet de ce mélange et les mettre à mariner au frais entre 4 h et 12 h.

Faire chauffer une cocotte à feu vif et y faire revenir les morceaux de poulet avec la sauce pendant 5 min. Baisser à feu moyen et faire cuire encore 10 min en remuant. Baisser à feu doux, couvrir et faire cuire 1 h.

Pendant la cuisson, mettre les pistils de safran dans 2 cuil. à soupe d'eau chaude. Rincer trois fois le riz sous l'eau froide. Faire bouillir 5 litres d'eau et y faire cuire le riz 3 min. L'égoutter. Reverser la moitié du riz dans son récipient de cuisson, verser le poulet et la sauce par dessus, puis le reste de riz et des herbes hachées. Verser l'eau avec le safran par-dessus. Recouvrir le couvercle du récipient de cuisson du riz d'un torchon et le poser dessus. Faire cuire 10 min à feu moyen, puis 35 min à feu doux.

Piler grossièrement les noix de cajou. Mélanger le riz et le poulet. Servir parsemé des noix de cajou.

| Ingrédients |
|---|
| 1 gros poulet ou 1 poulet 1/2 |
| 500 g de riz basmati |
| 3 gousses d'ail |
| 2 oignons |
| 1 yaourt 1/2 à la grecque |
| 1 morceau de gingembre de la taille d'un pouce |
| 1 citron 1/2 (jus) |
| 1 poignée de noix de cajou |
| 6 brins de coriandre |
| 2 brins de menthe |
| 6 capsules de cardamome verte |
| 6 clous de girofle |
| 1 bâton de cannelle |
| 1 pincée de noix muscade râpée |
| 1 pincée de filaments de safran |
| 1 cuil. à café de piment rouge en poudre |
| 7 cuil. à soupe de ghee (beurre clarifié) ou d'huile |
| Sel |

## 291. Gambas épicées de Goa
**Préparation : 30 min – Cuisson : 15 à 20 min**

Décortiquer les gambas. Peler et hacher finement l'oignon et le gingembre. Piler les bâtons de cannelle et les clous de girofle pour obtenir une poudre. Mélanger le vinaigre avec le gingembre, la poudre de clous de girofle et de cannelle, le cumin, le piment rouge, le curcuma, du sel, pour obtenir une pâte.
Faire chauffer l'huile à feu moyen dans une poêle et y faire revenir l'oignon pendant 5 min. Baisser à feu doux, ajouter la pâte d'épices et la faire cuire 5 min en remuant. Ajouter les gambas et les enrober de pâte. Les faire cuire 5 à 6 min, en les retournant, jusqu'à ce qu'elles soient bien rouges.

1 kg de gambas moyennes (crues ou surgelées)

1 gros oignon

30 g de gingembre

8 cuil. à soupe de vinaigre de cidre

4 cuil. à soupe d'huile

12 clous de girofle

2 bâtons de cannelle

2 cuil. à soupe de cumin en poudre

2 cuil. à café de piment rouge en poudre

1 cuil. à café de curcuma

Sel

## 292. Kulfi à la cardamome
**Préparation : 10 min – Cuisson : 1 h 15**
(4 h à l'avance)

Faire cuire le lait à petits bouillons pendant environ 1 h, en remuant de temps en temps, jusqu'à ce qu'il réduise de moitié. Hacher finement les pistaches et les amandes. Ajouter dans le lait le lait concentré, le sucre en poudre, les pistaches et les amandes. Faire cuire encore 15 min. Laisser tiédir. Concasser les capsules de cardamome et retirer les graines. Les ajouter ainsi que l'eau de rose dans le mélange de lait. Verser dans des coupelles individuelles ou dans un moule à glace et mettre au moins 4 h au congélateur.

1 litre de lait

50 cl de lait concentré non sucré

150 g de sucre en poudre

50 g d'amandes mondées

25 g de pistaches non salées

3 capsules de cardamome verte

2 cuil. à soupe d'eau de rose

# 293. Lassi à la rose
**Préparation : 10 min – Cuisson : 5 min**

Faire dorer les graines de cardamome dans une poêle sans matière grasse. Les piler finement. Mélanger le sucre et les yaourts. Mettre le yaourt sucré, la cardamome, l'eau de rose et les glaçons dans un blender et mixer le tout. Servir bien frais dans 6 verres.

6 yaourts nature

120 g de sucre roux

12 glaçons

1 cuil. à café d'eau de rose

1 cuil. à café de graines de cardamome

# Extrême-Orient

## Chine

### 294. Pâtés impériaux

**Préparation : 40 min – Cuisson : 35 min**
(40 min à l'avance)

| |
|---|
| 300 g de viande de porc maigre hachée |
| 150 g de pousses de soja |
| 3 oignons |
| 1 morceau de gingembre de la taille d'un pouce |
| 15 g de champignons parfumés secs |
| 6 grandes galettes de riz |
| 2 œufs |
| 2 cuil. à soupe de sauce soja |
| Huile pour friture |

Réhydrater les champignons secs, 30 min dans de l'eau tiède. Peler et hacher le gingembre. Peler et hacher les oignons. Émincer les champignons. Faire cuire les pousses de soja 3 min à l'eau bouillante. Faire chauffer un peu d'huile dans une poêle et y faire revenir les oignons et le gingembre 5 min. Ajouter le porc haché, mélanger et cuire 10 min. Ajouter les champignons, les pousses de soja, mélanger et cuire 3 min. Battre les œufs en omelette. Ajouter dans la poêle les œufs battus et la sauce soja. Mélanger et cuire jusqu'à ce que les œufs soient pris. Tremper les galettes de riz dans une assiette d'eau jusqu'à ce qu'elles ramollissent. Les étaler sur un linge humide. Poser une quenelle de farce au bord de chaque galette. Replier deux bords de la galette et la rouler autour de la quenelle de farce. Laisser reposer 10 min. Faire chauffer l'huile pour friture dans une poêle. Y faire frire les pâtés impériaux jusqu'à ce qu'ils soient bien dorés. Les égoutter sur du papier absorbant et les servir.

**Conseil.** – Servir ces pâtés avec une salade verte.

## 295. Riz à l'eau (froide)

**Préparation : 5 min – Cuison : 25 min**

350 g de riz

Sel

Laver le riz avec soin dans plusieurs eaux. Dans une grande casserole, mettre le riz dans deux fois son volume en eau. Faire chauffer jusqu'à ébullition à feu vif. Baisser ensuite le feu, couvrir et maintenir la cuisson jusqu'à évaporation de l'eau. À ce moment, saler. Couvrir et laisser encore 5 min à feu doux. Servir.

## 296. Riz à l'eau (bouillante)

**Préparation : 5 min – Cuisson : 25 min**

350 g de riz

Sel

Laver le riz dans plusieurs eaux. Pendant ce temps, faire chauffer une grande quantité d'eau. Lorsque celle-ci est bouillante, la verser sur le riz lavé, dans une casserole assez grande. Le riz doit être recouvert de 2 cm d'eau. Porter à ébullition. Quand presque toute l'eau est évaporée, couvrir et maintenir à feu doux pendant 15 min.

À l'aide d'une baguette, détacher les grains les uns des autres. Faire quelques trous pour faciliter l'évaporation de l'eau.

## 297. Riz à la cantonaise aux crevettes

**Préparation : 20 min – Cuisson : 40 min**

(12 h à l'avance)

350 g de riz

100 g de crevettes séchées

5 g de champignons noirs séchés

6 saucisses chinoises

2 œufs

6 cl d'huile ou 60 g de saindoux

60 g d'oignon

4 g de glutamate de sodium

Mettre à tremper environ 12 h à l'avance, les crevettes dans au moins 1 litre d'eau, les rincer à l'eau fraîche le jour même et les cuire 5 min à l'eau bouillante. Égoutter et réserver dans une assiette. Tremper également la veille les champignons noirs séchés dans 2 à 3 litres d'eau. Le jour même, les laver dans 2 ou 3 eaux. Les égoutter, les essuyer avec un torchon. Puis les couper en fines lamelles.

Les faire cuire 5 min dans un peu d'eau bouillante. Laisser égoutter. Faire cuire le riz selon la formule 296, l'égoutter.

Dans une grande poêle ou une grande casserole, faire chauffer l'huile ou le saindoux, y faire revenir l'oignon haché finement. Ajouter le riz. Mélanger et incorporer ensuite les crevettes, les champignons, les saucisses lavées à l'eau bouillante, essuyées et coupées en tranches. Tourner quelques instants. Battre en omelette les œufs, les ajouter au mélange. Cuire quelques minutes. Assaisonner avec du glutamate. Servir chaud.

## 298. Riz gluant aux saucisses

**Préparation : 10 min – Cuisson : 1 à 2 h
(suivant le riz)**

(2 h à l'avance)

| |
|---|
| 250 g de riz gluant |
| 8 saucisses chinoises |
| 30 g de saindoux |
| Sel |

Tremper le riz dans 3 ou 4 litres d'eau pendant 2 h environ. Le laver ensuite 2 ou 3 fois. L'égoutter, puis le faire cuire dans 2 fois son volume d'eau froide salée. Il est difficile de surveiller la cuisson faite de cette façon car certaines variétés absorbent plus ou moins d'eau. Il faut compter néanmoins 1 h minimum.

Égoutter le riz, le remettre dans la casserole de cuisson et y incorporer les saucisses lavées à l'eau bouillante, coupées en morceaux et rissolées 3 à 4 min dans le saindoux. Couvrir et maintenir au chaud pendant 10 min avant de servir.

**Remarque.** – Une formule beaucoup plus simple consiste à mettre le riz gluant égoutté dans une casserole à double fond, l'eau étant dans la partie inférieure, le riz sur le fond à trous. Y disposer dès le début de la cuisson les saucisses lavées à l'eau bouillante. Saupoudrer d'un peu de sel, couvrir hermétiquement et laisser cuire 1 h 30 à 2 h. Au moment de servir, décoller les grains de riz avec une fourchette. Accompagner avec du shoyu ou du nuoc-mâm selon les goûts.

## 299. Potage au vermicelle chinois

**Préparation : 20 min – Cuisson : 1 h 30**

| |
|---|
| 3 abattis |
| 60 g de vermicelle chinois |
| 6 g de champignons parfumés |
| 100 g d'oignons |

Faire d'abord le bouillon : découper les abattis en petits morceaux. Les faire revenir dans le saindoux avec l'ail et les oignons entiers épluchés. Mouiller avec 2 litres d'eau. Assaisonner avec 1 pincée de glutamate, du sel, du poivre, et cuire à feu doux pendant 1 h, à couvert.

Pendant ce temps, faire tremper, d'une part le vermicelle et d'autre part, les champignons parfumés.

| |
|---|
| 1 gousse d'ail |
| 40 g de saindoux |
| 1 pincée de glutamate |
| Sel, poivre |

Retirer du potage oignons, ail et abattis. Y introduire vermicelle et champignons. Couvrir et cuire à feu moyen pendant 20 min.

Retirer toute la chair des abattis, la remettre dans le potage et maintenir au chaud (mais sans cuisson) à couvert pendant 10 min.

**Variante.** – Avec 4 œufs et 40 g de beurre ou de saindoux, faire 2 ou 3 petites omelettes, les couper en fines lamelles et en mettre quelques-unes sur chaque assiette de potage au vermicelle.

## 300. Beignets de langoustines
**Préparation : 15 min – Cuisson : 15 min**
(1 h à l'avance)

| |
|---|
| 18 grosses langoustines ou 2 douzaines de petites langoustines |
| 200 g de farine |
| 1 œuf |
| Huile pour friture |
| Sel |

Préparer la pâte à frire épaisse car elle doit être très croustillante à la cuisson. Mettre la farine dans une terrine, y faire un puits, y mettre un peu de sel, le jaune d'œuf et délayer avec 10 cl d'eau tiède.

Terminer en incorporant le blanc battu en neige et laisser reposer la pâte 1 h.

Laver les langoustines, les décortiquer. Couper les grosses en 2 ou 3 morceaux. Tremper les langoustines dans la pâte, une à une, et les jeter au fur et à mesure dans l'huile chaude. Ne pas mettre trop de beignets à la fois pour permettre une cuisson homogène.

Il faut compter 5 min de cuisson. Égoutter. Servir bien chaud avec du nuoc-mâm et du riz.

## 301. Canard sauté aux ananas
**Préparation : 25 min – Cuisson : environ 1 h**
(12 h à l'avance)

| |
|---|
| 750 g de chair de canard ou 1 canard d'1,25 kg non désossé |
| 6 tranches d'ananas (en conserve) |
| 60 g de tomates |
| 40 g de haricots verts |

Faire tremper la veille les champignons parfumés, et garder cette eau pour améliorer la préparation culinaire.

Faire tremper la veille les champignons secs dans 2 ou 3 litres d'eau. Les laver dans plusieurs eaux avant de les cuire et les couper en deux ou quatre morceaux avant cuisson.

Couper la chair du canard en petits morceaux, les faire revenir à la poêle dans le beurre avec l'oignon et l'ail épluchés et hachés finement. Saupoudrer avec la farine lorsque la viande est bien dorée.

Faire un roux : faire fondre le beurre dans une casserole, ajouter la farine et verser l'eau de l'ananas en boîte. Saler, poivrer. Ajouter du liquide jusqu'à obtenir la consistance souhaitée. L'ajouter à la viande, saler, poivrer. Ajouter le glutamate, la tomate épluchée et coupée en petits morceaux, les champignons (ajouter l'eau des champignons parfumés) et le sucre en poudre.

Couvrir et cuire à feu doux pendant 30 min. Couper les tranches d'ananas en cubes. Éplucher les haricots verts, les couper en deux ou trois, ajouter le tout à la préparation et cuire encore pendant 15 min.

| Ingrédients |
|---|
| 5 g de champignons secs |
| 15 g de champignons parfumés |
| 50 g d'oignon |
| 1 gousse d'ail |
| 60 g de beurre |
| 20 g de farine |
| 10 g de sucre en poudre |
| 1 cuil. à café de glutamate de sodium |
| Sel, poivre |
| **Pour le roux :** |
| 50 g de beurre |
| 50 g de farine |
| L'eau de l'ananas en boîte |

## 302. Poulet aux amandes

**Préparation : 25 min – Cuisson : environ 2 h 35**
(12 h à l'avance)

La veille, faire tremper les champignons parfumés. Garder l'eau qui sera ajoutée à la préparation. Faire tremper également les champignons secs.

Le jour même, laver les champignons secs dans plusieurs eaux, les couper en petits morceaux.

Désosser le poulet. Réserver la chair et préparer un bouillon bien corsé avec 1 litre d'eau, les os du poulet, 50 g d'oignon, 1 gousse d'ail, du sel et du poivre. Cuire à petit feu pendant 45 min. Couper la chair crue du poulet en morceaux d'environ 8 à 10 cm de long et 2 cm de large. Les faire dorer dans le beurre bien chaud avec 50 g d'oignon et 1 gousse

| Ingrédients |
|---|
| 1 kg de poulet |
| 120 g d'amandes grillées et salées |
| 100 g d'oignons |
| 60 g de tomates |
| 15 g de champignons parfumés |
| 60 g beurre |
| 15 g de farine |
| 25 g de sucre en poudre |
| 2 gousses d'ail |
| 5 g de champignons secs |
| 6 g de glutamate de sodium |
| 1 cuil. à soupe de shoyu |
| Sel, poivre |

d'ail hachés finement. Saupoudrer avec la farine. Mouiller de bouillon filtré.

Lorsque la sauce a bonne consistance, ajouter la tomate épluchée et coupée en morceaux, les champignons, le sucre en poudre, le glutamate. Compléter avec l'eau des champignons parfumés, du sel et du poivre. Couvrir et faire mijoter pendant 45 min.

Mettre alors les amandes. Mélanger et continuer la cuisson à feu doux pendant 45 min.

Terminer en ajoutant le shoyu.

## 303. Germes de soja au porc
**Préparation : 20 min – Cuisson : 45 min**

| |
|---|
| 350 g de filet de porc |
| 350 g de germes de soja frais |
| 100 g d'oignons |
| 50 g de saindoux ou de beurre |
| 1 gousse d'ail |
| 3 g de glutamate de sodium |
| 2 cuil. à café de nuoc-mâm |
| Sel, poivre |

Couper la viande en petits morceaux. Éplucher et couper en fines lamelles les oignons. Peler et hacher l'ail. Faire chauffer dans une sauteuse la matière grasse. Y faire revenir les oignons, l'ail et les petits morceaux de viande. Lorsqu'ils sont bien dorés, saler, poivrer et ajouter le glutamate. Mouiller avec 10 cl d'eau et faire cuire à feu doux et à couvert pendant 35 min. Laver et égoutter les germes de soja, les ajouter à la viande de porc. Chauffer rapidement et tourner avec délicatesse pendant 8 à 10 min.

Terminer en ajoutant le nuoc-mâm et servir bien chaud avec du riz à part.

## 304. Pousses de bambou frais au porc
**Préparation : 15 min – Cuisson : 30 à 45 min**

| |
|---|
| 350 g de porc maigre |
| 1 boîte de 1 kg de pousses de bambou |
| 2 cuil. à soupe de sauce soja |
| 6 cl d'huile |
| 3 g de glutamate de sodium |
| Sel, poivre |

Couper le porc en petits morceaux. Faire chauffer l'huile, y faire revenir la viande et la faire cuire pendant 25 à 40 min. À mi-cuisson ajouter les pousses de bambou égouttées, coupées en fines lamelles. Assaisonner avec du sel, du poivre et le glutamate, puis ajouter la sauce soja. Servir chaud avec du riz à part.

# 305. Tshop sui
**Préparation : 40 min – Cuisson : 1 h**
[12 h à l'avance]

La veille, faire tremper les champignons parfumés, garder l'eau qui sera ajoutée à la preparation. Faire tremper les champignons secs dans 2 ou 3 litres d'eau, les laver, les égoutter et les couper en filaments.

Le jour même, 1 h à l'avance, faire tremper les fleurs jaunes ainsi que le vermicelle chinois. Faire cuire dans le bouillon pendant au moins 30 min les ingrédients suivants : pousses de bambou coupées en lamelles, vermicelle, champignons secs et parfumés, fleurs jaunes, carottes grattées et coupées en petits bâtonnets, cœur de céleri coupé de la même façon, sel, poivre, mélange 5-épices.

Ajouter alors le cresson (branches et feuilles), les champignons de Paris épluchés, lavés et coupés en lamelles minces, les navets épluchés et coupés en filaments. Porter à ébullition et laisser mijoter à couvert pendant 15 min. Pour finir, mettre les haricots verts équeutés, le poivron coupé en lanières, les germes de soja, le glutamate. Porter de nouveau à ébullition. Laisser ensuite mijoter 10 min. Le tshop sui doit être présenté avec très peu de liquide.

**Remarque.** – On peut ajouter au tshop sui soit du poulet coupé en petits morceaux après cuisson en bouillon pendant 40 min, soit du porc cuit également en bouillon et coupé en lanières.

| Ingrédients |
|---|
| 2,5 litres de très bon bouillon |
| 100 g de champignons de Paris |
| 150 g de carottes |
| 100 g de cœur de céleri |
| 100 g de navets |
| 150 g de germes de soja |
| 1 poivron vert |
| 30 g de pousses de bambou frais |
| 30 g de champignons parfumés |
| 60 g de haricots verts |
| 60 g de cresson |
| 15 g de vermicelle chinois |
| 5 g de champignons secs |
| 5 g de glutamate de sodium |
| Mélange 5-épices |
| Sel, poivre |

# 306. Porc à la sauce aigre douce
**Préparation : 30 min – Cuisson : 25 min**

Couper la viande en fines lamelles. Dissoudre la moitié de la Maïzena dans la moitié de la sauce soja. Mélanger avec les lamelles de porc. Mettre de l'huile

| Ingrédients |
|---|
| 750 g de porc dans l'échine |
| 2 tomates |
| 1 poivron |
| 1 morceau de gingembre de la taille d'un pouce |

à chauffer dans une poêle et y faire dorer 5 min les lamelles de porc. Les égoutter. Peler et râper (ou hacher) le gingembre. Épépiner les piments oiseaux et les émincer. Couper l'ananas en dés. Épépiner le poivron, retirer les membranes blanches et couper sa chair en petits dés. Faire bouillir de l'eau, y plonger les tomates 30 s. Les peler, les épépiner et les couper en dés. Faire chauffer de l'huile à feu moyen dans une poêle, y faire revenir 5 min les dés de poivron. Ajouter les tomates, le gingembre, le reste de Maïzena et de sauce de soja, le sucre en poudre, le vinaigre, le sirop d'ananas, les dés d'ananas et les piments émincés. Saler et poivrer. Faire cuire 5 min à petits bouillons. Ajouter le porc et les dés d'ananas et faire cuire encore 5 min.

**Conseil.** – On peut servir ce plat avec du riz.

| |
|---|
| 2 piments oiseaux |
| 3 tranches d'ananas en conserve + 25 cl de leur sirop |
| 3 cuil. à soupe de Maïzena |
| 4 cuil. à soupe de sauce soja |
| 3 cuil. à soupe de vinaigre |
| 3 cuil. à soupe de sucre en poudre |
| Huile |
| Sel, poivre |

## 307. Bananes frites

**Préparation : 20 min – Cuisson : 12 min**
(1 h à l'avance)

| |
|---|
| 6 bananes |
| Huile pour friture |
| Sucre glace |

Préparer une pâte à frire ordinaire. La laisser reposer pendant 1 h. Éplucher les bananes, les laisser entières ou les couper en deux dans la longueur. Passer chaque banane dans la pâte à frire et les cuire dans l'huile chaude environ 5 à 6 min jusqu'à ce que la pâte soit bien dorée.

Servir chaud saupoudré de sucre glace.

**Remarque.** – Les autres desserts chinois sont : les lychees, le gingembre confit, les cumquats au sirop ou confits.

# Corée du Sud

## 308. Riz au kimchi
### Riz sauté au chou fermenté
**Préparation : 10 min – Cuisson : 25 min**

Faire dorer les graines de sésame dans une poêle sans matière grasse. Couper le kimchi en lanières. Faire chauffer l'huile de tournesol à feu vif dans une poêle. Y faire revenir le kimchi. Baisser à feu doux, ajouter le riz et mélanger. Cuire quelques minutes. Saler et poivrer. Retirer du feu, ajouter l'huile de sésame et mélanger. Parsemer de graines de sésame et servir.

300 g de kimchi (chou fermenté coréen)

300 g de riz cuit

3 cuil. à soupe de graines de sésame

3 cuil. à soupe d'huile de sésame

3 cuil. à soupe d'huile de tournesol

Sel, poivre

## 309. Barbecue coréen
### Bulgogi
**Préparation : 20 min – Cuisson : 10 min**
(20 min à l'avance)

Peler et écraser les gousses d'ail. Peler et râper ou hacher le gingembre. Mélanger tous les ingrédients de la marinade. Ôter le gras des entrecôtes et couper la viande en fines lamelles. Les mettre 20 min à mariner dans la sauce. Faire chauffer une poêle ou un barbecue à feu vif et y faire griller les lamelles de viande. Servir.

6 entrecôtes de bœuf

**Pour la marinade :**

3 gousses d'ail

1 morceau de gingembre de la taille d'un pouce

10 cl de sauce soja

1 cuil. à café de sucre en poudre

1 cuil. à soupe d'huile de sésame

3 cuil. à soupe d'alcool de riz

3 cuil. à soupe de jus de poire

Poivre noir

## 310. Crêpes aux fruits de mer et aux ciboules
## Pajeon
**Préparation : 20 min – Cuisson : 30 min**

| |
|---|
| 300 g de crevettes, de coquillages et d'huîtres décortiqués |
| 3 œufs |
| 375 g de farine |
| 1 bouquet de ciboule (ou de ciboulette) |
| 3 cuil. à soupe de sauce soja |
| 3 cuil. à soupe de vinaigre |
| Huile |
| Sel |

Couper les ciboules en deux tronçons. Les écraser pour les aplatir. Mélanger la farine avec 35 cl d'eau, les œufs et du sel. Faire chauffer un peu d'huile à feu moyen dans une poêle antiadhésive. Y disposer 1/6 des ciboules. Verser dessus 1/6 de la pâte puis 1/6 des fruits de mer. Quand la crêpe est cuite, la retourner délicatement et cuire l'autre côté. Procéder de la même façon pour les 5 crêpes suivantes. Mélanger le vinaigre et la sauce soja, et servir les crêpes avec cette sauce pour les tremper.

## 311. Bibimbap
**Préparation : 30 min – Cuisson : 45 min**

| |
|---|
| 300 g de bœuf haché |
| 150 g de riz |
| 6 œufs |
| 2 carottes |
| 2 courgettes |
| 1 radis blanc |
| 150 g de pousses de soja |
| 150 g de pousses d'épinard |
| 150 g de shitake frais (champignons chinois) |
| 3 cuil. à soupe de sauce soja |
| Un peu de gochujang (pâte de piment rouge) ou 1 petit piment rouge frais émincé |
| Huile de sésame |

Faire cuire le riz. Peler les carottes et le radis. Couper les carottes, les courgettes, le radis et les shitake en fines juliennes. Faire chauffer un peu d'huile de sésame dans une poêle avec de la sauce soja et du gochujang et y faire revenir chaque légume séparément (carottes, courgettes, radis, pousses d'épinard, shitake) en rajoutant à chaque fois de l'huile, de la sauce soja et du gochujang. Y faire cuire ensuite la viande de bœuf, jusqu'à ce qu'elle soit bien cuite. Faire cuire les pousses de soja 1 min à l'eau bouillante. Faire cuire les 6 œufs au plat. Dans 6 bols chauds, répartir le riz, puis les légumes et la viande et enfin les œufs au plat. Arroser d'un peu d'huile de sésame et servir.

# Japon

## 312. Suki yaki

**Préparation : 30 min – Cuisson : 25 min**

| |
|---|
| 600 g de viande de bœuf |
| 150 g de pousses de bambou |
| Céleri branche |
| 6 œufs |
| 150 g de champignons |
| 100 g d'oignons |
| 50 g de saindoux |
| 6 cuil. à soupe de sauce soja |
| 5 cl de saké (alcool de riz) |
| Persil |

Faire chauffer dans une grande poêle le saindoux. Y faire dorer les oignons coupés très finement, puis la viande de bœuf coupée en minces lanières. Bien faire revenir la viande ; mouiller avec la sauce soja et le saké. Libérer le centre de la poêle en repoussant la viande sur le pourtour et mettre à cuire à feu vif les pousses de bambou, le céleri taillé en dés, les champignons lavés (dont on a enlevé le bout terreux) coupés en lamelles, le persil haché. Au bout de 10 min mélanger avec la viande de bœuf. Servir chaud. Chaque convive a devant lui un bol contenant un œuf cru et trempe chaque bouchée dans l'œuf avant de la consommer.

## 313. Tempuras de légumes
### Beignets de légumes
**Préparation : 20 min – Cuisson : 15 min**

| |
|---|
| Légumes assortis |
| 200 g de farine |
| 2 jaunes d'œufs |
| 30 cl d'eau glacée |
| Huile pour friture |
| Sel |

Si nécessaire, peler et couper les légumes en tranches ou en bâtonnets, mais pas trop petits. Par exemple laisser les haricots verts entiers. Verser l'eau glacée dans un bol, ajouter les jaunes d'œufs et battre à la fourchette. Ajouter ensuite la farine, petit à petit, en battant toujours et 1 pincée de sel. La pâte doit rester très fluide. Faire chauffer l'huile dans une friteuse ou une sauteuse. Tremper les légumes dans la pâte et les faire frire par petites fournées dans l'huile jusqu'à ce qu'ils soient légèrement dorés. Les égoutter sur du papier absorbant et servir immédiatement.

**Conseil.** – On peut servir les tempuras de légumes avec de la sauce soja mélangée avec du vinaigre de riz, un peu de wasabi et du gingembre râpé.

**Remarque.** – Choisir un assortiment de légumes de saison : haricots verts, asperges vertes, carottes, courgettes, aubergines… pour 6 personnes.

## 314. Légumes sautés au vinaigre
**Préparation : 30 min – Cuisson : 20 min**

| |
|---|
| 250 g de carottes |
| 100 g de radis |
| 12 champignons séchés |
| 3 petits piments verts |
| 3 cm de racine de lotus |
| 10 g de sucre en poudre |
| 20 cl de vinaigre |
| 3 cl d'huile |
| 3 cuil. à soupe de sauce soja |
| Glutamate de sodium |
| Sel |

Faire tremper les champignons séchés dans de l'eau. Séparer la tête du pied. Gratter et couper les radis et les carottes en fines languettes.

Éplucher la racine de lotus et la laver avec soin puis la laisser tremper assez longtemps dans de l'eau pour enlever le plus possible son âpreté. La couper ensuite en rondelles régulières. Enfin couper en fines rondelles les piments verts.

Faire chauffer l'huile dans une casserole. Après avoir égoutté les champignons, les mettre dans la casserole avec carottes et radis, racine de lotus et piments. À mi-cuisson, verser sur les légumes la sauce sambai-zu faite avec le vinaigre, le sucre en poudre, la sauce soja, 1 pincée de sel et de glutamate. Cuire pendant 4 à 5 min.

Servir avec du riz cuit à l'eau.

## 315. Nouilles de sarrasin
## Soba
**Préparation : 20 min – Cuisson : 5 min**

| |
|---|
| 600 g de nouilles soba |
| 3 oignons nouveaux |
| 3 feuilles d'algue nori |
| 1 litre d'ichiban dashi |
| 6 cuil. à soupe de sauce soja japonaise |
| 3 cuil. à soupe de mirin (vinaigre de riz) |
| 3 cuil. à soupe de sucre en poudre |

Couper les feuilles d'algues en très fines lanières. Émincer les oignons. Faire bouillir l'ichiban dashi, le mirin et le sucre en poudre. Ôter du feu et ajouter la sauce soja. Faire cuire les nouilles 2 min dans de l'eau bouillante. Les égoutter et les rincer sous l'eau chaude. Les verser dans des bols. Les parsemer de lanières d'algue, d'oignon émincé et les couvrir de bouillon. Servir.

**Variante.** – On peut ajouter un peu de wasabi dans le bouillon pour le corser.

**Remarque.** – Les nouilles soba sont des nouilles japonaises de sarrasin. Les algues nori sont les algues que l'on utilise pour les makis. L'ichiban dashi est un bouillon japonais qu'on peut trouver déshydraté.

## 316. Nigiri sushi
## Sushis de thon
**Préparation : 40 min – Cuisson : 20 min**
(1 h à l'avance)

| |
|---|
| 300 g de riz rond |
| 500 g de thon rouge cru |
| 4 cuil. à soupe de soupe de vinaigre de riz |
| 2 cuil. à soupe de sucre en poudre |
| Un peu de wasabi |
| Sauce soja japonaise |
| 1 cuil. à café de sel |

Rincer le riz à l'eau froide jusqu'à ce que l'eau qui coule soit transparente. L'égoutter pendant 1 h. Mettre le riz dans une casserole avec 30 cl d'eau. Couvrir et porter à ébullition. Cuire 5 min, puis baisser le feu et cuire encore 10 min. Étaler le riz sur une plaque pour qu'il refroidisse. Faire chauffer le vinaigre de riz, le sucre en poudre et le sel, sans faire bouillir. Verser sur le riz cuit et mélanger. Couvrir d'un film alimentaire. Couper le thon en tranches d'environ 5 mm d'épaisseur, sur 5 cm de long et 2 cm de large. Se mouiller les mains. Prendre 1 cuil. à soupe de riz dans la main et former une boulette oblongue. Continuer avec le reste de riz. Déposer un petit peu de wasabi sur chaque boulette, puis une tranche de thon et presser pour la faire adhérer. Servir les sushis avec de la sauce soja pour les tremper.

**Variante.** – On peut réaliser cette recette avec du saumon cru.

## 317. Poulet teriyaki
**Préparation : 10 min – Cuisson : 20 min**

| |
|---|
| 6 blancs de poulet sans la peau |
| 20 cl de sauce soja japonaise |
| 15 cl de saké (alcool de riz) ou de xérès |
| 15 cl de mirin (vinaigre de riz) |
| 2 cuil. à soupe de sucre en poudre |
| Huile |

Faire chauffer de l'huile à feu vif dans une poêle, y faire dorer rapidement les blancs de poulet. Les retirer de la poêle et les garder au chaud. Verser la sauce soja, le saké, le vinaigre de riz et le sucre en poudre dans la poêle. Porter à ébullition. Y ajouter les blancs de poulet. Baisser le feu et laisser cuire jusqu'à ce que la sauce enrobe les blancs de poulet comme un glaçage.

**Variante.** – On peut ajouter un peu de gingembre frais râpé dans la sauce.

## 318. Raviolis au porc et aux légumes
### Gyoza
**Préparation : 30 min – Cuisson : 10 min**

Peler et râper (ou hacher) le gingembre. Émincer finement le chou et le poireau. Mélanger la viande, le gingembre, le poireau, 2 cuil. à soupe d'huile de sésame et 2 cuil. à soupe de sauce soja. Saler et poivrer. Poser 1 cuil. de farce sur chaque feuille de pâte. Humecter les bords de la pâte avec un peu d'eau et bien les refermer. Mettre de l'huile à chauffer à feu moyen dans une sauteuse. Y faire dorer les raviolis d'un côté. Ajouter 1/2 verre d'eau et continuer à les laisser cuire jusqu'à ce qu'il n'y ait plus d'eau. Le faire en plusieurs fournées si nécessaire. Mélanger 2 cuil. à soupe de sauce soja, 2 cuil. à soupe d'huile de sésame et le rayu. Servir les gyoza avec cette sauce.

36 feuilles de pâte à raviolis rondes (dans les épiceries asiatiques)

300 g de viande de porc hachée

1/2 chou chinois

2 blancs de poireaux

1 morceau de 1 cm de gingembre

4 cuil. à soupe d'huile de sésame

4 cuil. à soupe de sauce soja japonaise

1 cuil. à soupe de rayu (huile de piment) ou 1 cuil. à café de piment en poudre

Huile

Sel, poivre

# Asie du Sud-Est

## Cambodge

### 319. Salade de bœuf
Phlea sach ko
**Préparation : 30 min – Cuisson : 5 min**

Émincer finement les feuilles de salade et les oignons nouveaux. Effeuiller la coriandre et la menthe. Peler les tiges de citronnelle et les émincer finement. Peler le concombre et en faire des lanières avec un couteau économe. Presser le citron vert. Mélanger le jus de citron, le nuoc-mâm et le sucre en poudre jusqu'à ce qu'il soit dissout. Faire chauffer de l'huile à feu vif dans une poêle et y faire revenir rapidement le bœuf pour qu'il soit doré de tous les côtés. Le couper en tranches fines. Mélanger tous les ingrédients (dont les pousses de soja), saler, poivrer et servir.

| Ingrédients |
|---|
| 600 g de filet de bœuf |
| 200 g de pousses de soja |
| 1/2 concombre |
| 10 feuilles de salade |
| 3 tiges de citronnelle |
| 3 oignons nouveaux |
| 1 citron vert (jus) |
| 1/2 bouquet de coriandre |
| 1/2 bouquet de menthe |
| 3 cuil. à soupe de sauce nuoc-mâm |
| 1 cuil. à café de sucre en poudre |
| Huile |
| Sel, poivre |

## 320. Brochettes « sapeck d'or »
**Préparation : 20 min – Cuisson : 10 min**

| |
|---|
| 700 g de porc (filet) |
| 200 g de lard fumé |
| 6 saucisses chinoises |

Couper la viande de porc en petits morceaux de 2 à 3 cm de côté. Détailler le lard en lamelles et couper les saucisses en rondelles. Alterner sur des brochettes les variétés de viande, cuire sur le gril chauffé sur la braise (ou au barbecue).

## 321. Nouilles de riz sauce coco
## Khao phoun
**Préparation : 30 min – Cuisson : 30 min**

| |
|---|
| 600 g de viande de porc hachée |
| 600 g de nouilles de riz (cheveux d'ange) |
| 1,2 litre de lait de coco |
| 1 salade |
| 150 g de pousses de soja |
| 3 tiges de citronnelle |
| 3 gousses d'ail |
| 1 morceau de gingembre de la taille d'un pouce |
| 10 feuilles de citronnier |
| 4 cuil. à soupe de nuoc-mâm |
| 1 cuil. à soupe de trasi (pâte de crevettes) |
| Sel |

Peler les tiges de citronnelle et les émincer. Peler les gousses d'ail et le gingembre. Mixer la citronnelle, l'ail, le gingembre et les feuilles de citronnier. Faire cuire les nouilles de riz dans de l'eau bouillante salée. Faire chauffer 1/4 du lait de coco. Y ajouter le mélange mixé, la viande de porc hachée, le nuoc-mâm et la pâte de crevette. Faire cuire en ajoutant le reste du lait de coco. Saler et ajouter 30 cl d'eau bouillante. Couper la salade en lanières. La répartir dans des bols avec les pousses de soja et les nouilles de riz. Verser la soupe par-dessus.

# Indonésie

## 322. Sambal oelek
### Condiment aux piments
**Préparation : 10 min**

| |
|---|
| 30 petits piments rouges frais |
| Vinaigre de riz (ou de vin, ou de cidre) |
| 1 cuil. à soupe de sel |

Mixer ou piler les piments entiers avec le sel. Ajouter le vinaigre jusqu'à obtenir la consistance d'un condiment.

**Variante.** – On peut ajouter de la pâte de crevettes (trasi) dans ce condiment et remplacer le vinaigre par du jus de citron vert. Ce condiment se conserve quelques mois au réfrigérateur.

## 323. Gado gado
### Potée de légumes
**Préparation : 40 min – Cuisson : 1 h**

| |
|---|
| 1/2 chou-fleur |
| 250 g de haricots verts extra-fins |
| 150 g de pousses de soja |
| 4 pommes de terre |
| 4 carottes |
| 1 concombre |
| 6 œufs |
| 200 g de cacahuètes non salées décortiquées |
| 3 gousses d'ail |
| 30 cl de lait de coco |
| 1 citron vert (jus) |
| 1 cuil. à café de trasi (pâte de crevettes) ou 1 cuil. à soupe de nuoc-mâm |
| 6 cuil. à soupe de sauce soja |
| 1 cuil. 1/2 à soupe de sucre roux |

Mixer les cacahuètes. Peler et écraser les gousses d'ail. Faire chauffer l'huile dans une casserole. Ajouter l'ail et laisser cuire 1 min. Ajouter le lait de coco, le nuoc-mâm, les cacahuètes, le sucre, le sambal oelek et la sauce soja. Porter à ébullition puis baisser le feu et faire cuire 12 min en remuant. Ajouter de l'eau si nécessaire pour obtenir une sauce fluide. Retirer du feu, ajouter le jus de citron vert et mélanger. Faire cuire les œufs à l'eau bouillante, pendant 10 min, jusqu'à ce qu'ils soient durs. Retirer leurs coquilles et les couper en quartiers. Peler les carottes, les pommes de terre et le concombre. Couper les carottes en bâtonnets et le concombre en rondelles. Équeuter les haricots verts. Défaire le chou-fleur en fleurettes. Faire cuire séparément tous les légumes à l'eau bouillante salée (chou-fleur, haricots verts, pousses de soja, pommmes de terre, carottes) jusqu'à ce qu'ils soient cuits mais encore fermes. Les laisser refroidir. Couper les pommes de terre en rondelles. Répartir les légumes dans les assiettes, poser les quartiers d'œufs par-dessus et arroser de sauce aux cacahuètes.

| |
|---|
| 1/2 cuil. à café de sambal oelek (voir formule 322) ou de piment frais écrasé |
| 1 cuil. à soupe d'huile |
| Sel |

## 324. Sambal aux crevettes
**Préparation : 20 min – Cuisson : 15 min**

Épépiner les piments. Les piler dans un mortier avec un peu de sel pour obtenir une pâte. Peler et écraser les gousses d'ail. Peler et émincer les oignons. Mettre l'huile à chauffer à feu vif dans une poêle. Y faire revenir le piment, l'ail, l'oignon et la pâte de crevettes pendant environ 5 min. Ajouter les crevettes et les faire dorer 5 min. Verser le jus des citrons verts et le lait de coco dans la poêle, baisser le feu et laisser cuire encore 5 min.

**Variante.** – On peut servir ce plat avec du riz.

| |
|---|
| 600 g de grosses crevettes décortiquées |
| 2 oignons |
| 3 gousses d'ail |
| 2 citrons verts (jus) |
| 8 petits piments rouges |
| 40 cl de lait de coco |
| 2 cuil. à soupe de trasi (pâte de crevettes) ou de nuoc-mâm |
| 5 cuil. à soupe d'huile |
| Sel |

## 325. Brochettes de poulet au satay
### Satay ayam
**Préparation : 15 min – Cuisson : 20 à 25 min**

Couper les blancs de poulet en morceaux et les enfiler sur des brochettes. Mixer grossièrement les cacahuètes grillées. Peler et hacher le gingembre et l'ail. Faire chauffer de l'huile dans une casserole et y faire dorer 3 min le gingembre et l'ail. Verser le lait de coco, la sauce soja, le beurre de cacahuète, la pâte de curry, les épices et le sucre roux. Faire cuire le tout à feu doux pendant 15 min. Préchauffer le gril du four. Faire cuire les brochettes de poulet sous le

| |
|---|
| 6 blancs de poulet |
| 50 g de beurre de cacahuète |
| 30 g de cacahuètes grillées |
| 30 cl de lait de coco |
| 1 gousse d'ail |
| 1 morceau de gingembre de la taille d'un pouce |
| 1 cuil. à soupe de pâte de curry |
| 1 cuil. à café de cumin en poudre |
| 1 cuil. à café de curcuma |

gril en les retournant, jusqu'à ce qu'elles soient bien dorées. Les servir avec la sauce aux cacahuètes.

**Variante.** – On peut servir ce plat avec du riz.

| |
|---|
| 1 cuil. à café de coriandre en poudre |
| 3 cuil. à soupe de sucre roux |
| 5 cl de sauce soja |
| Huile |

# 326. Nasi goreng
## Riz frit
**Préparation : 20 min – Cuisson : 10 min**

Peler et hacher l'ail et le gingembre. Émincer finement les oignons. Mélanger l'huile de sésame avec le sambal oelek, la pâte de crevettes et la sauce soja. Faire chauffer de l'huile à feu vif dans une poêle ou un wok. Y faire revenir l'ail, le gingembre et les oignons pendant 1 min. Ajouter le mélange à la pâte de piment et faire revenir encore 1 min. Ajouter le riz froid et mélanger. Quand c'est bien chaud, ajouter les pousses de soja, mélanger et retirer du feu.

**Variante.** – On peut ajouter des œufs sur le plat, du poulet cuit ou des crevettes au moment de servir.

| |
|---|
| 600 g de riz cuit |
| 150 g de pousses de soja |
| 6 petits oignons blancs |
| 2 gousses d'ail |
| 1 morceau de gingembre de la taille d'un pouce |
| 1 cuil. à café de sambal oelek (voir formule 322) |
| 2 cuil. à soupe de trasi (pâte de crevettes) ou de nuoc-mâm |
| 3 cuil. à soupe de kecap manis (sauce soja sucrée) |
| 1 cuil. à café d'huile de sésame |
| Huile |

# 327. Babi guling
## Cochon de lait rôti
**Recette pour 10 personnes – Préparation : 30 min
Cuisson : 1 h 10 – Repos : 10 min**

Préchauffer le four à 220 °C. Piler les capsules de cardamome, les clous de girofle, les graines de coriandre et le poivre noir. Peler et hacher le gingembre et l'ail. Peler et émincer les échalotes et la tige de

| |
|---|
| 1 cochon de lait d'environ 6 kg, vidé |
| 10 échalotes |
| 6 gousses d'ail |
| 1 morceau de gingembre de la taille d'un pouce |
| 1 tige de citronnelle |
| 3 petits piments frais |

citronnelle. Épépiner les piments et les piler. Mélanger les épices pilées avec le gingembre, la citronnelle, les piments, le curcuma, le trasi et le tamarin. Faire chauffer l'huile à feu moyen et y faire revenir l'ail et l'échalote jusqu'à ce qu'ils deviennent mous et translucides. Ajouter le mélange aux épices et faire revenir à feu vif pendant 4 min. Farcir le cochon de lait de ce mélange et coudre l'ouverture. Frotter le cochon avec de l'huile et du sel. Le mettre au four pour 1 h. Le laisser reposer 10 min à la sortie du four. Pour le servir, retirer la peau croustillante et la couper en morceaux, puis couper la viande en lamelles. Poser un peu de farce sur chaque assiette, couvrir de viande puis de peau croustillante.

**Variante.** – On peut faire cuire le cochon de lait sur un barbecue ou à la broche.

3 cuil. à soupe de curcuma

4 capsules de cardamome verte

6 clous de girofle

2 cuil. à soupe de graines de coriandre

2 cuil. à café de grains de poivre noir

1 cuil. à soupe de trasi (pâte de crevettes)

1 cuil. à soupe de tamarin liquide

Huile

Sel

# Malaisie

## 328. Nasi lemak
### Riz au lait de coco
**Préparation : 15 min – Cuisson : 20 à 30 min**

| |
|---|
| 300 g de riz |
| 40 cl de lait de coco |
| 3 échalotes |
| 2 gousses d'ail |
| 1 morceau de gingembre de 3 cm |
| 4 feuilles de pandanus (facultatif) |
| Sel |

Peler et émincer l'ail et les échalotes. Peler le gingembre et le couper en trois. Attacher ensemble les feuilles de pandanus (ce sont de longues feuilles vertes plates). Rincer le riz à l'eau froide. Mettre tous les ingrédients dans un cuiseur à riz ou une cocotte, et faire cuire jusqu'à ce qu'il n'y ait plus de liquide. Ajouter un peu d'eau si le riz n'est pas assez cuit et prolonger la cuisson. Défaire le riz avec une fourchette, retirer les feuilles de pandan et les morceaux de gingembre et servir.

**Conseil.** – Servir le nasi lemak avec des tranches de concombre, des anchois frits, des œufs durs, des cacahuètes frites et du sambal (pâte de piments).

## 329. Rendang
### Bœuf au curry
**Préparation : 30 min – Cuisson : 1 h 40**

| |
|---|
| 1 kg de bœuf à braiser |
| 4 gousses d'ail |
| 2 oignons |
| 4 petits piments rouges frais |
| 1 citron vert non traité |
| 40 cl de lait de coco |
| 1 morceau de gingembre de la taille d'un pouce |
| 1 tige de citronnelle |
| 1 cuil. à soupe de coriandre en poudre |
| 1 cuil. à soupe de cumin en poudre |
| 1 cuil. à café de curcuma |
| 2 clous de girofle |

Couper la viande en morceaux d'environ 3 cm. Peler l'ail, les oignons et le gingembre et les couper en gros morceaux. Épépiner les piments. Peler la tige de citronnelle et la couper en tronçons. Mixer l'ail, l'oignon, le gingembre, les piments et la citronnelle avec un peu d'huile pour obtenir une pâte. Prélever le zeste du citron vert et le presser. Faire chauffer de l'huile à feu vif dans une cocotte. Ajouter la pâte mixée, les épices en poudre, les clous de girofle et les zestes de citron vert et les faire revenir 5 min en remuant. Ajouter ensuite la viande, le lait de coco, le tamarin et le sucre. Porter à ébullition, puis baisser le feu et laisser mijoter 1 h 30 à feu doux. Quelques minutes avant la fin de la cuisson, ajouter le jus de citron et mélanger. La viande doit être bien tendre et la sauce très réduite.

**Variante.** – On peut servir ce plat avec du riz.

| |
|---|
| 1 cuil. à café de tamarin |
| 1 cuil. à soupe de sucre roux |
| Huile |

# 330. Sup kambing
## Ragoût d'agneau
**Préparation : 30 min – Cuisson : 1 h 20**

| |
|---|
| 1,2 kg de viande d'agneau pour sauté |
| 3 tomates |
| 6 échalotes |
| 6 gousses d'ail |
| 1 petit piment rouge frais |
| 1 morceau de gingembre de la taille d'un pouce |
| 3 cuil. à soupe de graines de coriandre |
| 3 clous de girofle |
| 1 bâton de cannelle |
| 4 capsules de cardamome |
| 8 grains de poivre noir |
| Huile |
| Sel, poivre |

Peler les gousses d'ail et le gingembre. Épépiner le piment. Piler l'ail, le piment, les clous de girofle, la cannelle, la cardamome, les grains de poivre et les graines de coriandre, pour obtenir une pâte. Couper la viande en morceaux d'environ 3 cm. Couper les tomates en quatre. Faire chauffer de l'huile à feu vif dans une poêle et y faire dorer rapidement les morceaux de viande. Les réserver. Faire chauffer de l'huile à feu doux dans une cocotte et y faire dorer la pâte pendant 5 min. Ajouter les morceaux de viande, les tomates et couvrir d'eau à hauteur. Saler et poivrer. Porter à ébullition puis baisser le feu et laisser mijoter environ 1 h en remuant de temps en temps. Il faut que la viande soit bien tendre. Dégraisser en cours de cuisson. Avant la fin de la cuisson, peler et émincer les échalotes. Faire chauffer une poêle à feu vif avec de l'huile et y faire frire les morceaux d'échalote, jusqu'à ce qu'ils soient croustillants. Servir la viande dans des bols et parsemer d'échalotes frites.

# 331. Poulet malais

## Opor ayam

**Préparation : 30 min – Cuisson : 50 min**

Peler et émincer les oignons, l'ail et la citronnelle. Peler et hacher le gingembre. Couper le poulet en morceaux, retirer la peau et les saler. Faire chauffer de l'huile à feu vif dans une cocotte, y faire dorer rapidement les morceaux de poulet. Les réserver. Faire revenir dans la cocotte, l'ail et l'oignon jusqu'à ce qu'ils soient bien dorés. Ajouter ensuite le gingembre, la citronnelle, la coriandre, la badiane, le curcuma et le cumin. Faire revenir 1 min. Ajouter ensuite les morceaux de poulet et mélanger. Verser le lait de coco et le sucre. Baisser le feu et laisser mijoter 40 min.

1 gros poulet ou
1 poulet 1/2

2 oignons

6 gousses d'ail

1 morceau de gingembre
de la taille d'un pouce

2 tiges de citronnelle

30 cl de lait de coco

1 cuil. à soupe
de coriandre en poudre

1 cuil. à soupe
de badiane en poudre
(anis étoilé)

1 cuil. à café de cumin
en poudre

1 cuil. à café de curcuma

1 cuil. à soupe de sucre
roux

Huile

Sel

# Thaïlande

## 332. Tom Yam Kung
### Soupe de crevettes à la citronnelle
**Préparation : 20 min – Cuisson : 10 min**

Couper les champignons en lamelles. Peler et hacher l'ail. Peler et émincer la citronnelle. Couper les piments en deux, les épépiner et les piler. Effeuiller la coriandre. Porter le bouillon (ou l'eau) à ébullition. Y ajouter les champignons, les feuilles de bergamote, l'ail, la citronnelle, le galanga et les piments. Laisser bouillir 3 min, puis ajouter les crevettes, le jus des citrons verts, le nam pla ou nuoc-mâm et laisser bouillir encore 3 min. Servir dans des bols et parsemer de feuilles de coriandre.

**Remarque.** – L'utilisation du galanga est très proche de celle du gingembre.

- 300 g de crevettes décortiquées
- 300 g de champignons de Paris
- 2 citrons verts (jus)
- 6 petits piments verts forts
- 3 gousses d'ail
- 3 feuilles de bergamote
- 6 lamelles de galanga
- 2 tiges de citronnelle
- 6 brins de coriandre
- 1 litre de bouillon de volaille (ou d'eau)
- 4 cuil. à soupe de nam pla ou nuoc-mâm

## 333. Soupe de poulet au lait de coco
**Préparation : 30 min – Cuisson : 15 min**

Couper le poulet en petits dés. Émincer les champignons. Épépiner les piments et les hacher. Couper les feuilles de bergamote en lanières. Effeuiller la coriandre et la couper en fines lanières. Verser le lait de coco et le bouillon dans une casserole et porter à ébullition. Ajouter les champignons, le galanga et les feuilles de bergamote. Baisser le feu et laisser frémir 2 min. Ajouter les piments, le poulet et le nam pla ou nuoc-mâm. Laisser cuire environ 10 min. Ajouter de l'eau si la soupe devient trop épaisse. Retirer du feu, ajouter le jus du citron vert et la coriandre, puis servir.

**Remarque.** – L'utilisation du galanga est très proche de celle du gingembre.

- 3 blancs de poulet
- 12 champignons de Paris
- 6 feuilles de bergamote
- 6 lamelles de galanga
- 6 brins de coriandre
- 1 citron vert (jus)
- 2 petits piment verts
- 60 cl de bouillon de volaille
- 60 cl de lait de coco
- 6 cuil. à soupe de nam pla ou nuoc-mâm

## 334. Salade thaïe à la papaye verte
**Préparation : 30 min**

| |
|---|
| 1 papaye verte |
| 2 carottes |
| 1 laitue |
| 2 petits piments rouges |
| 2 citrons verts (jus) |
| 3 gousses d'ail |
| 6 brins de coriandre |
| 30 g de cacahuètes non salées |
| 3 cuil. à soupe de nam pla ou nuoc-mâm |
| 1 cuil. à soupe de sucre en poudre |

Peler l'ail. Épépiner les piments. Piler les piments avec les gousses d'ail. Ajouter le jus des citrons verts, le sucre en poudre et le nam pla ou nuoc-mâm pour faire une sauce. Séparer les feuilles de laitue. Couper la papaye en deux, la peler et râper la chair. Peler et râper les carottes. Hacher grossièrement les cacahuètes. Effeuiller la coriandre. Mélanger les filaments de carotte et de papaye avec la sauce au citron vert. Disposer les feuilles de salade sur les assiettes. Répartir les filaments de carotte et de papaye dessus. Parsemer de cacahuètes hachées et de coriandre.

## 335. Salade de bœuf à la thaïlandaise
**Préparation : 20 min – Cuisson : 5 min**

| |
|---|
| 600 g de filet de bœuf |
| 1/2 concombre |
| 3 petits oignons blancs |
| 2 échalotes |
| 2 tiges de citronnelle |
| 3 petits piments rouges |
| 6 brins de coriandre |
| 2 citrons verts (jus) |
| 3 cuil. à soupe de nam pla ou nuoc-mâm |
| 1 cuil. à soupe de sucre en poudre |
| Huile |

Faire chauffer l'huile dans une poêle et y faire dorer rapidement la viande de bœuf des deux côtés. Couper la viande en fines tranches. Épépiner les piments et les émincer finement. Peler et émincer les échalotes et la citronnelle. Effeuiller la coriandre et la couper en fines lanières. Peler le demi-concombre, le couper en deux, retirer les graines et le couper en fines tranches. Émincer les oignons blancs. Mélanger le jus des citrons, le nam pla ou nuoc-mâm, le sucre et les piments émincés. Mettre tous les ingrédients dans un bol, verser la sauce, mélanger et servir.

## 336. Khao phat
## Riz frit
**Préparation : 20 min – Cuisson : 10 min**

Couper le concombre en tranches sans le peler.
Émincer les oignons blancs. Couper le poulet en
lanières de 5 mm de large. Peler et hacher l'ail. Peler
et émincer l'oignon. Faire chauffer de l'huile à feu
vif dans un wok ou une poêle. Y faire dorer l'ail et
le poulet 1 min puis ajouter l'oignon et le faire dorer
3 min. Casser les œufs et les verser sur le poulet
en mélangeant. Poivrer. Ajouter le riz, le nam pla
ou nuoc-mâm, la sauce soja et le sucre. Faire cuire
2 min en mélangeant. Il faut que le riz soit bien
chaud. Servir avec les tranches de concombre et
d'oignon blanc.

**Variante.** – On peut ajouter des crevettes dans ce plat et remplacer le
poulet par de la viande de porc.

| |
|---|
| 1 kg de riz cuit |
| 300 g de blanc de poule |
| 2 gousses d'ail |
| 1 gros oignon |
| 2 petits oignons blancs |
| 1 concombre |
| 3 œufs |
| 1 cuil. à soupe de sauce soja claire |
| 2 cuil. à café de nam pla ou nuoc-mâm |
| 2 cuil. à café de sucre en poudre |
| Huile |
| Poivre |

## 337. Poulet au curry vert
**Préparation : 20 min – Cuisson : 30 min**

Couper le poulet en cubes. Couper les aubergines
en quatre. Épépiner les piments et les émincer. Faire
chauffer l'huile à feu vif dans une cocotte. Y faire
dorer la pâte de curry jusqu'à ce qu'elle commence
à se défaire. Verser le lait de coco et porter à ébullition. Ajouter le nam pla ou nuoc-mâm et le sucre
et porter à nouveau à ébullition. Ajouter les aubergines, le poulet, le piment, les feuilles de basilic et de
bergamote et laisser cuire 20 min à feu vif.

**Variante.** – On peut servir ce plat avec du riz.

| |
|---|
| 6 blancs de poulet |
| 6 aubergines thaïes |
| 2 gros piments verts |
| 6 cuil. à soupe de pâte de curry vert |
| 60 cl de lait de coco |
| 6 feuilles de bergamote |
| 6 feuilles de basilic thaï (ou ordinaire) |
| 15 cl de nam pla ou nuoc-mâm |
| 4 cuil. à soupe de sucre de palme (ou ordinaire) |
| Huile |

## 338. Bœuf frit à la sauce d'huîtres aux oignons

### Nua phat nam man hoi

**Préparation : 20 min – Cuisson : 15 min**

| |
|---|
| 750 g de filet de bœuf |
| 150 g de haricots verts |
| 150 g de champignons noirs séchés |
| 2 oignons |
| 6 gousses d'ail |
| 6 cuil. à soupe de sauce d'huîtres |
| Huile |
| Sel |

Réhydrater les champignons dans de l'eau tiède pendant 15 min. Couper les haricots verts en tronçons. Faire bouillir de l'eau salée dans une casserole et y faire cuire 5 min les haricots verts. Les égoutter. Peler et émincer les gousses d'ail. Peler les oignons et les couper en dés. Égoutter les champignons et les émincer. Couper le bœuf en cubes d'environ 3 cm. Faire chauffer de l'huile à feu vif dans une poêle ou un wok. Y faire dorer l'ail jusqu'à ce qu'il brunisse. Ajouter le bœuf et l'oignon et faire cuire 2 min en remuant. Ajouter les haricots et les champignons et faire cuire 1 min. Ajouter la sauce d'huîtres et laisser cuire encore 1 min.

**Conseil.** – On peut servir ce plat avec du riz.

## 339. Crème de lait de coco

**Préparation : 5 min – Cuisson : 10 min**

| |
|---|
| 30 cl de lait de coco |
| 30 cl de lait |
| 8 jaunes d'œufs |
| 200 g de sucre en poudre |

Fouetter ensemble les jaunes d'œufs et le sucre en poudre jusqu'à ce que le mélange blanchisse. Verser le lait de coco et le lait dans une casserole et porter à ébullition. Verser le mélange de lait en fin filet sur les œufs sans cesser de fouetter. Reverser ce mélange dans la casserole et le faire cuire à feu doux, en remuant avec une cuillère en bois. Retirer du feu dès que le mélange commence à épaissir et nappe la cuillère. Verser la crème dans des bols, laisser refroidir et garder au réfrigérateur jusqu'au moment de servir.

**Variante.** – On peut ajouter des zestes de citron vert dans la crème après la cuisson.

# 340. Riz gluant à la mangue
**Préparation : 20 min – Cuisson : 30 min**
(1 h à l'avance)

3 mangues bien mûres

300 g de riz gluant

30 cl de lait de coco

15 g de sucre roux

1 cuil. à soupe de Maïzena

Sel

Faire tremper le riz gluant dans son volume d'eau pendant 1 h dans une casserole. Ajouter encore la même quantité d'eau et porter à ébullition. Baisser le feu et faire cuire le riz à couvert, à petits bouillons pendant 15 à 20 min, jusqu'à ce que toute l'eau soit absorbée. Le laisser hors du feu à couvert pendant encore 15 min pour terminer la cuisson. Le mettre ensuite au réfrigérateur. Peler les mangues et couper la chair en dés. Verser le lait de coco dans une casserole avec le sucre et 1 pincée de sel et le faire chauffer à feu moyen. Mélanger jusqu'à ce que le sucre soit dissous. Ajouter la Maïzena. Quand la crème commence à épaissir, la retirer du feu. Disposer le riz gluant au centre des assiettes. Verser la crème au lait de coco autour et entourer avec les dés de mangues.

**Variante.** – On peut ajouter de la vanille dans la crème au lait de coco.

# Vietnam

## 341. Nems à la menthe

**Préparation : 30 min – Cuisson : 20 min**

(30 min à l'avance)

Faire tremper les champignons 30 min dans de l'eau tiède. Les émincer. Peler et râper la carotte. Émincer l'oignon. Hacher les crevettes et le porc. Tremper les vermicelles dans de l'eau chaude pour les ramollir. Les égoutter et les couper en tronçons. Mélanger la viande de porc, les crevettes, les pousses de soja, l'oignon, la carotte râpée (sauf 3 cuil. à soupe à réserver pour la sauce), les vermicelles, les champignons, les jaunes d'œufs et 1 cuil. à soupe de nuoc-mâm. Saler et poivrer. Tremper les galettes de riz dans une assiette d'eau jusqu'à ce qu'elles ramollissent. Les étaler sur un linge humide. Poser une quenelle de farce au bord de chaque galette. Replier deux bords de la galette puis la rouler autour de la quenelle de farce. Laisser reposer 10 min. Épépiner le piment et l'émincer finement. Peler et écraser la gousse d'ail. Pour la sauce des nems (nuoc cham), mélanger 6 cuil. à soupe de nuoc-mâm, le piment, l'ail, le sucre, le jus de citron vert, les 3 cuil. à soupe de carotte râpée réservées et 6 cuil. à soupe d'eau. Effeuiller la laitue et la menthe. Faire chauffer l'huile pour friture dans une poêle. Y faire frire les nems jusqu'à ce qu'ils soient bien dorés de tous les côtés. Les égoutter sur du papier absorbant. Les envelopper avec les feuilles de laitue et de menthe et les tremper dans la sauce avant de les déguster.

24 petites galettes de riz

300 g de viande de porc cuite

200 g de crevettes cuites décortiquées

100 g de pousses de soja

1 laitue

1 carotte

100 g de vermicelles de riz

3 jaunes d'œufs

3 champignons noirs séchés

1 petit oignon blanc

1 citron vert (jus)

1 gousse d'ail

1 petit piment rouge

1 bouquet de menthe

7 cuil. à soupe de nuoc-mâm

1 cuil. à soupe de sucre en poudre

Huile pour friture

Sel, poivre

## 342. Soupe au crabe
**Préparation : 20 min – Cuisson : 15 min**

Effeuiller la coriandre et la couper en fines lanières. Peler et hacher l'ail et l'échalote. Faire chauffer l'huile dans une casserole et y faire revenir l'ail et l'échalote jusqu'à ce qu'ils soient translucides. Verser le bouillon et le jus de citron dans la casserole. Délayer la fécule de riz dans un peu d'eau et l'ajouter dans la casserole. Porter à ébullition en remuant. Baisser le feu, ajouter la chair de crabe, le nuoc-mâm et le piment et laisser mijoter pendant 10 min. Battre les œufs en omelette. Les incorporer à la soupe hors du feu en remuant. Verser la soupe dans des bols. Parsemer de coriandre et servir.

300 g de chair de crabe émiettée

2 œufs

1 citron (jus)

2 gousses d'ail

2 échalotes

1/2 bouquet de coriandre

1,2 litre de bouillon de volaille

3 cuil. à soupe de nuoc-mâm

2 cuil. à soupe de fécule de riz (ou de Maïzena)

1 cuil. à café de piment en poudre

Huile

## 343. Rouleaux de printemps
**Préparation : 30 min**

Couper les crevettes en deux dans la longueur. Couper le poulet cuit en lanières. Tremper les vermicelles dans de l'eau chaude pour les ramollir. Les égoutter et les couper en tronçons. Piler grossièrement les cacahuètes. Peler et râper les carottes. Effeuiller la menthe et la couper en lanières. Préparer la farce : mélanger le poulet, les pousses de soja, les carottes, la menthe, les vermicelles et les cacahuètes. Saler et poivrer. Tremper les galettes de riz dans une assiette d'eau jusqu'à ce qu'elles ramollissent. Les étaler sur un linge humide. Poser une quenelle de farce au bord de chaque galette. Poser 2 demi-crevettes par-dessus. Replier deux bords de la galette et la rouler autour de la quenelle de farce. Pour la sauce, mélanger le nuoc-mâm, le vinaigre, le sucre et 6 cuil. à soupe d'eau. Tremper les rouleaux de printemps dans la sauce avant de les déguster.

12 grandes galettes de riz

150 g de blanc de poulet cuit

12 grandes crevettes roses cuites et décortiquées

2 carottes

100 g de pousses de soja

150 g de vermicelles de riz

100 g de cacahuètes non salées

1/2 bouquet de menthe

6 cuil. à soupe de nuoc-mâm

2 cuil. à soupe de vinaigre de riz (ou vinaigre blanc)

2 cuil. à café de sucre en poudre

Sel, poivre

## 344. Beignets de crevettes
**Préparation : 30 min – Cuisson : 15 min**

Faire cuire les crevettes 1 min à l'eau bouillante salée. Les décortiquer en laissant le dernier anneau de carapace et la queue. Battre les œufs en omelette et y incorporer la farine petit à petit, puis la levure et 1 pincée de sel. Faire chauffer l'huile pour la friture. Passer les crevettes dans la pâte et les plonger dans la friture en plusieurs fournées. Les y laisser jusqu'à ce qu'elles soient bien dorées. Les égoutter sur du papier absorbant. Mélanger le jus des citrons verts, le sucre, le nuoc-mâm et 6 cuil. à soupe d'eau. Servir les beignets de crevettes avec cette sauce pour les y tremper.

30 grosses crevettes roses

2 œufs

250 g de farine

2 cuil. à café de levure chimique

2 citrons verts (jus)

2 cuil. à soupe de sucre en poudre

6 cuil. à soupe de nuoc-mâm

Huile pour friture

Sel

## 345. Crêpes vietnamiennes
### Ban xéo
**Préparation : 30 min – Cuisson : 40 min**
(30 min à l'avance)

Peler et émincer les échalotes. Mélanger la farine de riz avec le curcuma et les échalotes. Dans un autre récipient, battre les œufs avec le lait de coco. Y incorporer le mélange de farine petit à petit en fouettant, puis 2 cuil. à soupe d'huile et environ 50 cl d'eau. La pâte doit être un peu plus épaisse qu'une pâte à crêpes. La laisser reposer 30 min. Couper le porc en fines lamelles et les crevettes en deux dans la longueur. Peler et écraser les gousses d'ail. Faire chauffer de l'huile à feu vif dans une poêle et y faire dorer l'ail pendant 1 min. Ajouter les lamelles de porc et faire cuire 1 min, puis ajouter les crevettes et la sauce soja et cuire encore 1 min. Réserver.
Effeuiller la laitue. Peler le concombre et le couper

200 g de filet de porc

12 grosses crevettes crues décortiquées

1 laitue

1 concombre

150 g de pousses de soja

120 g de cacahuètes non salées

200 g de farine de riz

3 échalotes

2 gousses d'ail

1/2 bouquet de menthe

1/2 bouquet de coriandre

2 œufs

15 cl de lait de coco

1 cuil. à café de curcuma

3 cuil. à soupe de sauce soja

Huile

en fines tranches. Écraser grossièrement les cacahuètes. Effeuiller la menthe et la coriandre. Faire
chauffer de l'huile dans une grande poêle antiadhésive. Y verser un peu de pâte et la couvrir d'un peu
du mélange de porc et de crevette. Lorsque la crêpe
commence à être cuite, la parsemer de pousses de
soja et la plier délicatement en deux. Laisser cuire
encore 1 min. La poser sur un plat et la couvrir de
papier aluminium.

| Pour le nuoc cham : |
| --- |
| 6 cuil. à soupe de nuoc-mâm |
| 2 cuil. à soupe de vinaigre de riz (ou vinaigre blanc) |
| 2 cuil. à café de sucre en poudre |

Recommencer de la même manière pour les crêpes suivantes.
Les servir avec les feuilles de laitue, les tranches de concombre,
les feuilles de menthe et de coriandre, les cacahuètes et le nuoc
cham.

**Remarque.** – On peut trouver le nuoc cham dans les épiceries asiatiques ou la préparer soi-même (voir formule 341).

## 346. Bo Bun

**Préparation : 30 min – Cuisson : 15 min**
(30 min à l'avance)

| |
| --- |
| 500 g de filet de bœuf |
| 400 g de vermicelle de riz |
| 1 carotte |
| 1 laitue |
| 1/2 concombre |
| 150 g de pousses de soja |
| 2 oignons |
| 2 gousses d'ail |
| 3 tiges de citronnelle |
| 12 feuilles de menthe |
| 6 brins de coriandre |
| 30 g de cacahuètes non salées |
| 4 cuil. à soupe de nuoc-mâm |
| 1 cuil. à café de sucre en poudre |
| Huile |
| Sel, poivre |

Peler et émincer la citronnelle. Couper le bœuf
en fines lanières. Mélanger le nuoc-mâm, le sucre,
la citronnelle et 1 cuil. à soupe d'huile. Mettre la
viande à mariner dans ce mélange pendant 30 min.
Peler et hacher l'ail et les oignons. Peler et râper la
carotte. Effeuiller la laitue et la couper en lanières.
Peler le demi-concombre, le couper en deux, retirer
les pépins et le couper en fines tranches. Effeuiller
la coriandre. Écraser grossièrement les cacahuètes.
Faire chauffer de l'huile à feu vif dans un wok ou
une poêle et y faire revenir l'ail et l'oignon pendant
5 min. Ajouter la viande et la faire dorer rapidement. Elle doit être juste cuite. Saler et poivrer.
Faire cuire les vermicelles comme indiqué sur le
paquet. Répartir dans les bols, les pousses de soja,
le concombre, la carotte, la laitue, les feuilles de

menthe et de coriandre, les vermicelles puis la viande. Parsemer de cacahuètes et servir avec le nuoc cham.

**Variante.** – On peut ajouter des nems dans le bo bun.

**Remarque.** – On peut trouver le nuoc cham dans les épiceries asiatiques ou la préparer soi-même (voir formule 341).

**Pour le nuoc cham :**

6 cuil. à soupe de nuoc-mâm

2 cuil. à soupe de vinaigre de riz (ou vinaigre blanc)

2 cuil. à café de sucre en poudre

## 347. Porc au caramel
## Thit kho tau
**Préparation : 20 min – Cuisson : 1 h 40 min**

900 g de poitrine de porc

3 échalotes

4 cuil. à soupe de sucre en poudre

4 cuil. à soupe de nuoc-mâm

1 pincée de glutamate de sodium

Poivre noir du moulin

Peler et émincer les échalotes. Couper la viande en dés de 3 cm. Faire chauffer le sucre à feu vif dans une poêle antiadhésive avec 2 cuil. à soupe d'eau. Quand il prend une couleur caramel brun, y verser la viande et les échalotes. Les faire dorer. Poivrer. Couvrir d'eau, baisser le feu, ajouter le nuoc-mâm, le glutamate et laisser mijoter 1 h 30. Dégraisser en cours de cuisson. Servir avec du riz blanc.

## 348. Travers de porc à la citronnelle
**Préparation : 20 min – Cuisson : 40 min**
(2 h à l'avance)

1,2 kg de travers de porc

2 oignons

2 gousses d'ail

3 tiges de citronnelle

1 petit piment rouge

2 cuil. à soupe d'huile

Sel

Peler et émincer la citronnelle. Peler et hacher l'ail et l'oignon. Épépiner le piment et l'émincer très finement. Mélanger l'ail, l'oignon, la citronnelle, le piment, l'huile et du sel. Couper le travers de porc entre les os. Faire mariner les travers coupés dans le mélange à la citronnelle pendant 2 h au frais. Préchauffer le four à 200 °C. Faire cuire les travers de porc pendant 40 min en les retournant à mi-cuisson.

## 349. Bœuf aux oignons
**Préparation : 30 min – Cuisson : 10 min**

Mélanger la sauce de soja, le vinaigre de riz, le sucre en poudre, 1 cuil. à soupe d'huile, du sel et du poivre. Émincer la viande en fines lamelles. Les mettre à mariner 15 min dans la sauce. Peler et émincer les oignons. Peler et hacher le gingembre et l'ail. Faire chauffer 1 cuil. à soupe d'huile à feu vif dans une poêle ou un wok et y faire revenir les oignons avec le gingembre 5 min, ajouter l'ail et faire cuire encore 1 min. Réserver. Remettre 1 cuil. à soupe d'huile dans la poêle ou le wok et y faire dorer les lamelles de viande en les retournant en cours de cuisson. Reverser le mélange d'oignons sur la viande et faire cuire 1 min en remuant. Servir.

1 kg de rumsteck

6 oignons

4 gousses d'ail

1 morceau de gingembre de la taille d'un pouce

6 cuil. à soupe de sauce soja

2 cuil. à soupe de vinaigre de riz (ou de vinaigre blanc)

1 cuil. à soupe de sucre en poudre

3 cuil. à soupe d'huile

Sel, poivre

# Océan Indien

# La Réunion

## 350. Riz créole
**Préparation : 10 min – Cuisson : 30 min**

| |
|---|
| 350 g de riz |
| Sel |

Bien laver le riz en changeant d'eau au moins quatre fois. Mettre le riz dans une marmite et le recouvrir d'environ 8 cm d'eau froide. Saler.

Porter à ébullition. Dès que l'eau a été absorbée, retirer du feu vif et maintenir à feu doux pour que la cuisson se termine. Le riz se dessèche lentement et reste bien en grains.

## 351. Achards
**Préparation : 1 h – Cuisson : 6 à 7 min**

| |
|---|
| 200 g de chou-fleur |
| 200 g de petites tomates vertes |
| 150 g de chou vert |
| 150 g de carottes |
| 150 g de petits melons |
| 200 g de petits oignons |
| 15 g de gingembre |
| 1 gousse d'ail |
| 10 cl d'huile d'olive |
| 3 cl de vinaigre |
| 1 cuil. à café de safran en poudre |
| Piment rouge en poudre |
| Sel |

Couper les légumes et les fruits en fines lamelles, les blanchir à l'eau bouillante salée pendant 3 à 5 min. Égoutter. Bien sécher dans un torchon.

Piler dans un mortier l'ail et le gingembre pelés, du piment et le vinaigre. Faire chauffer l'huile d'olive et y mélanger avec soin le safran. Y faire revenir les oignons, ajouter la préparation ail-gingembre-piment puis les légumes. Laisser cuire quelques minutes. Faire refroidir et servir froid, en accompagnement.

## 352. Rougail de tomates
**Préparation : 25 min**

Écraser le gingembre pelé avec les petits piments et du sel. Ajouter à cette pâte l'oignon épluché et haché, les tomates épluchées et coupées en gros morceaux. Bien travailler au pilon pour obtenir une pâte. Se mange en sandwiches ou avec du riz créole.

300 g de tomates
5 g de gingembre
3 petits piments
60 g d'oignon
Sel

## 353. Rougail chouchou
**Préparation : 30 min – Cuisson : 1 h 45**

Éplucher les chayottes, les battre avec un couteau de façon à les réduire en très petits morceaux.
Faire chauffer l'huile dans une sauteuse, y faire revenir les oignons coupés en tranches et l'ail pilé. Mettre les morceaux de chayotte, du sel, du thym, du laurier et du piment. Couvrir la sauteuse et faire cuire à petit feu pendant 1 h 30. Au moment de servir, ajouter le filet de vinaigre et servir avec du riz cuit à l'eau.

1,5 kg de chayottes (cristophine)
100 g d'oignons
6 cl d'huile
2 gousses d'ail
1 cuil. à soupe de vinaigre
Thym
Laurier
Piment rouge en poudre à volonté
Sel

## 354. Cœurs de palmiers en sauce
**Préparation : 25 min – Cuisson : 35 min**

Piler l'ail pelé avec du gros sel jusqu'à obtention d'une pâte. Éplucher et hacher très finement l'oignon. Faire chauffer 30 g de beurre et y mettre ail et oignon pour les faire cuire à blanc sans roussir pendant 20 min.
Préparer une sauce blanche avec 40 g de beurre, la farine et le lait. Assaisonner avec sel et poivre et y incorporer l'ail et l'oignon cuits à blanc. Faire réchauffer les cœurs de palmiers dans la boîte. Égoutter, les disposer dans un plat long, napper avec la sauce blanche chaude. Décorer le tour du plat avec le coulis de tomate dans lequel on a mis une pointe de gingembre. Servir.

1 boîte de cœurs de palmiers (1 kg)
20 cl de coulis de tomate
50 g d'oignon
70 g de beurre
40 g de farine
50 cl de lait
Gingembre en poudre
1 gousse d'ail
Gros sel, sel, poivre

# 355. Pâté créole

**Préparation : 1 h – Cuisson : 3 h 30 à 4 h (farce)**
**Préparation : 45 min – Cuisson : 3 h (pâte)**
(24 h à l'avance)

| Pour la farce : |
| --- |
| 1 poulet d'1,5 kg |
| 500 g de porc salé |
| 750 g de porc frais |
| 500 g de tomates |
| 350 g d'oignons |
| 6 gousses d'ail |
| 10 g de gingembre |
| 500 g de saindoux |
| Safran en poudre |
| Bouquet garni |
| Noix muscade |
| Sel, poivre |
| **Pour la croûte :** |
| 1 kg de farine |
| 150 g de beurre |
| 8 œufs + 1 jaune d'œuf pour dorer la pâte |
| Graisse de cuisson de la viande |
| 5 g de levure chimique |
| 60 g d'arrow-root |
| 10 cl d'eau très sucrée |
| Sel |

### La veille, préparation de la farce

Faire dessaler à l'eau bouillante le porc salé puis le cuire pendant 30 min. Couper le poulet en morceaux ainsi que les 2 morceaux de porc. Faire fondre le saindoux dans une grosse cocotte. Lorsqu'il est chaud, y faire revenir les morceaux de poulet, les retirer quand ils sont dorés. Faire dorer les morceaux de porc (frais et dessalé). Retirer. Mettre les oignons épluchés et hachés finement, assaisonner avec l'ail épluché, le gingembre pelé et pilé, faire dorer puis ajouter les tomates et 1 cuil. à soupe de safran. Mélanger le tout et faire chauffer en tournant pendant environ 10 min. Ajouter toutes les viandes, de la noix muscade râpée, du poivre, le bouquet garni. Faire cuire à couvert pendant environ 30 min. Retirer toute la graisse de cuisson, la mettre dans un récipient et la faire refroidir au réfrigérateur. Verser sur les viandes de l'eau tiède et faire cuire pendant 2 h 30 à 3 h. Il ne doit rester que la viande et la purée de légumes sans liquide.

### Préparation de la pâte

Mettre sur la planche à pâtisserie 750 g de farine, y ajouter l'arrow-root, la levure, l'eau sucrée, du sel et le beurre en morceaux. Commencer à travailler la pâte avec les mains, y ménager un puits et y casser, un à un, au fur et à mesure qu'on travaille la pâte, les 8 œufs. Incorporer la graisse de cuisson réservée. Utiliser, si nécessaire, de la farine si la pâte est trop humide. Goûter la pâte qui doit être sucrée. L'étendre au rouleau sur une planche farinée.

Mettre 1 feuille de pâte ayant un peu moins d'1 cm d'épaisseur, pour chemiser un moule à pâté (ou un moule à gâteau). Laisser dépasser 2 à 3 cm des bords du moule (de façon à pouvoir les rabattre sur la farce).

Mettre à l'intérieur du moule les viandes cuites avec la purée de légumes. Rabattre les bords de la pâte pour fermer complètement. Faire adhérer les bords de pâte en appuyant. Ménager une ouverture comme un pâté.

Garnir le centre, si l'on veut, avec des morceaux de pâte formant une fleur ou des feuilles. Dorer avec 1 jaune d'œuf. Mettre à four moyen pour 3 h. Attendre que le pâté soit froid pour démouler.

**Remarque.** – La particularité du pâté créole est le contraste entre la pâte sucrée et la farce salée.

L'arrow-root est une fécule extraite des rhizomes de plantes tropicales. On peut en trouver dans les boutiques diététiques.

## 356. Thon en achards
**Préparation : 25 min – Cuisson : 30 min**

750 g de thon

100 g d'oignons

15 g de gingembre

1 gousse d'ail

2 petits piments

1 cuil. à soupe de vinaigre

4 cl d'huile d'olive

Safran en poudre

Sel

Faire d'abord cuire le thon au court-bouillon. L'égoutter, le laisser refroidir. Le couper en morceaux de taille moyenne, éplucher et retirer peau et arêtes. Mettre dans une casserole l'huile, les oignons épluchés et coupés grossièrement, 1 cuil. à café de safran, le gingembre et l'ail pelés pilés avec les petits piments, le vinaigre. Faire chauffer, y mettre les morceaux de thon afin qu'ils soient bien imprégnés de sauce, et laisser cuire pendant environ 10 min.

## 357. Rougail de morue
**Préparation : 25 min – Cuisson : 40 min**

500 g de morue

500 g de tomates

120 g d'oignons

2 gousses d'ail

10 cl d'huile

Piment rouge en poudre

Faire cuire la morue à l'eau froide sans la laisser bouillir. Retirer du feu et laisser pocher pendant 20 min. Égoutter. Laver à l'eau froide. Essuyer et séparer la morue en morceaux de taille moyenne. Éplucher l'ail et le piler.

Éplucher les oignons, les hacher finement. Enfin, enlever la peau des tomates et les couper en morceaux. Chauffer l'huile dans une grande poêle, y jeter les oignons, les faire rissoler, puis mettre la morue, les tomates et l'ail. Assaisonner avec du piment rouge en poudre (à volonté). Faire cuire le tout pendant 10 min au maximum et servir aussitôt.

## 358. Morue créole

**Préparation : 25 min – Cuisson : 35 min**

[1 h à l'avance]

| |
|---|
| 500 g de morue |
| 150 g d'oignons |
| 60 g de matière grasse |
| 2 cuil. à soupe de vinaigre |
| 6 cl d'huile |

Faire cuire la morue à l'eau froide. Au moment où commence l'ébullition, retirer du feu et laisser pocher à couvert pendant 20 min.

Égoutter. Essuyer la morue avec un linge. La diviser en morceaux de taille moyenne et laisser à l'air pendant 30 min.

Éplucher les oignons, les couper grossièrement, faire chauffer dans une poêle la matière grasse, y faire revenir les oignons et dès qu'ils sont dorés, ajouter la morue et la faire réchauffer en tournant. Verser alors le vinaigre et l'huile. Servir chaud.

## 359. Poulet boucané

**Préparation : 30 min – Cuisson : 20 min**

[à préparer la veille]

| |
|---|
| 1 gros poulet ou 1 poulet 1/2 |
| 3 échalotes |
| 6 gousses d'ail |
| 3 citrons verts (jus) |
| 1 piment |
| 3 brins de thym |
| Sel |

La veille, couper le poulet en morceaux. Peler et émincer l'ail et les échalotes. Épépiner le piment et le hacher très finement. Effeuiller le thym. Mélanger le jus des citrons, l'ail, l'échalote, le thym, du sel et le piment. Mettre les morceaux de poulet à mariner pendant 1 nuit au réfrigérateur dans ce mélange. Le lendemain faire chauffer un barbecue et y faire cuire les morceaux de poulet jusqu'à ce qu'ils soient bien dorés. Servir.

## 360. Gâteau de maïs
**Préparation : 5 min – Cuisson : 40 à 50 min**

| |
|---|
| 250 g de farine de maïs |
| 100 g de beurre |
| 3 œufs |
| 100 g de sucre en poudre |
| 75 cl à 1 litre de lait |
| Vanille en poudre |
| Sel |

Faire bouillir le lait avec la vanille et hors du feu y jeter la farine de maïs. Bien mélanger et incorporer le beurre, le sucre en poudre, les jaunes d'œufs et ensuite les blancs battus en neige ferme. Verser dans un moule beurré. Faire cuire à four moyen environ 30 à 40 min. Le dessus du gâteau doit être bien doré. Laisser refroidir. Démouler, puis couper en tranches de 1 cm d'épaisseur et les passer une nouvelle fois au four pendant quelques minutes. Ainsi les tranches de gâteau se conservent bien.

## 361. Flan à la noix de coco
**Préparation : 30 min – Cuisson : 30 à 35 min**

| |
|---|
| 1 noix de coco râpée (réserver 1 cuil. pour la garniture) |
| 100 g de mie de pain |
| 4 œufs |
| 50 g de beurre |
| 50 cl de lait |
| 90 g de sucre en poudre |
| 50 g de caramel |
| 1 gousse de vanille |

Faire bouillir le lait avec la vanille fendue, le sucre en poudre et la mie de pain. Enlever la gousse de vanille et passer à la moulinette pour réduire le pain en purée. Refaire bouillir, puis laisser un peu refroidir. Ajouter alors le beurre, la noix de coco râpée et les œufs, un à un, battus en omelette. Caraméliser un moule, y verser la préparation et cuire à four chaud pendant 30 min. Mettre ensuite au réfrigérateur. Démouler et saupoudrer de noix de coco râpée réservée.

## 362. Gâteau de patates douces
**Préparation : 20 min – Cuisson : 50 min**

| |
|---|
| 750 g de patates douces |
| 3 œufs |
| 200 g de beurre mou + un peu pour le moule |
| 150 g de sucre en poudre |
| 1 citron vert (jus) |
| 1 gousse de vanille |

Peler les patates douces et les couper en cubes. Les faire cuire 15 min dans de l'eau bouillante. Les égoutter. Préchauffer le four à 180 °C. Fendre la gousse de vanille et récupérer les graines. Écraser les patates douces en purée. Y ajouter le jus du citron vert, le beurre, les œufs, le sucre en poudre et les graines de vanille. Bien mélanger. Beurrer un moule à gâteau et y verser la pâte. Mettre au four pour 35 min de cuisson.

**Variante.** – On peut ajouter un peu de rhum dans la pâte.

# Île Maurice

### 363. Croquettes de crevettes

**Préparation : 20 min – Repos : 15 min**
**Cuisson : 20 min**
**(15 min à l'avance)**

Couper les crevettes en morceaux. Peler et hacher le gingembre. Émincer les oignons. Mélanger la farine, la levure, le curcuma et le cumin. Faire un puits au centre. Battre les œufs en omelette et les verser dans la farine en mélangeant. Ajouter de l'eau pour obtenir une pâte épaisse et lisse. Ajouter les crevettes, l'oignon et le gingembre. Saler, poivrer et mélanger. Couvrir et laisser reposer 15 min. Faire chauffer de l'huile dans une poêle. Y verser 1 cuil. à soupe de pâte aux crevettes et la faire bien dorer des 2 côtés. Égoutter sur du papier absorbant. Continuer avec le reste de la pâte. Servir les croquettes avec la pâte de piment.

| Ingrédients |
| --- |
| 500 g de crevettes cuites décortiquées |
| 250 g de farine |
| 2 œufs |
| 4 oignons blancs |
| 1 morceau de gingembre de 3 cm |
| 1 cuil. à café de levure chimique |
| 1/2 cuil. à café de curcuma |
| 1/2 cuil. à café de cumin en poudre |
| 1 cuil. à soupe de pâte de piment |
| Huile |
| Sel, poivre |

### 364. Cabri massalé

**Préparation : 25 min – Cuisson : 1 h 20**

Diluer la pâte de tamarin dans un peu d'eau. Couper la viande en cubes de 2 cm. Peler et émincer l'ail et les oignons. Couper les tomates en dés. Peler et hacher le gingembre. Faire chauffer de l'huile à feu vif dans une cocotte. Y faire dorer les morceaux de viande. Saler et poivrer. Ajouter l'oignon, l'ail, le gingembre et le thym. Faire revenir 5 min. Baisser le feu, ajouter les tomates et faire cuire encore 5 min. Ajouter le massalé, le curcuma et faire cuire 5 min. Couvrir d'eau et laisser mijoter environ 1 h, jusqu'à ce que la viande soit bien tendre. Ajouter le tamarin 10 min avant la fin de la cuisson.

**Conseil.** – On peut servir ce plat avec du riz.

| Ingrédients |
| --- |
| 1,2 kg de viande de cabri |
| 3 tomates |
| 2 oignons |
| 50 g de pâte de tamarin |
| 4 gousses d'ail |
| 1 morceau de gingembre de 3 cm |
| 1 brin de thym |
| 3 cuil. à soupe de massalé |
| 1 cuil. à soupe de curcuma |
| Huile |
| Sel, poivre |

## 365. Rougail de saucisses
**Préparation : 20 min – Cuisson : 40 min**

Percer les saucisses avec une fourchette. Les faire
cuire 15 min dans de l'eau bouillante. Les couper
en morceaux d'environ 3 cm. Peler et émincer
les oignons. Peler et hacher l'ail et le gingembre.
Couper les tomates en dés. Épépiner les piments
et les piler ou les hacher finement. Faire chauffer
de l'huile à feu vif dans une cocotte. Y faire dorer
les oignons 5 min. Ajouter les saucisses et les faire
griller. Ajouter ensuite l'ail, le gingembre, le piment,
le curcuma, les tomates et 1/2 verre d'eau. Saler et poivrer. Baisser le
feu, couvrir et laisser mijoter environ 20 min à feu doux. Il faut que la
sauce soit bien épaisse. Servir avec du riz.

| Ingrédients |
|---|
| 1 kg de saucisses |
| 8 tomates |
| 2 oignons |
| 2 gousses d'ail |
| 3 petits piments verts |
| 1 morceau de gingembre de 2 cm |
| 1 cuil. à café de curcuma |
| Huile |
| Sel, poivre |

# Madagascar

## 366. Sambos
### Beignets de viande
**Préparation : 30 min – Cuisson : 20 min**

Préparer une pâte brisée avec la farine, du sel, le beurre et de l'eau en quantité suffisante. La mettre en boule et la laisser reposer le temps de préparer la farce.

Hacher la ciboulette (ou les oignons), la faire revenir dans 3 cl d'huile, ajouter le curry et la viande hachée, bien mélanger. Saler et pimenter, et cuire juste à point. Étaler la pâte assez mince sur une planche farinée. La découper en triangles d'environ 10 cm de côté. Mettre au milieu de chaque triangle 1 petite cuil. à soupe de farce.

Rabattre les 3 sommets pour obtenir un autre triangle plus petit. Souder à l'eau. Faire chauffer la friture, y faire cuire les sambos jusqu'à ce qu'ils soient dorés et croustillants. Servir chaud.

200 g de viande de bœuf hachée

200 g de farine

100 g de beurre

100 g de ciboulette ou d'oignons

1 cuil. à café de curry en poudre

3 cl d'huile

Piment en poudre

Huile pour friture

Sel

## 367. Poissons à la malgache
**Préparation : 25 min – Cuisson : 1 h 30**

Préparer les petites carpes, les vider, mais laisser la tête, les laver. Couper le lard en petits morceaux, les faire fondre dans une cocotte, à feu doux. Éplucher le cresson, le laver et le mettre dans la cocotte sur le lard. Mettre alors les poissons et les disposer l'un à côté de l'autre. Saler. Verser de l'eau jusqu'à hauteur des poissons. Couvrir et cuire à feu régulier jusqu'à épuisement de l'eau. Servir chaud dans un plat ovale, le poisson au milieu, le cresson et les lardons autour. Accompagner avec du riz.

**Remarque.** – Le cresson remplace les brèdes, des herbes qu'on ne trouve qu'à Madagascar.

12 petites carpes (de 15 à 20 cm) ou autres poissons d'eau douce

500 g de lard de poitrine fumé

1 grosse botte de cresson

Sel

## 368. Ro-mazava
# Ragoût de porc
**Préparation : 20 min – Cuisson : 1 h**

| |
|---|
| 6 côtelettes de porc dans l'échine |
| 200 g de tomates |
| 200 g d'oignons |
| 2 bottes de cresson |
| 4 cl d'huile |
| Sel, poivre |

Découper chaque côtelette en quatre morceaux. Dans une grande poêle, faire chauffer l'huile, y faire revenir les morceaux de porc jusqu'à ce qu'ils soient bien dorés. Les retirer et faire revenir dans la même huile, les oignons épluchés et coupés finement, puis les tomates lavées, coupées en morceaux, et le cresson épluché et lavé avec soin. Saler, poivrer. Remettre la viande et faire cuire le tout ensemble pendant 45 min. Servir chaud avec du riz à l'eau (apangoro).

**Remarque.** – On peut remplacer le cresson par des feuilles de radis et de navets. Le cresson remplace les brèdes, des herbes qu'on ne trouve qu'à Madagascar.

## 369. Poulet au sucre
**Préparation : 30 min – Cuisson : 25 à 35 min**
(1 h à l'avance)

| |
|---|
| 1 poulet d'1,2 kg |
| 4 gousses d'ail |
| 3 cl d'huile |
| 50 g de miel ou de sucre en poudre |
| Thym en poudre |
| Clou de girofle en poudre |
| Huile pour friture |
| Sel, poivre |

Vider le poulet, le laver et l'égoutter pendant 20 min. Éplucher les gousses d'ail et introduire des petits morceaux dans les parties charnues du poulet. Badigeonner le poulet avec de l'huile. Tartiner ensuite de miel (ou de sucre en poudre). Assaisonner avec poivre, sel, thym et clou de girofle en poudre. Piquer ensuite le poulet avec une fourchette dans toutes les parties du corps. Laisser ainsi le poulet s'imprégner de cet assaisonnement pendant 30 min environ. Faire chauffer de l'huile dans une sauteuse, y mettre le poulet et le faire cuire en le tournant sans arrêt jusqu'à ce qu'il prenne une couleur rosée ou rouge. Pendant cette cuisson, arroser toutes les minutes avec un peu d'eau et ceci jusqu'à parfaite cuisson.

## 370. Oie au gingembre
**Préparation : 30 min – Cuisson : 4 à 6 h**

Couper l'oie en morceaux, la mettre dans la marmite avec les oignons et l'ail pelés, les tomates, 100 g de gingembre pelé et pilé, et le reste du gingembre entier. Recouvrir d'eau, saler et faire cuire comme un pot-au-feu. Servir avec du riz et de la fricassée de brèdes (on peu remplacer par du cresson).

1 oie très grasse
200 g de gingembre
1 kg de tomates
2 gousses d'ail
100 g d'oignons
Sel

## 371. Beignets aux bananes
**Préparation : 10 min – Cuisson : 10 min**
(1 h à l'avance)

Mettre dans une terrine les farines, du sel ; y faire un puits, y mettre les 2 œufs. Bien mélanger en ajoutant progressivement le lait. Parfumer avec de la cannelle. Laisser reposer la pâte pendant 1 h.
Éplucher les bananes, les tremper dans la pâte et les mettre aussitôt dans la friture chaude. Faire dorer, égoutter, saupoudrer de sucre en poudre fin et servir chaud.

6 grosses bananes
125 g de farine
125 g de farine de riz
2 œufs
5 cl de lait
Cannelle en poudre
Sucre en poudre
Huile pour friture
Sel

## 372. Gâteau au riz et bananes (à la vapeur)
### Mofo-arondro
**Préparation : 20 min – Cuisson : 45 min**

150 g de riz
6 bananes bien mûres
3 feuilles de bananier
60 g de sucre en poudre

Écraser le riz (ou prendre des brisures de riz). Éplucher les bananes ; les écraser, les mélanger avec le riz brisé. Ajouter le sucre en poudre. On obtient une pâte épaisse. Diviser cette pâte en trois portions. Mettre chaque portion sur une feuille de bananier, refermer chaque feuille, comme pour faire un paquet. Ficeler. Cuire à la vapeur pendant 45 min.

*Afrique*

# Afrique du Sud

## 373. Bobotie

**Préparation : 30 min – Cuisson : 1 h 05**

Peler et émincer les oignons. Faire chauffer de l'huile à feu vif dans une poêle et y faire revenir les oignons 5 min. Ajouter la viande, les raisins secs, le sucre en poudre, le vinaigre, le curry et le curcuma. Saler et bien mélanger. Laisser cuire encore 10 min. Préchauffer le four à 180 °C. Faire tremper le pain dans la moitié du lait, l'égoutter et l'écraser à la fourchette. Conserver le lait. Mélanger 1 œuf avec le pain. Ajouter la viande aux oignons à ce mélange. Beurrer un moule à gâteau. Y étaler le mélange à la viande et poser les feuilles de citronnier ou de laurier dessus. Mettre au four pour 50 min. Mélanger le lait restant avec le dernier œuf et saler. À mi-cuisson, verser ce mélange sur le plat. Servir chaud.

| |
|---|
| 800 g de bœuf haché |
| 3 oignons |
| 3 feuilles de citronnier ou de laurier |
| 30 g de raisins secs |
| 3 œufs |
| 2 tranches de pain de mie sans la croûte |
| 25 cl de lait |
| 15 g de beurre |
| 2 cuil. à soupe de sucre en poudre |
| 2 cuil. à soupe de vinaigre |
| 1 cuil. à soupe de curry en poudre |
| 1 cuil. à café de curcuma |
| Huile |
| Sel |

## 374. Sosatis
### Brochettes d'agneau
**Préparation : 40 min – Cuisson : 20 min**
(12 h à l'avance)

| |
|---|
| 1 kg d'épaule ou de gigot d'agneau désossé |
| 250 g d'abricots secs |
| 4 oignons |
| 8 gousses d'ail |
| 2 poivrons |
| 1 petit piment rouge |
| 3 feuilles de laurier |
| 25 cl de bouillon de bœuf |
| 2 cuil. à soupe de curry en poudre |
| 2 cuil. à café de curcuma |
| 2 cuil. à soupe de sucre roux |
| 3 cuil. à soupe de vinaigre |
| 3 noix de beurre |
| Sel |

La veille, couper la viande en cubes d'environ 3 cm. Émietter les feuilles de laurier et les étaler dans un plat en terre ou en verre. Y poser les morceaux de viande. Peler et hacher 2 oignons. Peler et écraser les gousses d'ail. Épépiner le piment et l'émincer finement. Faire fondre 2 noix de beurre à feu vif dans une poêle et y faire dorer l'ail, le piment et les oignons hachés avec la poudre de curry pendant 5 min. Ajouter le bouillon, le curcuma, le sucre et le vinaigre et porter à ébullition. Saler. Verser le mélange bouillant sur la viande et mélanger. Laisser refroidir et mettre au réfrigérateur pour 1 nuit. Le jour même, égoutter les morceaux de viande et garder la marinade. Couper les 2 oignons restants et les poivrons en morceaux de la taille des morceaux de viande. Préparer des brochettes en alternant viande, oignon, poivron et abricot. Faire chauffer un barbecue et y faire griller les brochettes selon les goûts. Faire chauffer la marinade dans une casserole avec 1 noix de beurre. Servir les brochettes avec cette sauce.

**Variante.** – On peut faire cuire les brochettes sous le gril du four pendant environ 20 min, en les retournant en cours de cuisson.

## 375. Koeksisters
### Beignets tressés au sirop
**Préparation : 20 min – Repos : 1 h**
**Cuisson : 30 min**
(12 h à l'avance)

| |
|---|
| 1 œuf |
| 6 cuil. à soupe de lait |
| 500 g de sucre en poudre |
| 250 g de farine |
| 6 cuil. à soupe de margarine |
| 2 cuil. à café de levure chimique |

La veille, préparer le sirop : porter à ébullition le sucre en poudre, la crème de tartre, la cannelle en poudre, la margarine et 25 cl d'eau. Laisser cuire à petits bouillons environ 10 min, jusqu'à obtenir une consistance sirupeuse. Laisser refroidir et mettre au réfrigérateur. Le jour même, mélanger la farine avec la levure chimique et 1 pincée de sel. Battre l'œuf avec le lait. Verser ce liquide dans la farine et mélanger. Laisser reposer la pâte au frais 1 h. Étaler la pâte et la couper en bandes d'environ 8 × 3 cm. Couper ensuite les bandes en trois dans la longueur en les laissant attachées d'un côté. Les tresser et appuyer légèrement pour qu'elles gardent leur forme. Faire chauffer l'huile pour la friture. Sortir le sirop froid et le répartir dans 2 récipients. Faire frire les tresses de pâte dans l'huile jusqu'à ce qu'elles soient bien dorées et les égoutter sur du papier absorbant. Les tremper dans un récipient de sirop froid. Quand le sirop commence à chauffer, tremper les tresses suivantes dans le deuxième récipient de sirop.

**Variante.** – On peut ajouter des zestes d'orange râpés dans le sirop.

**Remarque.** – On trouve de la crème de tartre en pharmacie.

1 cuil. à café de crème de tartre

1 cuil. à café de cannelle en poudre

Huile pour friture

Sel

# Bénin

## 376. Porc au manioc
**Préparation : 40 min – Cuisson : environ 1 h 15**

Mettre dans un faitout deux fois et demi le volume en eau du gari. Y ajouter la viande de porc coupée en morceaux d'environ 4 cm, l'ail haché, le gingembre, du sel. Faire cuire à petite ébullition pendant 45 min. Retirer la viande et l'égoutter dans une passoire. Ajouter au bouillon les tomates mûres épépinées et écrasées, 150 g d'oignons hachés, les piments hachés finement et du poivre. Porter à ébullition, puis laisser mijoter.

Procéder alors à la préparation du gari : verser à l'aide d'une louche, un peu du bouillon précédent dans un grand bol, y jeter en pluie un peu de gari (jusqu'à absorption de l'eau), remettre du bouillon puis du gari. Continuer ainsi en maintenant toujours le bouillon bien chaud jusqu'à épuisement de la farine et du liquide. Couvrir ensuite le bol.

Faire dorer à la poêle, dans de l'huile chaude, les morceaux de porc. Préparer la sauce avec les tomates fraîches coupées en dés, y ajouter les 50 g d'oignons crus, le vinaigre et verser dans une saucière.

Servir la pâte de gari dans une soupière et arroser avec l'huile dans laquelle a doré la viande. Placer la viande sur un plat et déguster le tout ensemble.

600 g de porc
(côtelettes, échine)

1 kg de tomates
très mûres

500 g de tomates
fermes

350 g de gari
(farine de manioc)

200 g d'oignons

3 ou 4 piments frais
rouges

2 g de gingembre

1 gousse d'ail

2 cl de vinaigre

25 cl d'huile d'arachide

Sel, poivre

## 377. Sauce à l'arachide
**Préparation : 30 min – Cuisson : 50 min**

Couper la viande en morceaux de 4 à 5 cm de côté. La faire rissoler dans 5 cl d'huile. Mettre dans une cocotte le reste de l'huile et lorsqu'elle est chaude, y verser les tomates pelées, épépinées et réduites en purée, l'oignon haché finement, la pâte de crevettes,

1 kg de viande
(bœuf ou volaille)

500 g de tomates très
mûres

250 g de pâte d'arachide

50 g de pâte de
crevettes

50 g d'oignon

du piment et du sel. Laisser mijoter pendant 15 min. | 10 cl d'huile d'arachide
Ajouter alors la viande.

Délayer la pâte d'arachide dans 50 cl d'eau froide
et ajouter ce mélange dans la cocotte. Bien mêler,
poivrer, couvrir et faire cuire à feu moyen pendant 20 min. La sauce
doit être assez épaisse.

Servir viande et sauce dans un plat creux ou une soupière,
accompagnés d'une purée d'ignames ou d'une pâte de gari (voir
formule 376).

| | |
|---|---|
| 10 cl d'huile d'arachide | |
| Piment en poudre | |
| Sel, poivre | |

## 378. Sauce de carpe fraîche à la tomate

**Préparation : 25 min – Cuisson : 35 à 40 min**

| |
|---|
| 1 kg de carpe |
| 500 g de tomates bien mûres |
| 6 piments rouges et verts |
| 2 gousses d'ail |
| 50 g d'oignon |
| 6 cl d'huile d'arachide |
| Piment en poudre |
| Sel |

Laver et vider la carpe, l'enduire de 1 gousse d'ail
hachée finement. Laver, peler, épépiner les tomates
et les presser pour obtenir une purée. Mettre dans
une marmite l'huile d'arachide, la purée de tomates,
la deuxième gousse d'ail hachée, du sel et le piment
en poudre. Faire chauffer en tournant. Ajouter 20 cl
d'eau et porter à ébullition.

Mettre dans ce liquide le poisson, l'oignon coupé en tranches et les
piments. Couvrir et laisser cuire à feu doux pendant 20 à 25 min.
S'assurer que le poisson est cuit et vérifier l'assaisonnement.

Cette sauce, servie dans un plat creux, accompagne la pâte de gari
(voir formule 376) ou du riz cuit à l'eau. Mettre le poisson au milieu
et les piments autour, perpendiculairement au poisson.

# Côte d'Ivoire

## 379. Foutou

**Préparation : 20 min – Cuisson : 20 min**

Peler les bananes et le manioc. Les couper en morceaux. Les faire cuire environ 20 min dans 2 casseroles d'eau bouillante séparées, jusqu'à ce qu'ils soient tendres. Piler les 2 ingrédients séparément, en ajoutant un peu d'eau de cuisson, jusqu'à obtenir 2 pâtes lisses et homogènes. Les mélanger et les saler. Former des boules et les servir avec la sauce graine.

**Conseil.** – Le foutou se déguste avec la sauce graine (formule 361). On peut également préparer le foutou avec de l'igname cuit à la vapeur à la place des bananes plantain.

| |
|---|
| 3 kg de bananes plantain |
| 1 morceau de manioc d'environ 300 g |
| Sel |

## 380. Sauce graine

**Préparation : 30 min – Cuisson : 1 h 15**

Peler et émincer l'oignon. Couper le poulet en cubes. Épépiner et émincer finement le piment. Faire chauffer de l'huile à feu vif dans une cocotte. Y faire dorer le poulet 7 à 8 min. Ajouter l'oignon et les cubes de bouillon. Saler et poivrer. Verser 40 cl d'eau, le concentré de tomate, le poisson fumé et la sauce. Baisser à feu moyen. Au bout de 5 min, retirer les morceaux de poulet. Les réserver. Continuer à faire cuire le mélange pendant 1 h. Remettre le poulet dans la cocotte 15 min avant la fin de la cuisson.

| |
|---|
| 1 kg de viande de poulet fumé |
| 60 g de poisson fumé |
| 1 boîte de concentré de sauce graine |
| 1 oignon |
| 1 gros piment |
| 2 cubes de bouillon cube « Or » |
| 3 cuil. à soupe de concentré de tomate |
| Huile |
| Sel, poivre |

**Variante.** – On peut également préparer la sauce graine avec de la viande de poulet ou de bœuf fraîche.

**Remarque.** – La sauce graine est une pulpe naturelle de noix de palme.

## 381. Aloko

### Bananes plantain frites

**Préparation : 15 min – Cuisson : 10 min**

| |
|---|
| 10 bananes plantain |
| 1 morceau de gingembre de la taille d'un pouce |
| Huile |
| Sel |

Peler et hacher le gingembre. Peler les bananes et les couper en tranches. Mélanger les bananes avec le gingembre. Les saler. Faire chauffer de l'huile à feu moyen dans une poêle et y faire frire les tranches de banane des deux côtés jusqu'à ce qu'elles soient bien dorées. Les égoutter sur du papier absorbant.

## 382. Poulet kedjenou

**Préparation : 30 min – Cuisson : 1 h**

| |
|---|
| 1 gros poulet ou 1 poulet 1/2 |
| 10 tomates |
| 4 aubergines |
| 4 oignons |
| 6 échalotes |
| 6 piments verts |
| 1 morceau de gingembre de la taille d'un pouce |
| 2 feuilles de laurier |
| 2 brins de thym |
| Huile |
| Sel, poivre |

Couper le poulet en morceaux. Peler et émincer les oignons et les échalotes. Couper les aubergines en gros dés. Épépiner les piments verts et les couper en tranches de 1 cm. Peler et hacher le gingembre. Faire chauffer de l'huile à feu moyen dans une cocotte. Y faire revenir l'oignon émincé pendant 5 min. Ajouter les morceaux de poulet et les faire dorer pendant 10 min. Ajouter dans la cocotte les ingrédients préparés, les tomates coupées en morceaux, le laurier, le thym et 20 cl d'eau. Saler, poivrer. Mélanger, baisser le feu, couvrir et laisser mijoter 45 min. Remuer la cocotte en cours de cuisson en la faisant tourner sans l'ouvrir.

# Mali

### 383. Riz à la sauce tomate

**Préparation : 20 min – Cuisson : 1 h**

| |
|---|
| 500 g de mouton ou de bœuf |
| 500 g de tomates |
| 150 g de riz |
| 200 g d'oignons |
| 2 cuil. à soupe de concentré de tomate |
| 2 gousses d'ail |
| 1 piment |
| 6 grains de Soumala |
| 10 cl d'huile d'arachide |
| Sel, poivre |

Préparer d'abord la sauce tomate dans laquelle on fera cuire la viande. Couper les tomates en quartiers, les écraser à la fourchette et ajouter le concentré. Détailler la viande en dés de 2 cm de côté. Chauffer 5 cl d'huile dans une cocotte, y faire revenir 100 g d'oignons épluchés et émincés, puis les morceaux de viande. Recouvrir avec la purée de tomates et ajouter les gousses d'ail épluchées.

Pour donner le goût particulier à la région de Soumala, faire frire 100 g d'oignons dans 5 cl d'huile, les piler avec le piment frais et les grains de Soumala. Ajouter cet assaisonnement à la préparation, saler, poivrer. Mouiller avec 25 cl d'eau et cuire à petit feu pendant 45 min.

Pendant ce temps, préparer la cuisson du riz. Le laver et le faire cuire 10 min à gros bouillons dans une grande quantité d'eau. À ce moment, enlever l'eau qui recouvre le riz pour que les grains soient juste imbibés. Terminer la cuisson à petit feu, casserole couverte. Les grains de riz doivent être bien cuits mais non défaits. Servir le riz en couronne et la garniture de viande avec la sauce au milieu.

**Remarque.** – En Afrique, on mélange tomates fraîches et concentré avec les mains, jusqu'à obtention d'une purée bien liée.

Si vous n'avez pas de grains de Soumala (que l'on trouve exclusivement au Mali), vous pouvez vous en passer pour réaliser cette recette.

## 384. Riz à la sauce tomate avec légumes
**(se reporter à la recette précédente pour les quantités)**

Ajouter :

| |
|---|
| 150 g de carottes |
| 150 g de navets |
| 200 g de pommes de terre |
| 1 petit chou |

Ces légumes épluchés, lavés et coupés en morceaux sont ajoutés à la préparation viande-sauce tomate et doivent y cuire pendant 45 min. Augmenter un peu la quantité d'eau si nécessaire. Conserver la même présentation : le riz en couronne et la garniture au milieu.

## 385. Poulet aux arachides
**Préparation : 40 min – Cuisson : 1 h 10**

| |
|---|
| 1 gros poulet (1,5 kg) |
| 500 g de tomates |
| 300 g de racines de manioc |
| 1 chou |
| 250 g de pâte d'arachide |
| 200 g de carottes |
| 200 g de navets |
| 150 g de poireaux |
| 150 g d'oignons |
| 40 g de concentré de tomate |
| 50 cl d'eau ou de bouillon |
| 10 cl d'huile d'arachide |
| 1 piment doux |
| Sel, poivre |

Couper le poulet en morceaux. Faire chauffer l'huile dans une grande cocotte, y faire revenir les oignons épluchés et hachés finement en même temps que les morceaux de poulet. Quand la viande est bien dorée, ajouter les tomates lavées et coupées en morceaux ainsi que le concentré. Mouiller avec l'eau ou le bouillon. Saler, poivrer. Chauffer vivement pour atteindre l'ébullition et ajouter les légumes coupés en morceaux (la racine de manioc doit être largement épluchée) et le piment. Cuire pendant 1 h. Retirer alors les légumes, les tenir au chaud. Délayer la pâte d'arachide dans le jus de cuisson. Faire reprendre un bouillon pendant 2 à 3 min. Servir le poulet nappé de sauce dans un plat creux et les légumes dans un autre plat.

# Sénégal

## 386. Yassa au poisson

**Préparation : 20 min – Cuisson : 5 min + 10 min**
(6 h à l'avance)

| |
|---|
| 4 petites dorades |
| 4 citrons (jus) |
| 200 g d'oignons |
| 1 gros piment |
| 5 cl de vinaigre |
| 1 cuil. à soupe d'huile |
| 12,5 cl d'huile d'arachide |
| 5 g de sel |
| 2 g de poivre |

Nettoyer les poissons, les vider, les laver et les essuyer. Mettre dans un plat creux le sel fin, le poivre et le piment coupé en tranches. Arroser avec le jus des citrons, le vinaigre et 1 cuil. à soupe d'huile. Éplucher les oignons, les couper en rondelles. Disposer dans la marinade le poisson et les oignons et les y laisser pendant environ 6 h. Faire chauffer un gril huilé, y placer les poissons afin qu'ils soient dorés sur les deux faces. Leur cuisson sera terminée dans la sauce.

Préparer la sauce : mettre l'huile d'arachide dans un faitout, chauffer et y faire dorer légèrement les oignons marinés. Ajouter la marinade, les poissons et 40 cl d'eau. Couvrir et laisser cuire à feu doux pendant 10 min. Servir avec du riz cuit à la vapeur bien lavé au préalable. Le riz doit être très sec.

## 387. Poisson au riz
### Caldou

**Préparation : 25 min – Cuisson : 30 min**

| |
|---|
| 750 g de petits poissons (rougets, merlan, grondins, rascasse) |
| 1 kg de riz |
| 4 citrons (jus) |
| 100 g d'oignons |
| 6 cl d'huile d'arachide |
| 1 gros piment |
| Sel |

Faire bouillir 1 litre d'eau dans un faitout. Pendant ce temps vider et nettoyer les poissons, les mettre dans l'eau frémissante. Ajouter oignons et piment coupés en fines rondelles sur les poissons. Saler et verser enfin l'huile d'arachide. Faire bouillir à feu régulier pendant 30 min. Pendant ce temps faire cuire le riz à l'eau bouillante salée. Lorsque le riz est cuit, égoutter et mettre dans un plat. Retirer le faitout du feu, ajouter le jus des citrons et verser le caldou dans un autre plat.

# 388. Rissoles au poisson
## Pastels
**Préparation : 1 h – Cuisson : 30 min**

Préparer la farce : faire tremper le pain dans le lait tiède. Piler dans un mortier le persil, l'ail et le piment. Ajouter ensuite l'oignon épluché, mélanger en pilant. Ajouter la chair de poisson cuit et le pain amolli et égoutté. Terminer en ajoutant les tomates épluchées, épépinées et pressées. Saler. Il faut écraser avec le pilon jusqu'à ce que la farce soit très lisse et homogène.

Préparation de la pâte : mettre la farine et la levure dans une terrine, ajouter de l'eau en quantité suffisante et un peu de sel. Bien travailler la pâte pour qu'elle soit lisse. L'étaler assez mince. Découper des carrés ayant 10 cm de côté. Au milieu de chaque carré mettre 1 cuil. à café de farce. Rabattre les coins de chaque carré, pincer au milieu, souder au besoin avec un peu d'eau.

Préparation de la sauce : faire chauffer l'huile d'arachide dans une poêle. Y mettre l'oignon haché finement, laisser dorer ; puis ajouter le concentré de tomate délayé avec un peu d'eau, le piment haché très fin et du sel ; laisser mijoter pendant 20 min.

Cuisson des pastels : dans une poêle assez profonde, mettre l'huile d'arachide, faire bien chauffer et y mettre les pastels, par petites fournées. Laisser dorer. Égoutter, servir les pastels chauds et la sauce à part.

**Remarque.** – Le poisson utilisé au Sénégal s'appelle diarogne.

| |
|---|
| 350 g de chair de poisson cuit (dorade) |
| 300 g de tomates |
| 50 g de pain |
| 500 g de farine |
| 60 g d'oignon |
| 10 cl de lait |
| 1 gousse d'ail |
| 10 g de persil plat |
| 4 g de levure chimique |
| 1 piment moyen |
| Sel |
| **Pour la sauce :** |
| 40 g de concentré de tomate |
| 10 cl d'huile d'arachide |
| 60 g d'oignon |
| 1 piment |
| Sel |
| **Pour la friture :** |
| 1 litre d'huile d'arachide |

## 389. Poisson aux légumes
### Tiep-dien (tieboudienne)
**Préparation : 35 min – Cuisson : 1 h 15**

| |
|---|
| 1 kg de poisson maigre (Tiof) : merlu, congre, dorade, églefin |
| 100 g de poisson séché |
| 1 kg de riz |
| 400 g de chou |
| 200 g de carottes |
| 250 g de patates douces |
| 150 g de navets |
| 250 g d'aubergines |
| 100 g de concentré de tomate |
| 150 g d'oignons |
| 3 petits piments rouges |
| 1 piment vert |
| 15 g de persil plat |
| 35 cl d'huile d'arachide |
| Sel, poivre |

Couper le poisson en 6 tranches. On peut farcir chaque darne (tranche) avec une pâte faite au mortier en pilant 1 oignon, le persil, 1 piment rouge et du sel. Piquer chaque darne et y introduire une petite quantité de cette farce.

Faire chauffer l'huile dans une marmite et y faire revenir les darnes de poisson, les retirer quand elles sont bien dorées, y mettre les 2 oignons restants, le concentré de tomate délayé dans la même quantité d'eau porter à ébullition, faire mijoter pendant 2 à 3 min et y mettre les légumes entiers et épluchés (sauf le chou et les piments qui sont coupés en deux) ainsi que le poisson séché coupé en morceaux. Recouvrir d'eau, saler, poivrer, et faire mijoter à couvert pendant 30 min. Mettre alors les darnes de poisson et continuer la cuisson à feu doux pendant encore 30 min. Faire cuire le riz à part, à la vapeur, après l'avoir bien lavé. Commencer la cuisson du riz 40 min avant de servir le plat.

On présentera le poisson et les légumes sur un plat, le riz sur un autre et la sauce du tiep-dien en saucière.

**Remarque.** – Le tiof est le poisson que l'on utilise au Sénégal. Le colin est le poisson qui lui ressemble le plus.

## 390. Riz à la sauce gombo
### Soupikandia
**Préparation : 30 min – Cuisson : 1 h 15**

| |
|---|
| 350 g de dorade |
| 1 filet de poisson séché |
| 200 g d'oignons |
| 400 g de gombos frais |
| 80 g de gombos secs en poudre |
| 40 cl d'huile de palme |
| 50 g de nététou |

Couper la dorade en 6 tronçons. Piler dans un mortier le nététou avec les piments coupés en morceaux. Éplucher les oignons, les couper en petits morceaux, les mettre dans le mortier et continuer à piler jusqu'à obtention d'une pâte.

Mettre l'huile de palme dans un faitout, y ajouter la | 2 gros piments de pays
pâte pilée au mortier. Faire chauffer doucement. | Sel

Ajouter les morceaux de dorade étêtées et porter
à ébullition pendant 2 à 3 min. Ajouter 15 cl d'eau, le poisson sec
rincé, les gombos frais coupés en rondelles minces, saler. Faire
mijoter pendant 45 min. Retirer alors le poisson. Incorporer dans la
sauce les gombos en poudre par petites quantités et fouetter énergiquement à la fourchette ou au fouet. Remettre le poisson quand
le tout est bien homogène, saler si nécessaire. Faire mijoter encore
10 min avant de servir avec du riz cuit à l'eau.

**Remarque.** – Le gombo est une variété d'hibiscus. S'il est frais, le
laisser longuement sous eau courante pour enlever le mucilage (substance végétale contenue dans le gombo qui a la propriété de gonfler
dans l'eau). Séché, le faire tremper dans l'eau froide pendant 24 h.

Le nététou est un assaisonnement à odeur forte, fait avec des graines
tropicales cuites à la vapeur, entassées dans un pot pour y fermenter.

## 391. Côtes de mouton marinées
### Yassa à la viande
**Préparation : 25 min – Cuisson : 40 min**
[12 h à l'avance]

| |
|---|
| 6 côtes de mouton |
| 500 g d'oignons |
| 10 citrons verts (jus) |
| 1 piment |
| Thym |
| Laurier |
| 12,5 cl d'huile |
| Sel, poivre |

La veille, préparer une marinade avec le jus des
citrons, les oignons coupés en rondelles et le piment
haché, du thym, du laurier, du sel et du poivre.
Mettre la viande dans cette marinade et l'y laisser
pendant 12 h au frais.

Le jour même, réserver la marinade et essuyer la viande. Faire griller
les côtes de mouton sur un gril bien chaud. Et préparer aussitôt la
sauce : chauffer l'huile dans un faitout, y mettre les oignons, les faire
revenir, ajouter à cette cuisson la marinade (qui a été passée au
chinois pour retenir piment, thym et laurier), porter à ébullition, y
mettre les côtes de mouton et continuer à cuire pendant 15 à 20 min.
Servir avec du riz.

**Variante.** – On peut utiliser du poulet coupé en morceaux à la place
du mouton.

## 392. Mafé
### Bœuf aux arachides
**Préparation : 35 min – Cuisson : 1 h 30**

| |
|---|
| 750 g de viande de bœuf (ou de poulet coupé en morceaux) |
| 1 kg de riz cuit à l'eau |
| 500 g de manioc |
| 500 g de chou |
| 250 g de citrouille |
| 250 g de cacahuètes grillées et pilées |
| 200 g d'oignons |
| 200 g de tomates |
| 2 patates douces |
| 2 aubergines |
| 100 g de navets |
| 2 piments |
| 12,5 cl d'huile d'arachide |
| Sel, poivre |

Couper la viande de bœuf en 12 morceaux. Préparer la pâte d'arachide en pilant soigneusement les cacahuètes dans un mortier. Ajouter si nécessaire un peu d'eau et d'huile pour que la pâte soit très homogène (on trouve dans le commerce de la pâte d'arachide grillée).

Faire chauffer l'huile dans une marmite, y faire revenir les morceaux de bœuf, les retirer. Dans cette même huile faire revenir les oignons épluchés et hachés finement, les piments hachés et les tomates pelées, épépinées et coupées en deux. Verser 50 cl d'eau, saler, poivrer et terminer avec tous les légumes épluchés et coupés en morceaux. Couvrir et laisser cuire 45 min à feu doux et régulier.

Ajouter alors les morceaux de bœuf et la pâte d'arachide, mélanger soigneusement à la sauce de cuisson. Laisser cuire encore à couvert pendant 30 min. Le mafé se sert à part avec du riz cuit à l'eau.

## 393. Thiou à la viande
### Ragoût de bœuf
**Préparation : 30 min – Cuisson : 1 h à 1 h 10**

| |
|---|
| 600 g d'aloyau de bœuf |
| 300 g de pommes de terre |
| 300 g de patates douces |
| 250 g de citrouille |
| 180 g de purée de tomates |
| 150 g de carottes |
| 150 g de navets |
| 150 g de chou |
| 150 g d'oignons |
| 3 gousses d'ail |

Couper la viande de bœuf en 12 morceaux. Piquer chacun d'eux avec un peu d'ail (ne pas tout utiliser). Verser l'huile dans une marmite, faire chauffer et y faire revenir les pommes de terre et les patates douces pelées puis les morceaux de viande. Retirer de l'huile en égouttant, y jeter les oignons coupés en rondelles et le reste de l'ail finement haché. Faire dorer puis verser la purée de tomates (délayée avec un peu d'eau). Mettre la viande, du sel et du poivre. Mouiller avec 1 litre d'eau. Faire chauffer jusqu'à ébullition. Ajouter alors les légumes épluchés et coupés en morceaux ainsi que le laurier. Cuire à feu régulier pendant 30 min. Remettre pommes de terre et patates douces dans la marmite, continuer la cuisson encore 20 à 30 min, à feu doux. Préparer du riz et servir avec cette sauce à la viande.

| |
|---|
| 60 cl d'huile d'arachide |
| Laurier |
| Sel, poivre |

## 394. Poulet aux cacahuètes
**Préparation : 40 min – Cuisson : 1 h 10**

| |
|---|
| 1 gros poulet de 1,5 kg |
| 500 g de tomates |
| 300 g de racines de manioc |
| 1 petit chou |
| 250 g de cacahuètes grillées |
| 200 g de carottes |
| 200 g de navets |
| 150 g de poireaux |
| 150 g d'oignons |
| 40 g de concentré de tomate |
| 50 cl d'eau ou de bouillon |
| 10 cl d'huile d'arachide |
| 1 piment doux |
| Sel, poivre |

Couper le poulet en morceaux. Préparer la pâte d'arachides en pilant soigneusement les cacahuètes dans un mortier. Ajouter si nécessaire un peu d'eau et d'huile pour que la pâte soit très homogène. Faire chauffer l'huile dans une grande cocotte, y faire revenir les oignons épluchés et hachés finement en même temps que les morceaux de poulet. Quand la viande est bien dorée, ajouter les tomates lavées et coupées en morceaux ainsi que le concentré et le piment. Mouiller avec l'eau ou le bouillon. Chauffer vivement pour atteindre l'ébullition et ajouter les légumes lavés et coupés en morceaux (la racine de manioc doit être largement épluchée). Cuire pendant 1 h. Retirer alors les légumes, les tenir au chaud. Délayer la pâte d'arachide dans le jus de cuisson. Faire reprendre un bouillon pendant 2 à 3 min. Servir le poulet nappé de sauce dans un plat creux, les légumes à part.

## 395. Poulet yassa
**Préparation : 30 min – Cuisson : 1 h 10**
(12 h à l'avance)

| |
|---|
| 1 gros poulet ou 1 poulet 1/2 |
| 1 kg d'oignons |
| 8 citrons verts (jus) |
| 1 petit piment rouge |
| Huile |
| Sel, poivre |

Couper le poulet en morceaux. Peler et émincer les oignons. Mélanger les oignons avec le jus des citrons. Ajouter les morceaux de poulet. Saler, poivrer et mélanger. Laisser mariner 1 nuit au réfrigérateur. Retirer le poulet et les oignons de la marinade en les égouttant bien. Réserver la marinade. Faire chauffer un barbecue et y faire griller les morceaux de poulet.

Pendant ce temps, faire chauffer de l'huile dans une cocotte et y faire dorer les oignons. Quand ils ont pris une belle couleur, verser la marinade dans la cocotte. Baisser le feu et couvrir. Laisser mijoter 40 min. Ajouter les morceaux de poulet et laisser cuire encore 20 min. 5 min avant la fin de la cuisson ajouter le piment entier. Le retirer pour servir le poulet.

**Conseil.** – Le poulet yassa se déguste avec du riz. On peut faire griller les morceaux de poulet sous le gril du four.

## 396. Les bon-bon
### Gâteaux à la noix de coco
**Préparation : 25 min – Cuisson : 5 à 6 min par fournée de beignets**

| Ingrédients |
| --- |
| 500 g de farine |
| 5 œufs |
| 1/4 de noix de coco râpée |
| 1 boîte de lait concentré |
| 1 cuil. à café de vanille en poudre |
| 250 g de sucre en poudre |
| 125 g de beurre |
| 1/2 cuil. à café de levure chimique |
| Huile pour friture |

Dans une terrine, mettre la farine, le sucre en poudre, la noix de coco râpée et la vanille en poudre. Mélanger. Faire un puits, y mettre le beurre amolli, les œufs, la levure et verser peu à peu le lait concentré, en mélangeant avec soin. La pâte doit être bien travaillée et prête à être étalée sans difficulté au rouleau. L'étendre sur une planche farinée ; la pâte aura 5 mm d'épaisseur. Découper des formes variées (cercles, triangles, étoiles, etc.) Faire chauffer l'huile et y faire frire les gâteaux ; quand ils sont dorés les égoutter puis les saupoudrer de sucre.

# 397. Boulettes de mil

## Fondé

**Préparation : 30 min – Cuisson : environ 15 min**
(1 h à l'avance)

| |
|---|
| 600 g de farine de mil |
| 300 g de sucre en poudre |
| 3 sachets de sucre vanillé |
| 1 boîte de lait concentré non sucré ou 50 cl de lait caillé |
| Sel |

Mettre la farine de mil dans une terrine à fond rond. Ajouter 1 pincée de sel. Verser un peu d'eau et pétrir à la main. Ajouter peu à peu de l'eau, non pour faire une pâte mais pour permettre à la farine de mil de s'imprégner de liquide de façon à former de petites boules. Laisser reposer pendant environ 1 h.

Faire bouillir dans une marmite environ 3 litres d'eau. Verser ces boulettes en pluie et tourner le liquide de cuisson afin d'éviter que les boulettes ne collent entre elles (ne pas mettre toute la préparation en une fois).

Retirer de l'eau, égoutter et remettre ces boulettes dans une terrine. Secouer pour faire refroidir et saupoudrer avec le sucre en poudre et le sucre vanillé. Ajouter alors le lait concentré ou du lait caillé.

# Amérique

# Amérique du Nord

## Canada

### 398. Oignons marinés
**Préparation : 30 min**
(24 h à l'avance)

Éplucher les oignons, les couper en tranches très fines. Couper les 2 citrons en tranches très minces. Mettre dans un saladier citrons et oignons en défaisant ceux-ci en anneaux. Arroser avec une vinaigrette faite avec l'huile, le jus du citron, le vinaigre et du sel. Mélanger délicatement à l'aide d'une fourchette. Laisser macérer pendant 24 h.

Ces oignons marinés se consomment en salade pour accompagner une viande froide.

| |
|---|
| 600 à 700 g de gros oignons |
| 2 citrons + 1 (jus) |
| 6 cl d'huile d'olive |
| 4 cuil. à soupe de vinaigre |
| Sel |

### 399. Potage aux pois
**Préparation : 25 min – Cuisson : 3 h 30**
(12 h à l'avance)

Faire tremper les pois cassés la veille dans 2,5 litres d'eau froide. Égoutter. Garder l'eau dans laquelle ont trempé les pois. Mettre dans une marmite à potage les pois, le lard et le jambon, les oignons, la carotte

| |
|---|
| 400 g de pois cassés |
| 200 g de lard fumé |
| 200 g de jambon avec l'os |
| 60 g de carotte |
| 60 g de céleri branche |
| 1 clou de girofle |

et le céleri coupés en petits morceaux. Assaisonner avec laurier, clou de girofle et sauge. Recouvrir avec l'eau réservée et faire chauffer doucement. Écumer au moment de l'ébullition. Maintenir la cuisson pendant 3 h. Retirer le jambon et le lard. Couper en tranches sur une assiette. Passer les légumes à travers une passoire. Remettre dans la marmite avec la viande. Saler suffisamment. Cette soupe doit être très épaisse. La servir bien chaude.

100 g d'oignons

1 cuil. à café de sauge en poudre

Laurier

Sel

## 400. Poisson mariné
**Préparation : 25 min – Cuisson : 40 min**

12 petites truites ou 1,5 kg de saumon coupé en tranches

Mettre dans une grande casserole qui devra contenir les poissons, le vinaigre, le vin blanc, l'oignon et la carotte épluchés et coupés en tranches, le sel, 6 grains de poivre, les clous de girofle, le thym, le sel de céleri et faire mijoter doucement pendant 20 min. Pendant ce temps, vider et nettoyer les poissons. Les mettre dans la marinade et laisser cuire à très petit feu pendant 20 min (ne pas laisser bouillir). Retirer les poissons, les mettre sur un plat à rebord et arroser avec la marinade. Laisser refroidir puis mettre au réfrigérateur. Servir très froid avec la marinade.

**Pour la marinade :**

60 g de carotte

60 g d'oignon

50 cl de vin blanc sec

20 cl de vinaigre

2 g de thym en poudre

3 g de sel de céleri

6 clous de girofle

1 g de sel

Poivre en grains

**Remarque.** – Ce poisson peut se conserver au frais pendant 10 à 15 jours.

## 401. Roulade de bœuf
**Préparation : 40 min – Cuisson : 4 h**
**(12 à 16 h l'avance)**

1 kg de paleron coupé en une tranche mince

250 g de pain sec

150 g de carottes

120 g d'oignons

100 g de beurre

Céleri en grains

Clou de girofle en poudre

La veille, mettre bien à plat la tranche de viande de bœuf. Préparer la farce avec 250 g de pain sec coupé en petits dés, les oignons épluchés et hachés finement, les carottes grattées et râpées. Mélanger le tout, verser le beurre fondu, saler au gros sel

(7 g), poivrer et saupoudrer avec les épices en quantités égales (environ 3,5 g de chaque). Étendre cette
préparation sur la viande, la rouler en forme de
cylindre. La placer sur un torchon en coton bien
propre. Coudre avec du gros fil pour maintenir serré. Mettre ce
saucisson dans une marmite contenant de l'eau bouillante. Couvrir.
Faire cuire à feu doux. Au bout de 2 h de cuisson, mettre 15 g de gros
sel et continuer encore 2 h. Retirer la roulade du bouillon de cuisson.
La mettre sur une planche, la recouvrir d'une deuxième planche et y
placer quelques poids (2 ou 3) de 500 g pour tasser la viande. Laisser
refroidir ainsi. Mettre ensuite au réfrigérateur.
Le jour même, servir découpé en tranches minces et accompagné
d'une salade de pommes de terre.

| Cannelle en poudre |
| Gros sel |
| Poivre moulu |

## 402. Poulets au sirop d'érable
**Préparation : 25 min – Cuisson : 1 h**

Prendre des poulets très jeunes. Couper chaque
poulet en quatre morceaux. Passer les morceaux
dans la farine. Mettre le beurre dans une sauteuse et
y faire dorer les morceaux de poulets. Saler, poivrer
puis les retirer et les disposer dans un plat allant
au four. Faire rissoler dans le beurre de cuisson les
oignons épluchés et coupés en rondelles. Verser
sur les poulets. Assaisonner et saupoudrer avec un peu d'anis et
de sarriette en poudre. Napper chaque morceau de sirop d'érable.
Déglacer la sauteuse avec 20 cl d'eau, faire chauffer. Arroser le plat
et mettre à four moyen, pendant 30 à 40 min.

| 3 petits poulets |
| 80 g de beurre |
| 50 g de farine |
| 120 g d'oignons |
| 20 cl de sirop d'érable |
| Anis en poudre |
| Sarriette en poudre |
| Sel, poivre |

## 403. Pancakes aux myrtilles
**Préparation : 20 min – Repos : 10 min
Cuisson : 20 min**

Séparer les blancs des jaunes d'œufs. Fouetter les
jaunes, ajouter le babeurre et battre à nouveau.
Mélanger la farine, le sucre en poudre, le bicarbonate de soude, la levure et le sel. Verser le

| 150 g de myrtilles fraîches ou décongelées |
| 3 œufs |
| 180 g de farine |
| 40 cl de babeurre ou lait ribot |
| 45 g de beurre |

tout dans le mélange au babeurre et mélanger. Faire fondre le beurre et l'ajouter à la pâte. Fouetter les blancs d'œufs en neige ferme et les incorporer délicatement à la pâte en la soulevant. Ajouter les myrtilles. Laisser reposer 10 min. Faire chauffer un peu d'huile à feu moyen dans une poêle antiadhésive. Verser une petite louche de pâte et attendre que des bulles apparaissent avant de retourner le pancake. Le faire bien dorer des deux côtés. Recommencer pour les pancakes suivants, en ajoutant de l'huile dans la poêle si nécessaire.

1 cuil. à soupe de sucre en poudre

1 cuil. à café de bicarbonate de soude

2 cuil. à café de levure chimique

1/2 cuil. à café de sel

Huile

**Remarque.** – On peut remplacer le babeurre par du lait frais mélangé à un peu de vinaigre.

## 404. Gâteau aux carottes
**Préparation : 20 min – Cuisson : 1 h 20**

Préchauffer le four à 180 °C. Hacher grossièrement les noix de pécan. Huiler un moule à cake. Mélanger la farine, le sucre en poudre, la cannelle et le bicarbonate de soude. Verser l'huile restante et mélanger. Incorporer les œufs un par un en mélangeant à chaque fois. Ajouter les carottes et les noix et mélanger. Verser dans le moule et mettre au four pour 1 h 20. Laisser refroidir et démouler.

300 g de carottes râpées

150 g de noix de pécan

250 g de farine

250 g de sucre en poudre

4 œufs

1 cuil. à soupe de cannelle en poudre

2 cuil. à café de bicarbonate de soude

33 cl d'huile

## 405. Tarte au vinaigre
**Préparation : 30 min – Cuisson : 45 min**
**Pour la pâte : 10 à 15 min**

Étaler la pâte brisée au rouleau et en garnir une tourtière beurrée. Préparer la garniture : battre 4 jaunes d'œufs à la fourchette pour qu'ils soient très aérés. Battre en neige très ferme 2 blancs ; y incorporer le sucre en poudre en mélangeant avec soin pour obtenir une pâte de meringue. Ajouter alors en tournant les 4 jaunes. Dans une terrine, mélanger la

250 g de pâte brisée

125 g de raisins secs (Corinthe)

230 g de sucre en poudre

60 g de noix hachées

4 œufs

100 g de crème aigre

60 g de farine

50 g de beurre

3 cuil. à soupe de vinaigre

farine et les épices en quantités égales (environ 3 g de chaque) et 1 pincée de sel. Ajouter de la farine épicée et de la crème aigre, alternativement, à la crème aux œufs en tournant régulièrement. Lorsque le tout est bien homogène, verser le beurre fondu, puis le vinaigre, les noix hachées et les raisins secs lavés et séchés. Verser cette crème sur la pâte brisée. Mettre à four très chaud pendant 5 min, puis baisser la chaleur du four qui doit être moyenne et cuire environ 40 min (la lame d'un couteau doit sortir sèche lorsqu'elle est piquée dans la crème). Laisser refroidir avant de servir.

| |
|---|
| Noix muscade et cannelle en poudre |
| Mélange 4-épices |
| Clous de girofle en poudre |
| Sel |

**Remarque.** – On peut décorer la tarte soit avec de la crème fraîche fouettée soit avec de la meringue faite avec les 2 blancs d'œufs qui restent, battus en neige très ferme, dans lesquels on mélange environ 60 g de sucre en poudre. Utiliser la poche à douille pour le décor. Dorer à four chaud.

## 406. Pain de maïs
**Préparation : 15 min – Cuisson : 1 h**

Battre ensemble dans un bol les œufs avec la moitié du lait. D'autre part, mélanger dans une terrine la farine de maïs, la farine de blé, le sucre en poudre, le sel et la baking powder. Y verser peu à peu le mélange œufs et lait en travaillant rapidement de façon à incorporer le liquide aux farines. Dans un moule, faire chauffer le beurre qui doit avoir une couleur noisette, y verser la pâte. Recouvrir avec le reste du lait froid. Ne pas mélanger. Mettre à four moyen et cuire pendant 1 h. Servir chaud avec du sirop d'érable ou de la mélasse.

| |
|---|
| 340 g de farine de maïs |
| 1 litre de lait |
| 2 œufs |
| 60 g de beurre |
| 60 g de farine de blé |
| 80 g de sucre en poudre |
| 25 g de baking powder |
| Sirop d'érable ou mélasse |
| 10 g de sel fin |

**Remarque.** – La baking powder peut être remplacée par de la levure chimique.

## 407. Tarte au sirop d'érable
**Préparation : 20 min – Cuisson : 25 min**

Faire bouillir dans une petite casserole le sirop d'érable pendant 5 min. Le verser dans un moule

| |
|---|
| 150 g de crème fraîche fouettée |
| 125 g de farine |
| 100 g de noix hachées |

à gâteau ayant environ 23 à 24 cm de diamètre. Préparer la pâte en mélangeant le beurre, le sucre et l'œuf dans une terrine. Lorsque le mélange est crémeux, y ajouter le sel, la noix muscade, puis alternativement et jusqu'à épuisement le lait et la farine. Terminer en mettant la vanille en poudre et la levure chimique. Verser la pâte dans le moule sur le sirop. Couvrir et mettre à four chaud pendant 25 min. Lorsque la tarte est cuite la démouler et parsemer de noix hachées. Ce gâteau se mange tiède accompagné de crème fouettée.

| |
| --- |
| 25 cl de sirop d'érable |
| 50 g de sucre d'érable ou de sucre ordinaire |
| 1 œuf |
| 40 g de beurre |
| 15 cl de lait |
| 1 sachet de levure chimique ou 12 g de baking powder |
| 3 g de noix muscade en poudre |
| 5 g de vanille en poudre |
| 1 pincée de sel |

## 408. Grands-Pères

**Préparation : 40 min – Cuisson : 1 h 30**

Dans une grande casserole, faire bouillir 75 cl d'eau. Y ajouter la cassonade, la mélasse et la farine délayée à froid. Parfumer avec de la noix muscade râpée ou le jus de 1 citron. Faire chauffer et mettre dans cette sauce les pommes épluchées et coupées en quartiers. Cuire ainsi pendant environ 20 min. Retirer les pommes cuites. Pendant ce temps, préparer la pâte des « grands-pères » : mettre dans une terrine la farine, la baking powder et 1 pincée de sel. Incorporer le beurre coupé en petits morceaux. Travailler rapidement et ajouter graduellement le liquide.

| |
| --- |
| 6 pommes |
| 200 g de cassonade |
| 60 g de farine |
| 200 g de mélasse |
| Noix muscade râpée ou 1 citron (jus) |
| **Pour la pâte :** |
| 250 g de farine |
| 20 cl d'eau ou de lait |
| 80 g de beurre |
| 15 g de baking powder |
| Sel |

Mélanger rapidement. Prendre la pâte par petites cuillerées, en mettre 6 ou 8 à la fois dans le sirop épais et chaud où ont cuit les pommes. Couvrir, cuire à feu moyen pendant 20 min environ. Retirer ces premiers gâteaux avec une écumoire, les disposer dans un plat. Continuer la cuisson des gâteaux à l'étouffée. Napper avec le sirop de cuisson et servir chaud ; accompagner les « grands-pères » de crème fraîche très froide et des quartiers de pommes.

**Remarque.** – La baking powder peut être remplacée par de la levure chimique.

# États-Unis

## 409. Coleslaw
## Salade de chou
**Préparation : 30 min**
(1 h à l'avance)

Peler les pommes, les carottes et l'oignon. Les couper en très fins bâtonnets à la main ou au robot ainsi que le chou. Mélanger la mayonnaise, le jus de citron, la crème fraîche, la moutarde, du sel et du poivre. Mélanger les légumes et les pommes en bâtonnets avec cette sauce. Couvrir et mettre au réfrigérateur au moins 1 h avant de servir.

1/2 chou blanc

1 oignon

2 carottes

2 pommes

2 cuil. à soupe de jus de citron

125 g de mayonnaise

6 cl de crème fraîche épaisse

2 cuil. à café de moutarde

Sel, poivre

## 410. Guacamole
**Préparation : 25 min**

Couper les oignons en petits dés. Couper les tomates en quatre, enlever les pépins et couper la chair en petits dés. Épépiner les piments et les émincer finement. Effeuiller la coriandre et la couper en lanières. Couper les avocats en deux et récupérer la chair. Écraser la chair d'avocat à la fourchette avec le jus du citron vert. Ajouter le Tabasco, les oignons, les tomates, les piments et la coriandre et mélanger. Saler, poivrer. Réserver au frais, avec du film alimentaire posé à la surface du guacamole, avant de servir.

**Variante.** – On peut servir le guacamole avec des chips de maïs.

3 avocats bien mûrs

2 petits oignons blancs

2 tomates

2 petits piments rouges

1 citron vert (jus)

1/2 bouquet de coriandre

1 cuil. à café de Tabasco

Sel, poivre

## 411. César salade
**Préparation : 30 min – Cuisson : 10 min**

Couper le pain pour faire des petits croûtons. Peler et écraser les gousses d'ail. Faire fondre le beurre à feu vif dans une poêle avec la moitié de l'ail et y

2 salades romaine

6 tranches de pain

30 g de parmesan râpé

1 œuf à température ambiante

faire dorer les croûtons. Réserver. Mettre l'œuf dans un bol (avec sa coquille) et verser de l'eau bouillante dessus pour le recouvrir. Laisser reposer 1 min puis verser de l'eau froide sur l'œuf. Écraser les filets d'anchois. Bien mélanger l'ail restant, les anchois, du poivre et du sel. Ajouter la sauce Worcestershire, le jus de citron et mélanger. Casser l'œuf dans cette sauce et mélanger. Verser ensuite l'huile en filet en fouettant sans cesse. Ajouter la moitié du parmesan et mélanger. Déchirer les feuilles de salade. Les mettre dans un saladier avec les croûtons, la moitié de la sauce et mélanger. Répartir la salade sur les assiettes, arroser de sauce restante et parsemer du parmesan restant.

| Ingrédients |
|---|
| 3 filets d'anchois |
| 3 gousses d'ail |
| 1 citron (jus) |
| 6 cuil. à soupe d'huile d'olive |
| 1 cuil. à soupe de sauce Worcestershire |
| 1 noix de beurre |
| Sel, poivre |

## 412. Gratin au crabe
### Deep sea casserole
**Préparation : 30 min – Cuisson : 35 min**

Cuire les macaronis à l'eau bouillante salée pendant 20 min. Égoutter et tenir au chaud. Égoutter puis éplucher le crabe, réserver les plus beaux morceaux et émietter le reste.

Réchauffer la crème de homard, y ajouter les champignons, le crabe émietté, le fromage coupé en lamelles, le sel de céleri, la sauce soja et le jus de citron, du sel et du poivre.

Disposer dans une terrine les 2/3 des macaronis. Verser au milieu la préparation. Mettre le reste des macaronis contre les bords de la terrine. Passer à four chaud pendant 15 min.

Garnir avec les tronçons de crabe et les crevettes et saupoudrer de persil haché.

| Ingrédients |
|---|
| 300 g de crabe en conserve (2 petites boîtes) |
| 1 boîte de crème de homard |
| 1 boîte de 150 g de champignons |
| 250 g de macaronis |
| 160 g de crevettes décortiquées |
| 125 g de fromage (cheddar) |
| 1 cuil. à soupe de sel de céleri |
| 1 cuil. à soupe de sauce soja |
| 1 cuil. à soupe de jus de citron |
| Persil plat |
| Sel, poivre |

## 413. Barbecued hamburger steaks
## Steaks hachés grillés
**Préparation : 10 min – Cuisson : 15 à 20 min**

| |
|---|
| 900 g de bœuf haché |
| 60 g d'oignon |
| 50 g de margarine |
| 10 cl de ketchup |
| 5 cl de vinaigre |
| 12 g de moutarde |
| 1 cuil. à soupe de Worcestershire |
| Sel, poivre |

Préparer avec la viande de bœuf hachée 6 tranches ovales. Faire chauffer dans une poêle la margarine. Y faire dorer les steaks hachés sur les deux faces. Saler et poivrer. Retirer la graisse qui serait de trop. Dans une tasse, mélanger la moutarde, l'oignon haché très finement, le vinaigre, le ketchup et la sauce Worcestershire. Verser cette sauce sur les steaks et continuer la cuisson de la viande hachée pendant 8 à 10 min, à couvert. De temps en temps, arroser la viande avec la sauce.

## 414. Pain de viande aux légumes
## Pot-roaested meat loaf with vegetables
**Préparation : 40 min – Cuisson : 1 h à 1 h 15**

| |
|---|
| 900 g de bœuf haché |
| 300 g de carottes |
| 350 g de haricots verts |
| 150 g de pommes de terre nouvelles |
| 2 œufs |
| 60 g d'oignon |
| 100 g de petits oignons |
| 60 g de chapelure |
| Concentré de volaille |
| Sel, poivre |

Mélanger avec soin la viande hachée, l'oignon haché, la chapelure trempée dans un peu d'eau, les œufs ainsi que du concentré de volaille, du sel et du poivre. En faire un pain. Placer un peu d'eau dans le fond d'une cocotte. Disposer ce pain sur une grille que l'on met dans le fond et cuire doucement, à couvert, pendant 45 min.

Ajouter les légumes : carottes grattées, lavées et coupées en petits morceaux, petits oignons, haricots verts et petites pommes de terre grattées ; saler et poivrer. Cuire pendant environ 30 min. Il faut que les légumes soient tendres. Retourner à mi-cuisson le pain de viande et si nécessaire les légumes. Servir le pain sur un plat, entouré des légumes et déglacer le jus de cuisson pour en napper le tout.

## 415. Fried chicken
## Poulet frit
**Préparation : 20 min – Cuisson : 40 min**

2 petits poulets tendres

200 g de farine

250 g de saindoux

3 œufs

Sel

Couper les poulets en 6 morceaux chacun. Préparer une pâte à frire de consistance moyenne (ni trop épaisse, ni trop liquide) avec la farine, les œufs, de l'eau et du sel. Tremper chaque morceau de poulet dans cette pâte et les faire dorer dans le saindoux fondu et chauffé dans une cocotte. Lorsque les morceaux sont bien frits, couvrir, cuire à feu modéré pendant 30 min. Égoutter, saler, poivrer. Servir chaud.

**Variante.** – Passer les morceaux de poulet successivement dans de la farine, de l'œuf battu en omelette et de la chapelure. Frire dans le saindoux bien chaud. Égoutter et terminer la cuisson sur un gril à four moyen pendant 30 min.

## 416. Travers de porc
## sauce barbecue
**Préparation : 15 min – Cuisson : 1 h 20**

3 kg de travers de porc

1 citron (jus)

30 cl de ketchup

2 cuil. à soupe de sauce Worcestershire

1 cuil. à café de Tabasco

3 cuil. à soupe de vinaigre

2 cuil. à soupe de sucre roux (ou ordinaire)

Sel

Mélanger le ketchup, le jus de citron, la sauce Worcestershire, le Tabasco, le vinaigre et le sucre dans une casserole. Ajouter 30 cl d'eau et faire mijoter 20 min. Couper les travers de porc au niveau des os pour les séparer. Les saler. Les badigeonner de sauce. Faire chauffer un barbecue. Y faire cuire les travers environ 1 h, jusqu'à ce qu'ils soient bien cuits et que la viande se détache facilement des os, en les retournant et en les badigeonnant de sauce régulièrement.

**Variante.** – On peut également faire cuire les travers de porc au four avec la sauce.

## 417. Fajitas au bœuf
**Préparation : 30 min – Cuisson : 25 min**

| |
|---|
| 900 g de filet de bœuf |
| 18 tortillas |
| 3 poivrons |
| 2 oignons |
| 3 tomates |
| 3 citrons verts (jus) |
| 1/2 bouquet de coriandre |
| 1 cuil. à café de piment en poudre |
| 1 cuil. à café de paprika |
| 1 cuil. à café de cumin en poudre |
| Huile |
| Sel, poivre |

Couper les tomates en quatre, ôter les pépins et couper la chair en petits dés. Effeuiller la coriandre et la couper en lanières. Mélanger les dés de tomate, la coriandre et 2 cuil. à soupe de jus de citron vert. Couper la viande en fines lamelles. Épépiner les poivrons et les couper en fines lamelles. Peler et émincer les oignons. Faire chauffer de l'huile à feu moyen dans une poêle et y faire revenir 5 min les poivrons avec le jus de citron vert restant et les épices en poudre (piment, paprika, cumin). Saler, poivrer. Ajouter les oignons et faire revenir encore 10 min, jusqu'à ce que tout soit bien tendre. Réserver. Remettre de l'huile à chauffer à feu vif dans la poêle et y faire revenir les morceaux de viande. Quand ils sont juste saisis à l'extérieur les retirer. Saler et poivrer. Faire chauffer les tortillas 1 min au micro-ondes. Déposer un peu de viande et de légumes sur les tortillas avant de les rouler. Servir chaud.

**Conseil.** – On peut également garnir les fajitas de crème fraîche, de cheddar râpé et de guacamole.

## 418. Jambalaya
**Préparation : 30 min – Cuisson : 50 min**

| |
|---|
| 800 g de saucisses (type chipolatas) |
| 300 g de riz rond |
| 6 tomates |
| 3 poivrons |
| 3 oignons |
| 2 gousses d'ail |
| 2 feuilles de laurier |
| Sel, poivre |

Faire cuire le riz dans de l'eau bouillante salée, selon la durée indiquée sur le paquet. Faire chauffer une poêle à feu vif et y faire griller les saucisses environ 10 min. Garder 3 cuil. à soupe de la graisse qu'elles ont rendue. Couper les saucisses en quatre tronçons. Peler et émincer les oignons et l'ail. Les faire revenir 5 min à feu moyen dans la graisse des saucisses. Entailler le sommet des tomates en croix, les plonger 30 s dans de l'eau bouillante. Les peler, les couper en quatre, les épépiner et couper leur chair en dés. Couper les poivrons en quatre, les épépiner et retirer les membranes blanches. Couper leur chair en dés. Verser tous les ingrédients dans une cocotte. Saler, poivrer, couvrir et faire cuire 30 min à feu doux.

**Variante.** – On peut aussi préparer le jambalaya avec du poulet et des crevettes.

## 419. Pop corn
**Cuisson : 5 à 10 min**

250 g de maïs en grains

5 cuil. à soupe d'huile

Sel

Mettre dans une cocotte 1 cuil. à soupe d'huile, puis environ 60 à 80 g de maïs. Couvrir. Placer sur feu assez vif. À la chaleur, les grains éclatent. Retirer du feu, saupoudrer de sel, vider la cocotte et continuer la cuisson du maïs jusqu'à épuisement des ingrédients.

Cuit de cette façon, le maïs peut accompagner de nombreux plats de viande, c'est une garniture légère et agréable.

**Variante.** – À la place du sel, saupoudrer de sucre en poudre, ou couler sur les pop corn un sirop de sucre un peu épais. On obtient ainsi une délicieuse friandise.

## 420. Pancakes au sirop d'érable et au bacon
**Préparation : 15 min – Cuisson : 30 min**
(1 h à l'avance)

18 tranches de bacon (ou de lard fumé)

275 g de farine

3 œufs

80 g de beurre

30 cl de lait

30 cl de sirop d'érable

1 cuil. à soupe de sucre en poudre

1 sachet de levure chimique

Huile

Sel

Mélanger la farine, la levure, le sucre en poudre et 1 pincée de sel. Battre les œufs avec le lait. Verser ce liquide petit à petit dans le mélange de farine en fouettant. La pâte ne doit pas être aussi liquide qu'une pâte à crêpes. Faire fondre 30 g de beurre. Verser dans la pâte et mélanger. Laisser reposer 1 h. Faire chauffer une poêle sans matière grasse. Y faire griller les tranches de bacon des deux côtés, jusqu'à ce qu'elles soient bien croustillantes. Les égoutter sur du papier absorbant. Étaler un peu d'huile dans une poêle anti-adhésive. Y verser une petite louche de pâte. La retourner quand elle commence à faire des bulles et la cuire de l'autre côté. Faire cuire 18 pancakes, en ajoutant de l'huile dans la poêle si nécessaire. Les servir avec le beurre restant, le sirop d'érable et les tranches de bacon.

## 421. Apple cream pie
### Gâteau aux pommes
**Préparation : 30 min – Cuisson : 40 min**

Préparer une pâte brisée. L'étaler au rouleau puis la placer dans une tourtière de 22 cm de diamètre. Préparer la garniture en mélangeant dans un saladier le sucre en poudre, la farine, le sel, la crème fraîche et les pommes épluchées et coupées en très fines lamelles. Ajouter la cannelle et les zestes râpés de l'orange et du citron. Napper le fond de tarte de cette crème, parsemer avec le beurre en petits morceaux et cuire à four chaud pendant 40 min.

750 g de pommes acides
180 g de sucre en poudre
30 g de farine
30 g de beurre
60 g de crème fraîche
1 cuil. à café de cannelle en poudre
1 orange non traitée
1 citron non traité
1 pincée de sel
**Pour la pâte brisée :**
250 g de farine
125 g de margarine

## 422. Banana bread
### Gâteau aux bananes
**Préparation : 30 min – Cuisson : 1 h à 1 h 15**

Travailler le beurre et le sucre en poudre en crème ; y ajouter les œufs bien battus en omelette. Mélanger avec soin. Éplucher les bananes, les écraser finement, les travailler avec la farine tamisée, la baking powder, le bicarbonate de soude et le sel. Mélanger les 2 pâtes et terminer en ajoutant les noix. La pâte doit être bien lisse. Beurrer un moule à cake de 22 cm de long. Y verser la préparation et faire cuire à four moyen pendant 1 h à 1 h 15 (si on pique une lame de couteau, elle doit ressortir sèche).

5 bananes
230 g de sucre en poudre
125 g de beurre
225 g de farine
2 œufs
65 g de noix hachées
1 cuil. à café de baking powder
3 g de bicarbonate de soude
1 pincée de sel

**Remarque.** – La baking powder peut être remplacée par de la levure chimique.

## 423. Brownies aux noix de pécan
**Préparation : 20 min – Cuisson : 25 min**

| |
|---|
| 150 g de beurre + 15 g pour le moule |
| 250 g de sucre en poudre |
| 125 g de farine |
| 3 œufs |
| 60 g de chocolat noir |
| 125 g de noix de pécan |
| Sel |

Préchauffer le four à 180 °C. Hacher grossièrement les noix de pécan. Mélanger le beurre et le sucre en poudre. Ajouter les œufs et mélanger jusqu'à ce que ce soit homogène. Ajouter ensuite la farine, 1 pincée de sel et mélanger. Faire fondre le chocolat à feu doux. Le verser dans la pâte ainsi que les noix de pécan et mélanger. Beurrer un moule (si possible carré) et verser la pâte dedans. Mettre au four pour 25 min. Laisser refroidir et découper en carrés.

## 424. Cookies aux pépites de chocolat
**Préparation : 20 min – Cuisson : 10 min**

| |
|---|
| 150 g de pépites de chocolat noir |
| 360 g de farine |
| 300 g de sucre en poudre |
| 250 g de beurre mou |
| 2 œufs |
| 1 sachet de levure chimique |
| Sel |

Préchauffer le four à 180 °C. Mélanger le beurre avec le sucre en poudre. Ajouter les œufs, 1 pincée de sel et mélanger encore. Dans un autre récipient, mélanger la farine et la levure. Incorporer cette farine au mélange beurre-œufs-sucre. Ajouter enfin les pépites de chocolat et mélanger. Former des petites boules de pâte et les répartir sur une plaque à pâtisserie recouverte de papier sulfurisé. Enfourner pour 10 min.

## 425. Pumpkin pie
### Tarte au potiron
**Préparation : 20 min – Cuisson : 1 h 40**
**(1 h à l'avance)**

| |
|---|
| 500 g de chair de potiron sans la peau |
| 1 pâte brisée prête à dérouler |
| 200 g de sucre en poudre |
| 3 œufs |
| 25 cl de crème fraîche épaisse |

Étaler la pâte brisée dans un moule, la mettre au frais pendant 1 h. Couper la chair de potiron en gros cubes. Les faire cuire à l'eau bouillante jusqu'à ce qu'ils soient tendres. Bien les égoutter et les mixer. Ajouter la crème fraîche, les œufs, le sucre en poudre, les épices (cannelle, gingembre, clous de girofle) et 1 pincée de sel puis mixer encore. Préchauffer le four à 180 °C. Couvrir la pâte brisée de papier sulfurisé et de légumes secs (ou de noyaux de cuisson) et la faire cuire 10 min. Retirer le papier sulfurisé et les légumes secs et la faire cuire encore 10 min, jusqu'à ce qu'elle soit légèrement dorée. Verser le mélange au potiron sur la pâte à tarte cuite et la mettre au four pour environ 50 min, jusqu'à ce que la garniture soit prise.

| |
|---|
| 1 cuil. à café de cannelle en poudre |
| 1/2 cuil. à café de gingembre en poudre |
| 1/4 cuil. à café de clous de girofle en poudre |
| Sel |

**Conseil.** – On peut servir cette tarte avec de la crème fouettée.

## 426. Cheesecake
**Préparation : 20 min – Cuisson : 45 min**

Préchauffer le four à 180 °C. Mixer les gâteaux secs pour obtenir des miettes grossières. Faire fondre le beurre. Mélanger les miettes de gâteau avec le beurre. Tasser cette pâte dans un moule à gâteau à fond amovible. Mélanger le fromage frais, le fromage blanc, les œufs et le sucre en poudre. Verser ce mélange sur la pâte. Mettre au four pour 45 min. Laisser refroidir et démouler délicatement.

| |
|---|
| 250 g de fromage frais (type Kiri) |
| 250 g de fromage blanc |
| 4 œufs |
| 200 g de sucre en poudre |
| 160 g de gâteaux secs (type petit-beurre) |
| 50 g de beurre |

**Variante.** – On peut parfumer le cheesecake avec du jus de citron ou le servir avec un coulis de fruit rouge.

# Antilles – Caraïbes

## Cuba

### 427. Pâté à la casserole au porc
### Tamal en cazuela con carne de puerco

**Préparation : 30 min – Cuisson : 2 h**

| Ingrédients |
|---|
| 1 kg de porc (filet, échine) |
| 60 g de beurre |
| 4 épis de maïs très tendres |
| 300 g de tomates |
| 60 g d'oignon |
| 1 gousse d'ail |
| 1 piment vert |
| 3 brins de persil plat |
| Sel, poivre |

Peler et épépiner les tomates. Hacher celles-ci avec le piment, l'oignon épluché et la gousse d'ail. Couper le porc en gros morceaux. Dans une cocotte, faire chauffer le beurre, y faire revenir les morceaux de porc en même temps que le hachis de tomates, ajouter du sel, du poivre et le persil haché. Couvrir et laisser cuire environ 1 h 30. Pendant ce temps, préparer la crème de maïs : couper les épis au couteau, passer les morceaux au hachoir et recueillir la crème qui en tombe. Ajouter un peu d'eau et passer au chinois. Verser la crème de maïs dans la cocotte et mélanger avec une cuillère en bois, continuer la cuisson à feu doux pendant encore 20 à 30 min.

**Remarque.** – Si la crème de maïs coagule avant d'être cuite, ajouter 1 grande cuil. à soupe de jus de canne.

## 428. Hachis
## Picadillo
**Préparation : 30 min – Cuisson : 30 min**

| |
|---|
| 800 g de bœuf ou d'agneau |
| 300 g de piment doux rouge |
| 250 g de tomates |
| 70 g de beurre |
| 3 oignons |
| 2 œufs |
| Vin de xérès |
| Sel, poivre |

Couper la viande choisie en petits morceaux. Faire chauffer dans une cocotte 30 g de beurre et y ajouter la viande. Saisir légèrement et faire cuire à feu doux pendant 10 min avec poivre et sel. Hacher alors cette viande au couteau sur une planche en même temps que 150 g de piment. D'autre part, faire revenir dans une casserole avec 40 g de beurre les tomates pelées et épépinées, les oignons et le reste des piments doux hachés très fin. Assaisonner, ajouter le hachis de viande et de piment, battre les œufs, les incorporer au mélange et cuire à feu doux en tournant pour que les œufs épaississent et en versant peu à peu du vin de xérès (selon le goût souhaité). Servir lorsque le tout est cuit à point.

## 429. Tourte au poulet
## Pastel de maza real con pollo
**Préparation : 1 min – Cuisson : 1 h 45**
[1 h à l'avance]

| |
|---|
| 1 poulet de 1,3 kg |
| 350 g de tomates |
| 120 g d'oignons |
| 100 g de raisins secs de Malaga |
| 60 g d'olives vertes ou noires dénoyautées |
| 60 g d'amandes |
| 30 g de câpres au vinaigre |
| 1 jaune d'œuf |
| 2 piments verts |
| 60 g de beurre |
| 3 brins de persil plat |
| 2 cuil. à soupe de sucre en poudre |
| 10 cl de vin de xérès |
| Sel, poivre |

Préparer la pâte à gâteau en mélangeant la farine, le beurre, la margarine, le sucre en poudre et les jaunes d'œufs. Bien la travailler à la main après y avoir incorporé un peu de noix muscade râpée. Laisser reposer pendant 1 h.

Faire revenir à la poêle, dans laquelle on a mis le beurre, les tomates pelées et épépinées, les piments et les oignons hachés finement. Ajouter le poulet coupé en quatre morceaux. Mouiller avec le xérès et 5 cl d'eau. Ajouter du sel, du poivre, le persil haché et les câpres. Mettre ensuite les olives, les raisins et les amandes et faire cuire 5 à 10 min.

Préchauffer le four à 150 °C (th. 5). Graisser un moule rond, le tapisser d'une feuille de papier sulfurisé avant d'étaler dessus une première couche de pâte (fond et bords). Mettre alors le poulet et la farce (avec seulement un soupçon de liquide). Recouvrir avec le reste de pâte. Ménager une cheminée et faire cuire au four pendant 1 h 15. Badigeonner la surface avec du jaune d'œuf battu dans un peu d'eau et remettre au four pour 15 min. Puis, à la dernière minute, saupoudrer de sucre en poudre et enfourner à nouveau pour que la surface soit bien dorée.

**Pour la pâte :**
1 kg de farine
250 g de margarine
250 g de beurre
250 g de sucre en poudre
6 jaunes d'œufs
Noix muscade râpée

## 430. Entremets à la noix de coco Coquimol
### Préparation : 1 h – Cuisson : 20 à 35 min

1 ou 2 noix de coco
6 à 12 œufs
Lait de vache
1 gousse de vanille

**Pour le sirop au perlé :**
500 g de sucre en poudre
10 cl d'eau

Râper la noix de coco, mettre la pulpe dans un plat, humecter avec un peu d'eau. Mettre le tout dans une serviette et presser pour recueillir le lait de coco. Faire un sirop avec le sucre en poudre et 10 cl d'eau, entre le petit perlé et le grand perlé (33 à 35 °C au pèse-sirop). Mesurer le lait de coco dans des tasses. Compter la même quantité de tasses de sirop et de tasses de lait. Par exemple, pour une tasse de sirop et une tasse de lait de coco il faut 1 tasse de lait de vache.

Mélanger le tout dans une casserole et ajouter 3 jaunes d'œufs par tasse de liquide. Les battre avant de les mettre dans la casserole. Ajouter la gousse de vanille. Faire chauffer à feu vif en tournant avec une cuillère en bois. Tourner avec soin et toujours dans le même sens. Quand l'ensemble se détache, l'entremets est cuit.

# Guadeloupe

## 431. Féroce d'avocat et de morue
**Préparation : 30 min – Cuisson : 10 min**
(12 h à l'avance)

| |
|---|
| 300 g de morue salée séchée |
| 4 avocats bien mûrs |
| 120 g de farine de manioc |
| 2 oignons |
| 1 citron (jus) |
| 2 gousses d'ail |
| 1 petit piment rouge |
| 1 cuil. à soupe d'huile |

La veille dessaler la morue sous l'eau courante pendant 1 nuit, ou dans un récipient en changeant plusieurs fois l'eau. Le jour même, l'égoutter. Faire chauffer le gril du four. Faire griller la morue en la retournant. Défaire la chair à la fourchette. Épépiner le piment. Peler et hacher les oignons, l'ail et le piment. Mélanger la chair de morue avec ces trois ingrédients et 1 cuil. à soupe d'huile. Peler les avocats et écraser la chair à la fourchette. La mélanger avec la farine de manioc et le jus de citron. Mélanger tous les ingrédients.

## 432. Blaff de poissons
**Préparation : 30 min – Cuisson : 45 à 50 min**
(2 h à l'avance)

| |
|---|
| 1,2 kg de poisson blanc à chair ferme, écaillé et nettoyé (dorade, mérou) |
| 7 citrons verts (jus) |
| 3 oignons |
| 3 cives |
| 2 gousses d'ail |
| 1 petit piment |
| 6 brins de persil plat |
| 2 feuilles de laurier |
| 1 clou de girofle |
| Sel, poivre |

Couper le poisson en tranches. Peler et hacher l'ail. Mélanger le jus de 6 citrons verts, l'ail, le piment entier, du sel et du poivre. Y mettre le poisson à mariner au frais pendant 2 h. Peler et hacher les oignons et la cive. Faire bouillir 60 cl d'eau avec l'oignon, les cives, le persil, le laurier, le clou de girofle, du sel et du poivre pendant 30 min. Ajouter les tranches de poisson avec la marinade et laisser frémir 10 à 15 min, jusqu'à ce qu'elles soient bien cuites. 5 min avant la fin de la cuisson, ajouter le jus du dernier citron vert.
Servir les poissons dans le bouillon parfumé.

**Conseil.** – On peut servir ce plat avec du riz ou des ignames.

## 433. Jambon au rhum et à l'ananas

**Pour 12 personnes – Préparation : 30 min**
**Cuisson : 3 h**
(24 h à l'avance)

| |
|---|
| 1 jambon prêt à cuire, sans la couenne |
| 1 litre de rhum blanc |
| 2 ananas |
| 2 oignons |
| 2 gousses d'ail |
| 1 bâton de cannelle |
| 12 clous de girofle |
| 2 cuil. à soupe de graines de moutarde |
| 2 cuil. à soupe de vinaigre |
| Sel |

Peler et émincer les oignons. Peler et écraser l'ail. Casser le bâton de cannelle en plusieurs morceaux. Tracer des quadrillages dans la chair du jambon. Mélanger le rhum, les oignons, l'ail, la cannelle, les clous de girofle, les graines de moutarde et le vinaigre. Y mettre le jambon à mariner au frais pendant 24 h, en le retournant régulièrement. Le jour même, préchauffer le four à 200 °C. Essuyer le jambon. Ôter la cannelle de la marinade. Faire cuire le jambon pendant 3 h, en l'arrosant régulièrement de marinade. Éplucher les ananas, retirer leur cœur et les couper en tranches. 1 h avant la fin de la cuisson, ajouter les tranches d'ananas dans le plat de cuisson du jambon. Découper le jambon en tranches et les réserver au chaud ainsi que les tranches d'ananas. Déglacer le plat de cuisson avec de l'eau et récupérer cette sauce. Servir le jambon avec les tranches d'ananas et la sauce.

## 434. Matété de crabes

**Préparation : 40 min – Cuisson : 1 h**
(1 h à l'avance)

| |
|---|
| 6 crabes de terre bien nettoyés (ou des crabes de mer) |
| 300 g de riz |
| 200 g de poitrine de porc fumée |
| 3 tomates |
| 3 cives |
| 6 gousses d'ail |
| 4 citrons verts (jus) |
| 6 brins de persil plat |
| 2 feuilles de laurier |
| 1 petit piment |

Faire cuire la poitrine fumée 1 min dans de l'eau bouillante. La couper en morceaux. Peler et écraser les gousses d'ail. Épépiner et hacher le piment. Couper les crabes en deux en laissant les pinces attachées. Enlever les carapaces en conservant la partie marron qui s'y trouve (la graisse). Mettre cette graisse à mariner dans le jus de 1 citron vert pendant 1 h au frais. Mélanger le jus de 2 citrons verts avec 4 gousses d'ail écrasées, le piment haché, du sel et du poivre. Y mettre les morceaux de crabe avec les pinces à mariner pendant 1 h au frais. Émincer les cives. Couper les tomates en quatre et les épépiner.

Huile

Sel, poivre

Faire chauffer de l'huile à feu vif dans une cocotte. Faire dorer rapidement les cives avec le reste d'ail écrasé. Ajouter ensuite la graisse des crabes et les morceaux de poitrine fumée. Ajouter les morceaux de crabe avec la marinade et les faire revenir environ 10 min, jusqu'à ce qu'ils soient bien colorés. Ajouter les tomates et cuire encore 10 min. Ajouter le riz et deux fois son volume d'eau, le persil et le laurier. Saler et poivrer. Baisser le feu, couvrir et laisser mijoter environ 30 min, en remuant de temps en temps, jusqu'à ce qu'il n'y ait plus de liquide. 5 min avant la fin de la cuisson, ajouter le jus du dernier citron.

## 435. Ti punch
**Préparation : 10 min**

24 cl de rhum (blanc ou ambré)

12 cl de sirop de canne

3 citrons verts non traités

Écraser un demi-citron vert dans chaque verre. Répartir dessus le sirop de canne et le rhum. Compléter, selon les goûts, avec de la glace pilée.

**Variante.** – On peut remplacer le sirop de canne par de la cassonade.

# Haïti

## 436. Sauce Ti malice

**Préparation : 15 min – Cuisson : 5 min**

| |
|---|
| 100 g d'échalotes |
| 50 cl de jus d'orange |
| 1/2 piment jaune fort |
| 5 cl d'huile |
| Thym |
| Persil plat |
| Sel, poivre |

Éplucher les échalotes, les hacher grossièrement. Faire chauffer l'huile dans une casserole, y faire frire les échalotes avec sel, poivre et thym, y mettre le piment jaune coupé en lanières et arroser avec le jus d'orange bouillant. Parsemer de persil haché à volonté.

**Remarque** – Cette sauce accompagne les Griots de porc (441).

## 437. Morue à l'haïtienne

**Préparation : 20 min – Cuisson : 35 min**

(12 h à l'avance)

| |
|---|
| 600 g de morue |
| 100 g de piments verts |
| 40 g d'oignon ou d'échalote |
| 5 citrons (jus) |
| 1,5 cl de vinaigre |
| 40 g de beurre |

La veille, faire dessaler la morue dans de l'eau citronnée pendant au moins 12 h. Le jour même, la cuire à l'eau, à feu doux pendant 25 min. Après la cuisson, laver la morue à nouveau dans de l'eau tiède citronnée. Faire revenir au beurre chaud oignon ou échalote et piments coupés en tranches. Disposer le tout sur un plat, recouvrir avec la morue égouttée. Arroser avec le vinaigre et servir accompagné d'une salade d'avocats, de patates, ou de bananes.

## 438. Tassau de veau

**Préparation : 15 min – Cuisson : 6 min**

(4 h à l'avance)

| |
|---|
| 600 g de noix de veau |
| 1 orange (jus) |
| 1 citron (jus) |
| 1 cuil. à café de sucre en poudre |
| 1 gousse d'ail |
| 4 clous de girofle |
| Ciboulette |
| Thym |

Faire bouillir puis refroidir 1 litre d'eau. Piler ensemble les clous de girofle, du poivre, le sucre en poudre et le sel ajouter ce mélange à l'eau ainsi que le jus de citron et de l'orange, du thym, du persil, de la ciboulette et l'ail pelé. Couper le morceau de veau en tranches minces et les mettre dans le liquide.

Laisser mariner ainsi 4 h. Égoutter, essuyer et faire frire ou griller chaque tranche. Servir avec des bananes bouillies.

Persil plat

10 g de sel

Poivre

**Remarque.** – Le tassau est une préparation qui consiste à faire baigner pendant plusieurs heures des morceaux de viande (bœuf, veau ou volaille) dans une eau bouillie bien froide relevée d'assaisonnements divers. Puis ils sont frits ou grillés et servis accompagnés de légumes.

## 439. Tassau de bœuf
**Préparation : 20 min – Cuisson : 6 min**
(6 h à l'avance)

600 g de bœuf (filet)

5 ou 6 citrons

3 oranges acides

40 g d'échalote

50 g d'oignon

10 g de sucre en poudre

Persil plat

2 piments verts

2 brins de thym

4 clous de girofle

10 g de sel, poivre

Mettre dans l'eau bouillie et refroidie le jus des oranges et des citrons, y ajouter ensuite les assaisonnements : piments entiers, échalote et oignon épluchés, poivre, sel, clous de girofle, persil, thym finement pilés et le sucre en poudre. Couper la viande de bœuf en tranches minces et les plonger dans cette eau, les laisser pendant 6 h. Égoutter, essuyer et faire frire ou griller chaque tranche. Servir avec des bananes bouillies.

**Remarque.** – Le tassau est une préparation qui consiste à faire baigner pendant plusieurs heures des morceaux de viande (bœuf, veau ou volaille) dans une eau bouillie bien froide relevée d'assaisonnements divers. Puis ils sont frits ou grillés et servis accompagnés de légumes.

## 440. Poulet à l'orange
**Préparation : 30 min – Cuisson : 25 à 30 min**
(12 h à l'avance)

1 poulet d'1,3 kg

50 cl de jus d'oranges sucrées

50 g d'oignon

20 g d'échalote

3 gousses d'ail

1 tranche de piment rouge ou vert

Persil plat

Thym

La veille, couper le poulet en morceaux puis le mettre dans un saladier et verser le jus d'orange. Mettre au réfrigérateur et laisser mariner pendant 12 h. Le jour même, éplucher et émincer l'oignon, éplucher et hacher l'échalote. Faire chauffer l'huile dans une cocotte, y faire sauter les morceaux de poulet essuyés. Lorsqu'ils sont dorés, ajouter l'oignon émincé, l'échalote hachée, du persil, du thym, du sel, du poivre et le piment. Ajouter les gousses d'ail pelées et arroser avec le jus d'orange qui a servi de marinade. Porter à ébullition et laisser cuire 20 à 25 min à feu régulier.

5 cl d'huile

Sel, poivre

## 441. Griots de porc
### Haïtian pork
**Préparation : 15 min – Cuisson : 1 h 50 à 2 h 20**

1,25 kg de filet de porc gras

3 oranges acides (jus)

60 g d'oignon

60 g d'échalote

Thym

Huile pour friture

Sel, poivre

Mettre la viande de porc dans un pot-au-feu avec oignon et échalote épluchés, le jus d'orange ainsi que du thym, du sel et du poivre. Recouvrir avec de l'eau froide et laisser cuire jusqu'à ce que la viande devienne tendre (1 h 30 à 2 h). Égoutter la viande et la couper en morceaux d'environ 4 cm sur 2 cm. Réserver ces morceaux. Faire chauffer de l'huile dans une poêle pour faire frire les morceaux de porc. On ne peut frire tous les morceaux à la fois, à moins d'avoir une très grande poêle. Servir avec la sauce Ti malice (436).

**Remarque.** – Ce plat est servi au cours de fêtes champêtres. La sauce qui l'accompagne est très épicée et les boissons alcoolisées (rhum, cocktails, etc.).

## 442. Aubergines à l'haïtienne
**Préparation : 30 min – Cuisson : 2 h 30**

6 aubergines

300 g de poitrine de bœuf

300 g de porc salé

1 pied de veau

6 cl d'huile

1,5 cl de vinaigre

1/2 piment vert

Persil plat

Thym

Sel, poivre

Dans une cocotte, faire roussir à sec la poitrine de bœuf coupée en morceaux, la graisse fond peu à peu. Mettre le morceau de porc, le pied de veau coupé en deux, ajouter les aubergines épluchées et coupées en rondelles. Ajouter le piment vert, du thym, du persil. Mouiller avec un peu d'eau, juste pour empêcher que la préparation attache. Saler, poivrer. Couvrir et faire cuire à feu doux pendant 2 h 30. Écraser à la cuillère et ajouter l'huile et le vinaigre. On peut aussi faire roussir la viande avec 1 cuil. à soupe de concentré de tomate.

## 443. Dessert aux bananes
**Préparation : 15 min – Cuisson : 20 à 25 min**

Éplucher les bananes, les couper en tranches et les disposer dans un plat allant au four beurré. Mélanger dans une terrine la farine, le sucre en poudre, l'œuf et l'essence de vanille. Travailler l'ensemble avec les doigts, et parsemer sur les bananes, puis verser sur le tout le beurre fondu. Faire cuire à four moyen pendant 20 à 25 min.

3 grosses bananes

125 g de sucre en poudre

125 g de beurre

125 g de farine

1 œuf

1 cuil. à café d'essence de vanille

# Martinique

## 444. Accras de morue
**Préparation : 30 min – Cuisson : 20 min**
(3 à 4 h à l'avance)

Faire dessaler la morue en la laissant tremper pendant 3 à 4 h dans un grand saladier rempli d'eau fraîche. Égoutter. Éplucher pour enlever la peau et les arêtes. Piler la morue dans un mortier avec piment, ail, oignon haché, laurier, thym et persil. Délayer la farine avec le mélange d'eau et de lait, ajouter l'œuf et travailler avec la morue. Vérifier l'assaisonnement (saler si nécessaire). Faire chauffer l'huile et cuire cuillérée par cuillérée. Se mangent chauds ou froids.

| |
|---|
| 250 g de morue |
| 80 g d'oignon |
| 250 g de farine |
| 10 cl d'eau et de lait mélangés |
| 1 œuf |
| 1 gousse d'ail |
| 1 pincée de piment rouge |
| Thym |
| Laurier |
| Persil plat |
| Huile pour friture |
| Sel |

## 445. Soupe de poisson antillaise
**Préparation : 50 min – Cuisson : 2 h**
(3 à l'avance)

Nettoyer et citronner les poissons. Mettre sur les poissons ou les tranches de poisson, le sel, le jus des citrons, l'ail râpé et le piment rouge pilé. Laisser macérer au moins 1 h. Secouer les poissons environ toutes les 15 min.

Éplucher, laver, puis couper les légumes grossièrement. Dans une cocotte, faire chauffer l'huile, y mettre les légumes et les oignons, les saisir doucement et les laisser mijoter, à couvert, jusqu'à cuisson complète (50 min environ).

Retirer les poissons de la saumure, les ajouter aux légumes, recouvrir avec 2 litres d'eau, mettre le safran et porter à ébullition. Saler si nécessaire. Lorsque le poisson est cuit, le retirer (il est en général bien cuit et un peu émietté). On ne sert pas

| |
|---|
| 1 kg de poissons variés (rascasses, rougets, merlans, anguilles) |
| 1 kg de tomates |
| 1 gros poireau |
| 250 g de carottes |
| 250 g de pommes de terre |
| 250 g d'oignons |
| 100 g de croûtons frits ou non |
| 100 g de gruyère râpé |
| 2 citrons |
| 6 cl d'huile |
| 1 pincée de safran |
| **Pour la mayonnaise :** |
| 1 œuf |
| 15 cl d'huile |
| 1 cuil. à soupe de concentré de tomate |
| Sel, poivre |

le poisson. Passer le potage à travers une passoire pour recueillir seulement le liquide de cuisson. Préparer la mayonnaise bien assaisonnée (sel, poivre et concentré de tomate), la délayer légèrement avec un peu de liquide froid. Faire chauffer le bouillon, mettre la mayonnaise dans la soupière et verser le bouillon chaud par-dessus en délayant avec soin.
Servir le bouillon accompagné de gruyère râpé et de croûtons.

| Pour la saumure : |
| --- |
| 3 citrons (jus) |
| 1 gousse d'ail |
| 1 piment rouge |
| 1 cuil. à soupe de sel |

## 446. Crabes farcis

**Préparation : 40 min – Cuisson : 50 min**

Faire cuire les crabes vivants dans de l'eau bouillante assaisonnée avec le bouquet garni, le jus de 2 citrons, un peu de piment en poudre, pendant 12 à 15 min. Sortir du court-bouillon. Égoutter. Laisser refroidir. Ouvrir alors les crabes, ménager les carapaces, en retirer toute la chair, recueillir la chair des pinces et des pattes. La passer à la moulinette. Préparer une farce avec la mie de pain trempée dans le lait, le lard fumé haché, l'oignon épluché, haché finement et cuit à feu doux pendant 20 min dans 30 g de beurre, le vin blanc, du persil et l'ail haché. Incorporer la chair des crabes. Vérifier l'assaisonnement (sel, piment rouge). Faire chauffer à feu moyen pendant 5 min. Laver les carapaces des crabes, les citronner avec le jus du dernier citron, y mettre dans chacune une portion de farce. Saupoudrer de chapelure. Mettre 5 g de beurre par carapace et passer au four chaud pendant 10 min. Servir.

| |
| --- |
| 6 crabes moyens |
| 60 g de lard fumé |
| 100 g de mie de pain |
| 40 g de chapelure |
| 50 g d'oignon |
| 50 g de beurre |
| 3 citrons (jus) |
| 5 cl de lait |
| 5 cl de vin blanc sec |
| 1 gousse d'ail |
| 1 bouquet garni |
| Persil plat |
| Piment rouge en poudre |
| Sel |

## 447. Daube de poisson

**Préparation : 25 min – Cuisson : 45 min**
(2 à 3 h à l'avance)

Couper le poisson en tranches de 2 cm d'épaisseur. Frotter chaque tranche avec 2 demi-citrons. Puis faire mariner ces tranches pendant 2 à 3 h dans une

| |
| --- |
| 750 g de thon |
| 5 ou 6 citrons verts |
| 50 g d'oignon |
| 20 g de beurre |
| 15 g de farine |
| Ciboule à volonté |

terrine avec le jus de 3 ou 4 citrons, du sel, du poivre, du piment écrasé. Lorsque les tranches de poisson sont prêtes à être cuites, les essuyer soigneusement. Faire chauffer l'huile dans une sauteuse et y faire revenir les tranches de thon. D'autre part, dans un faitout, faire avec le beurre et la farine un roux, y ajouter l'oignon, la ciboule, les fines herbes hachés, 1 pincée de piment en poudre. Y mettre les tranches de poisson, mouiller avec de l'eau (de façon à juste recouvrir la préparation). Ajouter du laurier, le bouquet garni et le clou de girofle. Couvrir et cuire à feu doux pendant 30 min. Servir avec du riz à la créole.

| |
|---|
| Fines herbes |
| 1 clou de girofle |
| Piment écrasé |
| Laurier |
| Bouquet garni |
| 5 cl d'huile |
| 1 pincée de piment en poudre |
| Sel, poivre |

**Remarque.** – On peut utiliser du colin, de la dorade ou de la lotte. À la Martinique on utilise les poissons suivants : carangue, thasar, capitaine, bonite.

## 448. Beignets de bananes

**Préparation : 20 min – Cuisson : 20 min**
(1 h à l'avance)

Faire une pâte à frire avec la farine, l'œuf, l'huile, du sel et 15 cl d'eau. Laisser reposer environ 1 h.
Éplucher les bananes, les couper en rondelles. Les mettre dans une terrine, saupoudrer de sucre en poudre. Arroser avec le rhum. Laisser macérer 20 min. Tremper les rondelles de bananes dans la pâte. Cuire les beignets dans l'huile bien chaude. Égoutter les beignets, saupoudrer de sucre mêlé de vanille en poudre et de cannelle.

| |
|---|
| 6 bananes |
| 150 g de farine |
| Sucre en poudre |
| 1 œuf |
| 10 cl de rhum |
| Cannelle en poudre |
| Vanille en poudre |
| 1 cuil. à soupe d'huile |
| Huile pour friture |
| Sel |

## 449. Accras de bananes

**Préparation : 20 min – Cuisson : 20 min**

Travailler la farine avec l'œuf, 10 cl d'eau et le lait ainsi que 1 pincée de sel. D'autre part, éplucher les bananes, les réduire en purée et y ajouter 40 g de sucre, de la cannelle et de la noix muscade.

| |
|---|
| 6 bananes |
| 250 g de farine |
| 80 g de sucre en poudre |
| Cannelle en poudre |
| Noix muscade râpée |
| 1 œuf |

Mélanger cette préparation à la pâte à frire. Cuire cuillerée par cuillerée dans l'huile chaude. Saupoudrer du sucre restant.

| |
|---|
| 10 cl de lait |
| Huile pour friture |
| Sel |

## 450. Shrob

**Préparation : 5 min – Macération : 12 à 15 jours**

| |
|---|
| 5 oranges non traitées |
| 1 litre de rhum blanc |
| 125 g de sucre roux |
| 1 gousse de vanille |

Mettre dans un grand bocal qui ferme hermétiquement le rhum, le sucre, la vanille et le zeste des 5 oranges. Faire macérer pendant 12 à 15 jours. Filtrer avant de mettre en bouteille.

## 451. Punch au pamplemousse

**Préparation : 15 min**

| |
|---|
| 75 cl de rhum vieux |
| 25 cl de sirop de canne |
| 1 pamplemousse (jus) |
| Cannelle et noix muscade en poudre |
| Glace pilée |

Faire un punch au rhum vieux : dans un récipient, verser le rhum et le sirop. Ajouter le jus de pamplemousse, la glace pilée et parfumer avec les épices.

# Amérique latine

## Argentine

### 452. Entrecôte grillée
### Parilla à l'argentine

**Préparation : 15 min – Cuisson : 15 min**

Choisir une entrecôte large et assez épaisse, la faire cuire sur le gril, mieux sur un barbecue à la braise. Pendant ce temps faire cuire dans une poêle avec le beurre, le rognon et le foie découpés en cubes ainsi que le lard taillé en languettes. Cuire l'entrecôte et cette garniture à point. Saler, poivrer. Placer l'entrecôte sur une planche de bois, la recouvrir avec la garniture et arroser avec la sauce.

**Sauce de la parilla.** – Hacher très finement les oignons, l'ail et le persil, ajouter le vinaigre, le demi-jus de citron, du sel, du poivre et 1 pincée de piment.

400 g d'entrecôte

250 g de foie de porc (ou de veau)

150 g de lard de poitrine fumé

1 rognon de veau

40 g de beurre

60 g d'oignons blancs

**Pour la sauce de la parilla :**

Ail à volonté

Persil plat à volonté

2 cuil. à soupe de vinaigre

1/2 citron (jus)

1 pincée de piment en poudre

Sel, poivre

## 453. Empenadas de carne
## Chaussons à la viande
**Préparation : 40 min – Cuisson : 40 à 50 min**
[1 h à l'avance]

700 g de viande
de bœuf hachée

600 g de farine

260 g de beurre

75 g de raisins secs

6 olives vertes
dénoyautées

2 cuil. à soupe de
concentré de tomate

1 cuil. à café de Tabasco

1 œuf

3 oignons

1 piment vert doux

3 brins de thym

Huile

Sel, poivre

Mélanger la farine, 1 pincée de sel et le beurre avec les doigts pour obtenir une pâte sablée. Ajouter 2 à 5 cuil. à soupe d'eau en mélangeant, jusqu'à ce que la pâte commence à se tenir. Former une boule, l'envelopper de film alimentaire et la mettre 1 h au réfrigérateur. Mettre les raisins secs à tremper dans de l'eau tiède. Peler et hacher les oignons. Hacher les olives. Épépiner et hacher le piment. Effeuiller le thym. Faire chauffer de l'huile à feu moyen dans une casserole et y faire dorer la viande. Quand elle est cuite, ajouter les oignons, le piment, les raisins égouttés, les olives, le thym, le concentré de tomate et le Tabasco. Saler, poivrer et laisser cuire encore 10 min. Retirer du feu. Préchauffer le four à 200 °C. Étaler la pâte sur un plan de travail fariné pour qu'elle fasse environ 3 mm d'épaisseur. Y découper 12 disques de pâte. Répartir la farce à la viande sur les disques. Passer un peu d'eau sur les bords et les plier en deux pour les fermer. Bien appuyer pour sceller la pâte. Battre l'œuf à la fourchette et en badigeonner les empenadas. Les mettre au four pour 20 à 30 min de cuisson, jusqu'à ce qu'ils soient bien dorés.

## 454. Matambre
## Roulé de bœuf
**Préparation : 40 min – Cuisson : 1 h**
[6 h à l'avance]

1 kg de flanchet de bœuf
en un morceau pas trop
épais

300 g d'épinards

3 oignons

3 carottes

2 gousses d'ail

3 brins de thym

3 œufs durs

Effeuiller le thym. Peler et écraser l'ail. Mettre la viande à mariner au réfrigérateur pendant 6 h avec le vinaigre, l'ail, le thym, le cumin et du poivre. Égoutter la viande. Préchauffer le four à 210 °C. Peler et émincer les oignons et les carottes. Équeuter les épinards. Écaler les œufs durs et les couper en rondelles. Poser la viande à plat. L'étaler avec un rouleau à pâtisserie. La saler. Poser les épinards dessus, puis les carottes et les rondelles d'oignons et d'œufs. Saler à nouveau. Rouler le tout pour former un rouleau et le ficeler. Mettre le rouleau dans une cocotte, le couvrir de bouillon. Couvrir la cocotte et la mettre au four pour 1 h. Retourner le rouleau de viande au milieu de la cuisson. Couper le rouleau de viande en grosses tranches et les servir avec le jus.

**Variante.** – On peut aussi servir le matambre froid.

| |
|---|
| 1 litre de bouillon de bœuf |
| 1 cuil. à café de cumin en poudre |
| 6 cuil. à soupe de vinaigre |
| Sel, poivre |

## 455. Sauce chimichurri

**Préparation : 20 min**

(quelques heures à l'avance)

Épépiner le poivron, retirer les membranes blanches et le couper en gros morceaux. Peler l'ail et les oignons et les couper en gros morceaux. Couper la tomate en quatre. Mettre tous les ingrédients dans le bol d'un mixeur. Saler et poivrer. Mixer le tout pour obtenir une sauce un peu grossière. Verser dans un bocal et laisser quelques heures au réfrigérateur pour que les saveurs se mélangent.

**Conseil.** – Cette sauce est idéale pour accompagner les viandes rouges grillées.

| |
|---|
| 1 tomate |
| 1 poivron vert |
| 2 oignons |
| 2 gousses d'ail |
| 12 cl de vinaigre |
| 12 cl d'huile d'olive |
| 2 cuil. à soupe de feuilles de persil plat |
| Sel, poivre |

## 456. Parilla

### Entrecôte grillée

**Préparation : 20 min – Cuisson : 30 min**

Peler et émincer les oignons. Peler et écraser les gousses d'ail. Couper le lard en bâtonnets pour faire des lardons. Mettre de l'huile à chauffer à feu moyen dans une poêle et y faire revenir les oignons et l'ail avec le persil haché, le jus de citron et le vinaigre,

| |
|---|
| 2 entrecôtes de bœuf d'environ 400 g chacune |
| 300 g de lard fumé |
| 3 oignons |
| 2 gousses d'ail |
| 1/2 citron (jus) |
| 6 brins de persil plat |
| 30 g de beurre |

jusqu'à ce qu'ils soient bien transparents. Faire
fondre le beurre dans une autre poêle et y faire dorer
les lardons. Faire chauffer un barbecue ou le gril du
four. Saler et poivrer les entrecôtes et les faire griller
entre 5 et 10 min par côté selon les goûts. Couper
la viande en tranches et les servir avec les lardons et la sauce aux
oignons.

2 cuil. à soupe
de vinaigre

Huile

Sel, poivre

## 457. Dulce de leche
## Confiture de lait
**Préparation : 5 min – Cuisson : 1 à 2 h**

1 litre de lait

1 kg de sucre en poudre

1 gousse de vanille

1/2 cuil. à café
de bicarbonate de soude
(en pharmacie)

Fendre la gousse de vanille. Faire tiédir le lait dans
une bassine à confiture ou une cocotte. Ajouter
le sucre en poudre, le bicarbonate et la gousse de
vanille fendue. Porter à ébullition puis baisser le feu. Faire cuire à feu
doux en remuant régulièrement, jusqu'à ce que le mélange prenne
une couleur caramel et une consistance sirupeuse. Cela prend entre
1 et 2 h. Retirer la gousse de vanille et mettre la confiture de lait dans
des pots. La conserver au réfrigérateur.

# Brésil

## 458. Crevettes à la mode de Bahia

### Camarad à baïana

**Préparation : 30 min – Cuisson : 20 à 25 min**

| |
|---|
| 1 kg de crevettes |
| 250 g de tomates |
| 60 g de beurre |
| 6 cl d'huile |
| 25 cl de lait de coco |
| 2 cuil. à soupe de fécule |
| 60 g d'oignon |
| 1 feuille de laurier |
| Fines herbes |
| Sel, poivre |

Éplucher les crevettes (on peut utiliser des crevettes surgelées). Faire chauffer dans une grande casserole le beurre et l'huile. Passer les tomates lavées à la moulinette. Les mettre dans le corps gras ainsi que les crevettes, l'oignon haché et tous les assaisonnements (laurier, fines herbes hachées, poivre et sel). Cuire à feu vif pendant 20 min. Ajouter alors le lait de coco dans lequel on a délayé avec soin la fécule. Continuer la cuisson en fouettant pour faire épaissir la fécule dans la sauce. Servir avec du riz cuit à l'eau.

## 459. Soupe de crevettes au manioc

### Bobo de camarao

**Préparation : 20 min – Cuisson : 25 min**

| |
|---|
| 1 kg de grosses crevettes décortiquées |
| 600 g de farine de manioc |
| 6 tomates |
| 6 brins de coriandre |
| 1 oignon |
| 12 cl de lait de coco |
| 3 cuil. à soupe d'huile de palme |
| 2 cuil. à soupe d'huile d'olive |
| Sel, poivre |

Peler et émincer l'oignon. Couper les tomates en quatre et les épépiner. Couper la chair en dés. Effeuiller la coriandre. Mettre l'huile d'olive à chauffer à feu vif dans une poêle et y faire revenir l'oignon pendant 5 min. Ajouter les tomates et faire cuire encore 2 min. Ajouter ensuite la coriandre et les crevettes. Saler et poivrer. Baisser le feu, couvrir et laisser mijoter environ 5 min à feu doux, jusqu'à ce que les crevettes soient cuites. Ajouter le lait de coco, la farine de manioc et l'huile de palme. Porter à ébullition. Retirer du feu et servir.

**Variante.** – On peut servir ce plat avec du riz.

## 460. Filet de porc
## Lombo de porco
**Préparation : 10 min – Cuisson : 1 h à 1 h 30**
(2 h à l'avance)

| |
|---|
| 1 kg de filet de porc |
| 50 g de beurre |
| 5 cl de vinaigre |
| 2 citrons verts (jus) |
| 2 gousses d'ail |
| 3 cl d'huile |
| Sel, poivre |

Mettre dans une grande terrine le morceau de filet de porc dans lequel on a introduit par endroit l'ail haché finement. L'assaisonner avec le vinaigre, le jus des citrons verts, du sel et du poivre. Laisser mariner à couvert pendant 24 h.

Pour cuire le rôti, mettre dans un plat le beurre et l'huile, saisir au four chaud. Ajouter la marinade et cuire pendant 1 h à 1 h 30. Servir accompagné de chou ciselé et cuit à l'eau.

On peut aussi servir le porc avec des haricots secs cuits à part, ou bien du riz et des œufs frits.

## 461. Poulet chasseur
## Frango à caçadora
**Préparation : 20 min – Cuisson : 50 min à 1 h**
(2 h à l'avance)

| |
|---|
| 1,5 kg de poulet |
| 500 g de tomates |
| 500 g de pommes de terre |
| 250 g de petits pois en conserve |
| 100 g de jambon |
| 60 g d'oignon |
| 3 citrons (jus) |
| 1 gousse d'ail |
| 2 piments verts |
| 10 cl de vin blanc sec |
| 50 g de saindoux |
| 50 g de beurre |
| 2 feuilles de laurier |
| Fines herbes |
| Sel, poivre |

Découper le poulet en morceaux, le mettre dans une terrine et assaisonner avec le jus des citrons, l'ail haché, du sel, du poivre et le laurier. Laisser mariner pendant 2 h. Dans une cocotte, faire chauffer le beurre et le saindoux, y faire revenir les morceaux de poulet égouttés. Lorsqu'ils sont dorés, ajouter les tomates coupées en petits morceaux, les oignons épluchés et hachés finement, les fines herbes hachées, le vin blanc et 30 cl d'eau. Laisser cuire pendant 35 à 40 min. Ajouter alors les piments verts coupés en tranches et épépinés, le jambon coupé en morceaux, les pommes de terre cuites à l'eau et en dernier lieu, les petits pois. Cuire 10 min, et servir le plat décoré avec les légumes suivant les goûts.

# 462. Feijoada
## Cassoulet brésilien
**Préparation : 40 min – Cuisson : 3 h**

[12 h à l'avance]

| |
|---|
| 500 g de porc salé |
| 500 g de saucisse fumée |
| 500 g de filet de porc (ficelé) |
| 3 côtelettes de porc |
| 100 g de lard fumé |
| 1 pied de porc |
| 1 oreille de porc |
| 1 museau de porc (salé) |
| 1 os de jambon |
| 1 langue écarlate |
| 1 kg de haricots noirs |
| 6 oranges |
| 75 g de saindoux |
| 60 g d'oignon |
| 3 gousses d'ail |
| 1 bouquet garni |
| Sel, poivre |

Faire dessaler la veille toutes les viandes de porc qui sont salées. Le jour même, mettre dans une très grande marmite de terre les haricots noirs recouverts d'eau froide. Porter doucement à ébullition pendant que dans une autre marmite on donne un bouillon aux viandes dessalées. Après 1 h de cuisson (pour les haricots), ajouter les viandes qui ont bouilli à part et y adjoindre la langue, l'os de jambon, le lard et le porc frais. Continuer l'ébullition à feu doux et régulier pendant 30 min et assaisonner avec 60 g de saindoux, l'oignon haché finement, les gousses d'ail pilées, du sel, du poivre et le bouquet garni qu'on a fait frire à la poêle dans 15 g de saindoux. Prolonger la cuisson pendant encore 1 h 30.

Servir les viandes à part, les haricots dans un plat creux en terre. Placer devant chaque convive 1 orange pelée et coupée en morceaux servie dans une petite assiette individuelle. Accompagner d'une sauce Carioca.

**Sauce carioca.** – Mettre 2 cuil. à soupe de piments très forts dans un bol. Mouiller avec 10 cl de rhum blanc, du vinaigre ou le jus de 1 ou 2 citrons. Laisser macérer pendant 1 h au moins. Écraser ensuite dans le liquide et compléter l'assaisonnement avec 1 pincée de persil plat haché et du sel.

**Variante.** – On peut ajouter aux viandes fumées et salées un morceau de 300 g de viande séchée.

Le cassoulet brésilien peut être accompagné outre la sauce carioca, de riz pilaf et d'un plat de chou.

## 463. Haricots à la mode du Sud
## Feijos tropeiro

**Préparation : 30 min – Cuisson : 30 min**

| |
|---|
| 500 g de haricots cuits |
| 500 g de saucisses |
| 300 g de lard maigre |
| 150 g de farine de manioc torréfiée |
| 60 g d'oignon |
| 2 œufs |
| 2 cuil. à soupe de persil plat haché |
| Sel, poivre |

Couper le lard en dés, le faire rissoler dans une poêle, y ajouter les saucisses coupées en rondelles et faire cuire pendant 15 min environ. Retirer la graisse produite par cette cuisson, la réserver. Ajouter aux saucisses, l'oignon haché, le persil haché, les œufs battus, les haricots, du sel et du poivre. Ajouter, progressivement et en pluie, la farine de manioc, en tournant. Verser la graisse de cuisson réservée. Vérifier l'assaisonnement et servir chaud.

## 464. Bouchées d'anges
## Papos de anjo

**Préparation : 20 min – Cuisson : 50 min**

| |
|---|
| 500 g de sucre en poudre |
| 6 jaunes d'œufs |
| 20 g de beurre |

Faire un sirop peu consistant avec 20 cl d'eau et le sucre en poudre. Le réserver. Battre vivement et avec soin les jaunes d'œufs. Les verser dans de petits moules beurrés et faire cuire à four chaud pendant 10 à 15 min. Les démouler, les déposer dans le sirop et faire chauffer doucement jusqu'à ce que les bouchées soient bien imbibées de sirop. Servir dans une coupe.

**Remarque.** – Les petits moules ne doivent pas avoir plus de 4 cm de diamètre et 2 cm de hauteur.

## 465. Gâteaux à la noix de coco
## Quindim

**Préparation : 15 min – Cuisson : 25 à 30 min**

| |
|---|
| 1 grosse noix de coco |
| 12 œufs |
| 50 g de beurre |
| 250 g de sucre en poudre |

Râper la noix de coco, y ajouter le sucre en poudre, 10 jaunes et 2 œufs entiers, ainsi que le beurre. Mélanger avec soin. Beurrer de petits moules, les remplir aux 3/4 avec la préparation. Faire cuire à four doux pendant 25 à 30 min. Démouler chaud, laisser refroidir et présenter dans des caissettes en papier.

**Remarque.** – Les petits moules ne doivent pas avoir plus de 4 cm de diamètre et 2 cm de hauteur.

## 466. Boules aux cacahuètes
### Bolinhos
**Préparation : 35 min – Cuisson : 25 à 30 min**

| |
|---|
| 1 assiette à soupe de cacahuètes grillées et râpées |
| 220 g de sucre en poudre |
| 60 g de farine |
| 30 g de beurre |
| 5 œufs |

Dans une terrine, mettre le sucre en poudre, y ajouter les jaunes d'œufs, bien mélanger pendant 10 min. Incorporer les blancs battus en neige très ferme, puis le beurre, les cacahuètes en poudre (passées au mixeur) et la farine. Former à la cuillère des boules de la taille d'une noix. Placer dans des moules beurrés et cuire à four moyen pendant 25 à 30 min.

## 467. Pudding de bananes
### Pudim de banana
**Préparation : 20 min – Cuisson : 30 min**

| |
|---|
| 12 bananes |
| 100 g de raisins secs |
| 3 œufs |
| 50 g de beurre |
| 30 g de farine |
| Cannelle en poudre |
| Sucre en poudre (à volonté) |

Éplucher les bananes, les écraser avec une fourchette. Ajouter, en mélangeant avec soin, le beurre, la farine, les œufs l'un après l'autre, et les raisin secs. Beurrer un moule à pudding, y verser la préparation et saupoudrer de sucre en poudre et de cannelle en poudre. Cuire à four chaud pendant 30 min.

## 468. Blanc-Manger
### Manjar branco
**Préparation : 45 min – Cuisson : 25 min**

| |
|---|
| 1 noix de coco râpée |
| 40 cl de lait |
| Fécule |
| Sucre en poudre (selon les goûts) |

Faire bouillir le lait, le verser chaud sur la noix de coco râpée. Passer cette préparation dans une serviette pour en extraire la totalité du liquide. Mettre la quantité de sucre en poudre nécessaire, selon les goûts.

Prévoir alors 1 cuil. à soupe de fécule pour 1 tasse de lait. Mettre la totalité du mélange dans une casserole ; porter à ébullition en tournant jusqu'à épaississement. Verser la crème dans un moule passé à l'eau. Laisser refroidir au réfrigérateur. Démouler et servir accompagné d'une gelée de fruit (prune).

# Chili

## 469. Soupe de poisson
### Caldillo de congrio
**Préparation : 20 min – Cuisson : 50 min**

Hacher finement les oignons épluchés, les faire revenir dans l'huile chaude sans les faire brunir, ajouter les tomates coupées en morceaux et épépinées, le céleri en tranches, le laurier, du persil, du sel, du poivre, mélanger avec une cuillère en bois. Quand les tomates sont bien cuites, ajouter le vin blanc. Porter à ébullition pendant 10 min, verser alors le lait et le poisson coupé en petits cubes roulés dans la farine. Ajouter les pommes de terre épluchées et coupées en tranches, laisser bouillir à petit feu pendant 25 min. Au moment de servir ajouter l'œuf battu et le parmesan râpé.

| |
|---|
| 750 g de lotte |
| 200 g de tomates |
| 350 g de pommes de terre |
| 60 g de céleri |
| 100 g d'oignons |
| 1 litre de lait |
| 50 g de parmesan râpé |
| 30 g de farine |
| 40 cl de vin blanc sec |
| 1 œuf |
| 5 cl d'huile |
| 1/2 feuille de laurier |
| Persil plat |
| Sel, poivre |

## 470. Gratin de fruits de mer
### Chupe de mariscos
**Préparation : 1 h – Cuisson : 25 min**

Retirer la croûte du pain de mie et faire tremper la mie dans le lait tiède. Pendant ce temps, préparer les coquilles Saint-Jacques (les retirer des coquilles et les faire cuire). Faire ouvrir les moules bien lavées, garder l'eau de cuisson, retirer les mollusques de leurs coquilles et les réserver. Cuire langoustines et crevettes, les éplucher, les réserver également. Égoutter le pain, le passer au tamis.

Mettre le beurre dans une grande casserole, y faire revenir l'oignon haché finement, ajouter la purée de pain, du sel, du poivre, du paprika, le parmesan, le jus de cuisson des moules filtré et la crème

| |
|---|
| 6 coquilles Saint-Jacques |
| 6 langoustines |
| 2 litres de moules |
| 250 g de crevettes |
| 450 g de mie de pain rassis |
| 125 g de crème fraîche |
| 100 g de beurre |
| 4 œufs |
| 50 g d'oignon |
| 50 g de parmesan râpé |
| 50 cl de lait |
| Paprika |
| Sel, poivre |

fraîche, faire bouillir. Incorporer alors tous les fruits de mer, vérifier l'assaisonnement et mettre la préparation dans un plat à gratin. Passer à four chaud pendant 10 min. Pendant ce temps faire durcir les œufs ; quand ils sont cuits, les écaler, les couper en quatre et en garnir le gratin. Servir aussitôt.

## 471. Gratin au maïs
### Pastel de choclo
**Préparation : 40 min – Cuisson : 45 min**

Préparer d'abord la farce, mélanger la viande hachée aux oignons hachés finement et dorés dans 50 g de beurre, cuire l'emsemble 20 min. Incorporer ensuite les raisins secs, les olives noires dénoyautées et les œufs durs écalés et coupés en tranches. Assaisonner et bien mélanger. Disposer cette farce dans le fond d'un plat allant au four assez profond.

Préparer ensuite la purée de maïs. Hacher l'oignon, le faire frire dans l'huile et le beurre chauffés, assaisonner avec du paprika, du sel, ajouter le maïs râpé, le lait et cuire en tournant pendant environ 10 min. Retirer la casserole du feu. Incorporer les 2 jaunes puis les 2 blancs battus en neige. Verser cette préparation sur la farce, saupoudrer avec un peu de sucre en poudre. Gratiner 10 min à four chaud.

**Pour la farce :**

| |
|---|
| 250 g de viande hachée (bœuf ou porc) |
| 100 g d'oignons |
| 125 g d'olives noires |
| 50 g de raisins secs |
| 2 œufs durs |
| 50 g de beurre |
| Sel, poivre |

**Pour la purée de maïs :**

| |
|---|
| 8 épis de maïs |
| 50 g d'oignon |
| 50 g de beurre |
| 10 g de sucre en poudre |
| 3 cl d'huile |
| 15 cl de lait |
| 2 œufs |
| Paprika |
| Sel |

## 472. Empanadas
### Rissoles
**Préparation : 1 h – Cuisson : 55 min**

**La farce :** couper la viande en petits dés de 1 cm de côté. Faire une sauce blanche très épaisse avec 40 g de saindoux, la farine et le bouillon de cuisson. Ajouter à cette sauce les oignons hachés finement et frits dans 40 g de saindoux chaud, le cumin, le

**Pour la farce :**

| |
|---|
| 700 g de bœuf cuit en pot-au-feu |
| 20 cl de bouillon de bœuf |
| 50 g de raisins secs |
| 50 g d'olives |
| 2 œufs durs |
| 50 g de farine |
| 80 g d'oignons |

sucre en poudre, sel, poivre si nécessaire, 1 pincée de piment de Cayenne et la viande de bœuf. Bien mélanger. Mettre au dernier moment les raisins secs, les olives et les œufs durs écalés et coupés en tranches.

**La pâte :** mettre dans une terrine la farine, y faire un puits, y verser le sel fin, le saindoux tiède et les 2 œufs battus. Bien travailler la pâte en y ajoutant le lait. Lorsque la pâte est souple, l'étaler au rouleau sur une planche farinée, y couper avec l'emporte-pièce des ronds de pâte de 12 cm de diamètre. Mettre au milieu de chaque rond de pâte 1 bonne cuillerée de farce. Rabattre la pâte en forme de chausson. Souder à l'eau. Dorer au jaune d'œuf délayé avec un peu d'eau et cuire à four chaud pendant 20 à 30 min.

| |
|---|
| 80 g de saindoux |
| 8 g de sucre en poudre |
| 1 cuil. à café de cumin en poudre |
| Piment de Cayenne en poudre |
| Sel, poivre |
| **Pour la pâte :** |
| 1 kg de farine |
| 250 g de saindoux |
| 15 cl de lait |
| 2 œufs + 1 jaune |
| 1 cuil. à café de sel fin |

# Équateur

## 473. Crevettes marinées
### Cebiche de camarone
**Préparation : 30 min**
(3 à 4 h à l'avance)

| |
|---|
| 750 g de crevettes crues |
| 10 à 12 citrons verts (jus) |
| 50 g d'oignons blancs |
| 1 pincée de piment de Cayenne |
| 1 cuil. à café de concentré de tomate |
| 5 cl de jus de tomate |

Laver les crevettes, les décortiquer, les mettre dans un petit saladier et les arroser avec le jus des citrons, choisis très acides. Éplucher les oignons, les couper en petits dés et les parsemer sur le dessus des crevettes. Tasser pour que les crevettes puissent bien macérer dans le jus de citron. Couvrir et mettre au réfrigérateur pendant 3 à 4 h. Retirer l'oignon, le réserver. Recueillir la marinade de citron, la filtrer, y ajouter le concentré et le jus de tomate, le piment. Bien mélanger. Mettre les crevettes dans de petites coupes individuelles. Garnir avec les petits dés d'oignon et arroser avec la sauce. Servir avec des biscuits salés.

## 474. Beignets de pommes de terre
### Tortillas de papas
**Préparation : 20 min – Cuisson : 30 min**

| |
|---|
| 1 kg de pommes de terre |
| 2 œufs |
| 120 g de fromage blanc |
| 40 g de beurre |
| Huile pour friture |
| Sel |

Cuire les pommes de terre avec leur peau, les éplucher, les écraser finement tant qu'elles sont encore chaudes. Incorporer à cette purée les œufs, le fromage blanc et le beurre. Saler suivant les goûts. Faire avec cette préparation des boulettes et les faire frire dans l'huile. Égoutter et servir chaud.

## 475. Seco de chancho
# Ragoût de porc
**Préparation : 30 min – Cuisson : 2 h 25**

| |
|---|
| 1 kg de longe de porc |
| 1 tomate |
| 1 oignon |
| 1 poivron rouge |
| 2 gousses d'ail |
| 1 petit piment |
| 6 brins de coriandre |
| 1/2 cuil. à café d'origan |
| 1/2 cuil. à café de cumin en poudre |
| 40 cl de bière |
| 2 cuil. à soupe d'huile d'olive |
| Sel, poivre |

Couper la viande en cubes de 4 cm de côté. Plonger la tomate 30 s dans de l'eau bouillante. La peler, la couper en quatre, l'épépiner et la couper en petits dés. Peler et hacher l'oignon et l'ail. Épépiner le poivron, retirer les membranes blanches et couper la chair en petits dés. Épépiner le piment et l'émincer finement. Effeuiller la coriandre et la couper en fines lanières. Faire chauffer l'huile à feu vif dans une poêle et y faire dorer rapidement les cubes de viande. Les verser dans une cocotte. Laisser environ 2 cuil. à soupe de matière grasse dans la poêle. Baisser le feu et faire revenir l'oignon et l'ail 10 min à feu moyen. Ajouter la tomate, la coriandre, le poivron, le piment, le cumin et l'origan et laisser le tout mijoter encore 10 min en remuant. Saler et poivrer. Verser ce mélange sur le porc dans la cocotte. Ajouter la bière, couvrir et laisser cuire pendant 2 h à feu très doux. La sauce doit être assez épaisse. Si elle reste liquide, ouvrir un peu le couvercle pendant la deuxième heure de cuisson.

**Conseil.** – On peut servir ce plat avec du riz.

## 476. Gâteaux fourrés
# Pristinos
**Préparation : 30 min – Cuisson : 20 min**

| |
|---|
| 500 g de farine |
| 2 œufs |
| 10 cl de lait |
| 250 g de fromage blanc |
| 100 g de crème fraîche |
| 100 g de beurre |
| 1 cuil. à café de bicarbonate de soude |
| Sel |

Mettre la farine dans une terrine, y verser les œufs et le lait, mélanger avec soin à l'aide d'une cuillère, ajouter le bicarbonate et 1 pincée de sel. Travailler cette pâte à la main de façon à ce qu'elle soit bien homogène, l'étendre au rouleau. Il faut qu'elle soit mince. À l'aide d'un emporte-pièce, découper des ronds de pâte ayant 14 à 15 cm de diamètre. Mélanger le fromage blanc avec la crème fraîche. Placer au milieu de chaque rond de pâte

1 cuil. à soupe de fromage blanc. Rouler chaque pièce comme s'il s'agissait d'une crêpe ou d'un cannelloni. Mettre dans une grande poêle du beurre, faire chauffer et placer les pristinos dans ce beurre. Cuire doucement pour faire dorer sur toutes les faces. Servir chaud, arrosé d'un sirop fait avec de la cassonade.

**Sirop.** – Faire chauffer dans une casserole 500 g de cassonade avec 15 cl d'eau. Poursuivre la cuisson doucement jusqu'à ce que le sirop ait la consistance désirée. On peut y ajouter du rhum, suivant les goûts.

# Mexique

## 477. Pot-au-feu
## Ajiaco
**Préparation : 1 h – Cuisson : 3 h**

Mettre dans un très grand pot-au-feu les trois sortes de viande (on peut y ajouter du poulet si l'on veut), 3 à 4 litres d'eau, du sel et du poivre. Porter sur le feu et au moment de l'ébullition, écumer, puis ajouter dans l'ordre les légumes suivants hachés grossière-ment (attendre que l'ébullition ait repris avant de remettre une autre variété de légume) : manioc, courge, igname, chou caraïbe, bananes vertes en morceaux, chayottes (faire bouillir précédemment les chayottes pendant 1 h afin de les débarrasser de leur écorce, ou alors les battre avec un couteau à cru). Cuire à feu régulier pendant 1 h. Ajouter alors un hachis d'oignons, ail, piments rouges, persil et tomates bien revenus dans le beurre. (Écumer le pot-au-feu si nécessaire avant de mettre cet assaisonnement.) Continuer la cuisson et pendant ce temps, cuire à l'eau salée les patates épluchées et les bananes mûres coupées en morceaux (avec leur peau), 40 min avant de servir. Servir les viandes entourées des légumes et accompagnées des patates et des bananes qui ont été plongées dans la marmite pendant 10 min.

| |
|---|
| 400 g de bœuf séché |
| 300 g de bœuf |
| 400 g de porc |
| 300 g de tomates |
| 200 g de manioc tendre |
| 250 g de courge |
| 200 g d'igname |
| 1 chou caraïbe |
| 3 grandes bananes vertes |
| 250 g de chayottes |
| 300 g de patates douces |
| 300 g de bananes mûres |
| 150 g d'oignons |
| 2 gousses d'ail |
| 2 piments rouges |
| 60 g de beurre |
| Persil plat |
| Sel, poivre noir |

## 478. Bœuf au chili
**Préparation : 30 min – Cuisson : 1 h 40**

Couper la viande de bœuf en petits morceaux. Faire chauffer la graisse dans une cocotte ; y faire dorer la viande. Ajouter les oignons et l'ail hachés finement, saler, poivrer. Mettre ensuite le poivron coupé en lanières, les tomates coupées en petits morceaux et

| |
|---|
| 700 g de bœuf |
| 500 g de tomates |
| 500 g de haricots noirs cuits à l'eau salée |
| 100 g d'oignons |
| 50 g de matière grasse (graisse ou huile) |

le chili. Mouiller avec 5 cl d'eau et cuire à couvert à feu doux et régulier pendant 1 h 30. Ajouter les haricots noirs (ou rouges) qui ont été cuits à part, 30 min avant la fin de la cuisson. Enfin, 15 min avant de servir, mélanger le cumin avec la farine, délayer avec un peu du liquide de cuisson de la viande et faire le mélange dans la cocotte (15 min d'ébullition régulière). On accompagne ce plat d'une bouillie de farine de maïs.

| |
|---|
| 1 gousse d'ail |
| 2 cuil. à café de chili en poudre |
| 15 g de farine |
| 1 poivron vert |
| 10 g de cumin en poudre |
| Sel, poivre noir |

## 479. Dinde au chocolat

**Préparation : 45 min – Cuisson : 2 h**

Préparer la farce : faire tremper la mie de pain dans le lait tiède. Cuire les oignons épluchés et hachés finement dans le beurre pendant 20 min. Dans une terrine, mélanger le pain (égoutté), les oignons, l'ail haché, la chair à saucisse et les œufs. Assaisonner avec sauge, sel, chili, poivre noir. Farcir la dinde avec cette préparation. La brider et la cuire à four chaud pendant 1 h 30. Retirer la dinde du plat de cuisson, la déficeler et la tenir au chaud. Déglacer le plat avec le vin blanc. Mettre ce liquide dans une casserole. Faire chauffer doucement et y ajouter en fouettant la crème fraîche dans laquelle on a mélangé auparavant le cacao. Lorsque tout est intimement mêlé, la sauce est prête à être servie. Napper la dinde avec une partie de la sauce, servir le reste en saucière.

| |
|---|
| 1 dinde de 2 kg |
| 150 g de chair à saucisse ou chipolatas |
| 200 g d'oignons |
| 250 g de mie de pain |
| 2 ou 3 œufs |
| 150 g de cacao en poudre (non sucré) |
| 150 g de crème fraîche |
| 60 g de beurre |
| 10 cl de lait |
| 25 cl de vin blanc sec |
| 2 gousses d'ail |
| Sauge en poudre |
| Chili en poudre |
| Sel, poivre noir |

## 480. Bananes au vin rouge

**Préparation : 10 min – Cuisson : 10 min**
(1 h à l'avance)

Faire chauffer le vin rouge avec le sucre et la cannelle. Ne pas laisser bouillir. Au moment où le liquide est très chaud, y mettre les bananes épluchées. Faire pocher pendant 5 min. Laisser refroidir, retirer la cannelle. Mettre au réfrigérateur pendant 1 h.

| |
|---|
| 6 bananes |
| 10 cm de baton de cannelle |
| 1 litre de vin rouge |
| 250 g de sucre de canne |

# 481. Enchiladas
**Préparation : 30 min – Cuisson : 1 h 30**

Peler et hacher finement les oignons. Peler et
écraser les gousses d'ail. Faire chauffer 5 cl d'huile
à feu moyen et y faire revenir 1/4 des oignons
jusqu'à ce qu'ils soient ramollis mais pas colorés.
Ajouter l'ail et la farine et bien mélanger. Ajouter les
tomates, 50 cl d'eau, le piment en poudre, les graines
de cumin et du sel. Laisser mijoter 1 h. Si la sauce
épaissit trop, ajouter de l'eau. Elle doit avoir une
consistance crémeuse. Préchauffer le four à 200 °C.
Faire chauffer à feu vif les 10 cl d'huile restante
dans une poêle. Y faire frire une par une les tortillas
rapidement puis les tremper dans la sauce tomate.
Les étaler. Répartir sur chaque tortilla 2 cuil. à café
de fromage râpé et 1 cuil. à café d'oignon cru haché. Les rouler et
les fixer avec des cure-dents. Les placer côte à côte dans un plat
allant au four. Les parsemer du fromage et de l'oignon cru restants.
Les arroser à nouveau de sauce tomate. Mettre le plat au four pour
10 min jusqu'à ce que le fromage soit bien fondu.

| |
|---|
| 18 tortillas |
| 600 g de tomates pelées en boîte |
| 750 g de fromage râpé (cheddar, mimolette ou emmental) |
| 25 g de farine |
| 3 gros oignons |
| 3 gousses d'ail |
| 3 cuil. à soupe de piment en poudre |
| 2 cuil. à café de graines de cumin |
| 15 cl d'huile |
| Sel |

# 482. Haricots recuits
## Frijoles refritos
**Préparation : 20 min – Cuisson : 1 h 50 à 2 h 20**

Faire cuire les haricots dans une grande quantité
d'eau bouillante, entre 1 h 30 et 2 h, jusqu'à ce qu'ils
soient tendres. Égoutter les haricots et garder l'eau
de cuisson. Peler et hacher l'ail et l'oignon. Épépiner
les piments et les hacher. Faire chauffer de l'huile à
feu moyen dans une poêle et y faire revenir l'oignon,
l'ail et le piment jusqu'à ce qu'ils soient légèrement
dorés. Ajouter les haricots et le cumin. Quand ils sont bien chauds,
écraser le tout au presse-purée. Ajouter de l'eau de cuisson si nécessaire pour obtenir une texture de purée assez fluide. Saler et servir.

| |
|---|
| 750 g de haricots pinto secs (ou de haricots rouges) |
| 2 oignons |
| 2 gousses d'ail |
| 2 piments verts jalapeno (ou autres piments verts) |
| 1 cuil. à soupe de cumin en poudre |
| Huile |
| Sel |

## 483. Huevos rancheros
**Préparation : 30 min – Cuisson : 35 min**

Préchauffer le gril du four. Mettre les poivrons rouges sous le gril environ 15 min en les retournant de temps en temps, jusqu'à ce que leur peau noircisse et forme des cloques. Les enfermer quelques minutes dans un sac en plastique, puis quand ils sont tièdes, les peler, les épépiner et mixer la chair. Peler et émincer l'oignon. Peler et écraser l'ail. Épépiner et émincer le poivron vert et le piment. Faire chauffer de l'huile à feu moyen dans une casserole. Y faire revenir l'oignon, l'ail, le poivron vert, l'origan et le concentré de tomate pendant 10 min. Saler et poivrer. Ajouter le poivron mixé et le piment et baisser le feu. Faire chauffer de l'huile à feu moyen dans 2 poêles antiadhésives. Faire cuire les œufs sur le plat dans l'une et frire les tortillas dans l'autre. Poser 1 œuf sur chaque tortilla, les couvrir de sauce et les parsemer de fromage râpé. Servir.

| Ingrédients |
|---|
| 6 tortillas |
| 6 œufs |
| 2 poivrons rouges |
| 1 poivron vert |
| 100 g de fromage râpé |
| 1 petit piment vert frais |
| 1 oignon |
| 1 gousse d'ail |
| 1 cuil. à café d'origan |
| 2 cuil. à soupe de concentré de tomate |
| Huile d'olive |
| Sel, poivre |

## 484. Tamales
**Préparation : 25 min – Repos : 45 min**
**Cuisson : 30 min**

Faire gonfler les raisins dans un peu d'eau tiède pendant 30 min. Couper le beurre en morceaux. Mettre la farine en forme de puits dans un bol. Y casser les œufs. Ajouter le beurre, l'eau de fleur d'oranger et 10 cl d'eau. Saler et bien mélanger. Pétrir ensuite la pâte à la main. Former une boule avec la pâte. L'envelopper de film alimentaire et la mettre au frais pendant 15 min. Dénoyauter les olives. Hacher le blanc de poulet. Saler et poivrer. Étaler la pâte sur un plan de travail fariné sur 2 mm d'épaisseur. Y découper 6 disques à l'aide d'un bol. Répartir le poulet haché sur les disques de pâte, parsemer de raisins égouttés et poser 1 olive par-dessus. Passer de l'eau sur les bords des

| Ingrédients |
|---|
| 150 g de blanc de poulet cuit |
| 600 g de farine de maïs |
| 80 g de raisins secs |
| 3 œufs |
| 75 g de beurre |
| 6 olives noires |
| 1 cuil. à soupe d'eau de fleur d'oranger |
| Sel, poivre |

disques de pâte. Les plier et appuyer pour bien les sceller. Les faire cuire à la vapeur environ 30 min.

**Variante.** – On peut remplacer le poulet par du porc.

## 485. Tortillas au poulet
**Préparation : 30 min – Cuisson : 30 min**

Couper les blancs de poulet en lanières. Égoutter et écraser les haricots à la fourchette. Épépiner les piments. Peler 1 oignon et le couper en quatre. Peler la gousse d'ail. Mixer le piment, l'oignon, la gousse d'ail, le clou de girofle, la cannelle, l'origan séché, le cumin et le piment en poudre. Mélanger cette pâte aux haricots écrasés. Défaire les feuilles de romaine et les couper en lanières. Couper les tomates en tranches. Peler le deuxième oignon et l'émincer. Mettre un peu de mélange de haricots et des lanières de poulet sur chaque tortilla. Les rouler et les fixer avec des cures-dents. Faire chauffer de l'huile dans une poêle et y faire dorer les tortillas roulées, environ 7 min par côté. Les servir avec les lanières de salade, l'oignon émincé, et les tranches de tomate.

12 tortillas

500 g de haricots rouges en conserve

300 g de blancs de poulet cuits

1 salade romaine

3 tomates

2 oignons

1 gousse d'ail

3 piments verts doux

1 clou de girofle

1 cuil. à café de cannelle en poudre

1 cuil. à café d'origan séché

1 cuil. à café de cumin en poudre

1/2 cuil. à café de piment en poudre

Huile

Sel, poivre

## 486. Salsa mexicaine
**Préparation : 15 min**

Plonger les tomates 30 s dans de l'eau bouillante. Les peler, les épépiner et les couper en petits dés. Épépiner et émincer finement les piments. Peler la gousse d'ail et la hacher. Hacher les oignons. Effeuiller la coriandre et la couper en fines lamelles. Mélanger tous les ingrédients. Saler et poivrer.

3 tomates

2 petits oignons blancs

1 gousse d'ail

3 piments serrano

2 brins de coriandre

3 cuil. à soupe d'huile d'olive

Sel, poivre

# 487. Margarita
**Préparation : 15 min**

| |
|---|
| 24 cl de tequila |
| 12 cl de triple sec (ou de Cointreau) |
| 3 citrons verts (jus) + 1/2 citron |
| Sel fin |

Mettre 6 verres au réfrigérateur pour les givrer. Mélanger tous les ingrédients, sauf le demi-citron vert, dans un shaker, avec beaucoup de glaçons. Bien mélanger. Frotter les bords des verres avec le demi-citron et les passer dans du sel. Verser la margarita dans les verres, sans les glaçons.

# Pérou

## 488. Salade de poisson cru
### Ceviche de jejerrey
**Préparation : 30 min**
(3 h à l'avance)

Laver le poisson, retirer peau et arêtes. Frotter la chair avec du citron. Laver à l'eau froide courante. Recommencer cette opération trois fois de suite. Couper la chair du poisson en petits cubes, les mettre dans un récipient creux (saladier ou grand bol) et arroser avec une sauce préparée avec le jus des citrons, du sel, l'ail finement pilé et du piment de Cayenne. Retourner les morceaux de poisson pour qu'ils soient bien imprégnés. Éplucher les oignons, les couper en très fines lamelles, retirer la tige des piments verts, les ouvrir, enlever les graines et les couper également en fines lamelles. Étaler oignon et piment sur la chair de poisson. Presser pour que le tout baigne dans le jus, couvrir. Laisser au réfrigérateur pendant 3 h. Servir dans le saladier ou sur un plat avec une garniture de tranches de patates cuites à l'eau et de feuilles de laitue crues et lavées à l'eau froide.

600 g de poisson à chair blanche et ferme (éperlan, soles petites, turbot)

10 à 12 citrons verts (jus)

100 g de petits oignons nouveaux

50 g de patates douces

6 feuilles de laitue

2 piments verts

1 pincée de piment de Cayenne

1 gousse d'ail

Sel

## 489. Moules marinées
### Mejillon à la criolle
**Préparation : 10 min – Cuisson : 5 min**
(3 à 4 h à l'avance)

Laver les moules, les faire ouvrir rapidement à feu vif, sans les faire cuire. Égoutter en conservant l'eau des moules. Retirer chaque mollusque de sa coquille, les mettre dans un saladier et les recouvrir avec le jus des citrons, choisis très acides. Éplucher les oignons blancs, les couper en petits dés. Incorporer aux moules, remuer, presser et mettre au frais pendant 3 à 4 h. Au moment de

3 litres de moules

10 à 12 citrons verts (jus)

150 g d'oignons blancs

50 g de petits oignons verts

1 pincée de piment de Cayenne

Persil plat

servir, ajouter la moitié de l'eau des moules filtrée, 1 pincée de piment de Cayenne, des petits oignons et du persil haché finement.

## 490. Patates au sirop
## Camote en almibar
**Préparation : 10 min – Cuisson : 1 h**

| |
|---|
| 2 kg de petites patates douces à chair jaune |
| 1,5 kg de sucre en poudre |
| 1 gousse de vanille |

Faire cuire les patates pendant 10 min dans de l'eau bouillante, sans les éplucher. Égoutter et verser les patates dans de l'eau froide. Égoutter à nouveau, éplucher. Mettre dans une casserole le sucre, les patates entières, la vanille. Recouvrir d'eau. Laisser mijoter à feu très doux jusqu'à ce que les patates deviennent transparentes. Servir froid, comme dessert, avec des biscuits.

## 491. Petits gâteaux au sirop
## Turones
**Préparation : 30 min – Cuisson : 25 à 30 min**
(1 h 30 à l'avance)

| |
|---|
| 9 jaunes d'œufs |
| 480 g de farine |
| 350 g de beurre |
| 5 cl de lait |
| 4 cuil. à café de levure chimique |
| 1 cuil. à soupe de sirop d'anis |
| 1 cuil. à café de sel |
| **Pour le sirop :** |
| 2 kg de cassonade |
| 160 g de sucre en poudre |
| 1 bâton de cannelle (ou 2 pincées de cannelle en poudre) |
| 1 orange non traitée |
| 1 citron non traité |

Battre les jaunes d'œufs à la fourchette, y ajouter le lait et 5 cl d'eau dans laquelle on a mis le sirop d'anis. Laisser reposer 15 min.

Mettre la farine dans une terrine. La mélanger avec la levure et le sel. Incorporer le beurre en petits morceaux. Travailler légèrement avec une spatule, verser peu à peu le mélange œufs-lait-anis. Beurrer une tôle et y placer des petits tas réguliers à l'aide d'une cuillère. Faire cuire à four moyen. Les turones doivent être dorés mais non bruns. Laisser refroidir les gâteaux.

Préparer le sirop pendant la cuisson. Râper les zestes de l'orange et du citron. Mettre dans une casserole 20 cl d'eau, le jus du citron et de l'orange, la cassonade et le sucre en poudre. Parfumer avec le zeste des agrumes et la cannelle et faire chauffer doucement, puis laisser épaissir jusqu'à ce que la préparation prenne l'aspect du miel liquide. Enlever le bâton de cannelle.

Placer du papier sulfurisé dans le fond d'un compotier, y déposer 1 couche de turones, recouvrir avec 1 couche de sirop, continuer jusqu'à ce que le compotier soit rempli. Terminer par du sirop et mettre au frais pendant 1 h.

# Océanie

# Australie

## 492. Aussie meat pies
## Tourtes australiennes à la viande
**Préparation : 30 min – Cuisson : 1 h 20**

Mélanger la farine et la viande. Peler et hacher l'ail et l'oignon. Faire chauffer de l'huile à feu vif dans une poêle et y faire revenir la viande jusqu'à ce qu'elle soit bien cuite. Ajouter l'ail et l'oignon et faire cuire encore 5 min. Ajouter les sauces et la noix de muscade et continuer la cuisson jusqu'à ce qu'il n'y ait plus de liquide. Ajouter le bouillon. Saler, poivrer. Continuer la cuisson à feu moyen, jusqu'à ce que la viande soit enrobée d'une sauce épaisse. La faire refroidir. Préchauffer le four à 200 °C. Couper 6 disques de pâte assez grands pour garnir des moules à tourte et 6 autres plus petits pour les couvrir. Garnir les moules des 6 grands disques de pâte, répartir le mélange de viande dessus. Les refermer avec les 6 petits disques en appuyant bien pour les sceller. Battre l'œuf à la fourchette, en badigeonner le haut des tourtes. Couper des fentes dans le haut des tourtes pour laisser la vapeur s'échapper. Les mettre au four pour 20 à 25 min, jusqu'à ce que la pâte soit bien dorée. Servir avec du ketchup.

750 g de viande de bœuf hachée

3 pâtes feuilletées prêtes à dérouler

50 cl de bouillon de bœuf

1 oignon

1 gousse d'ail

1 œuf

3 cuil. à soupe de farine

3 cuil. à soupe de sauce Worcestershire

3 cuil. à soupe de sauce soja

1 pincée de noix muscade râpée

Ketchup

Huile

Sel, poivre

## 493. Barramundi au barbecue
**Préparation : 10 min – Cuisson : 6 min**

Couper les feuilles de basilic en fines lanières. Peler et écraser la gousse d'ail. Faire fondre le beurre. Mélanger le beurre fondu avec le jus des citrons, le basilic et l'ail. Saler et poivrer les filets de poisson. Les badigeonner avec un peu de beurre aromatisé. Faire chauffer le barbecue à feu moyen. Bien huiler la grille. Poser les filets de poisson dessus, côté peau en dessous. Laisser cuire environ 3 min par côté, en les badigeonnant encore de beurre.

**Remarque.** – Le barramundi est un poisson très ancien qui appartient à la famille de la perche. On le trouve principalement en milieu tropical et subtropical.

6 filets de barramundi avec la peau (ou de bar)

2 citrons verts (jus)

1 gousse d'ail

12 feuilles de basilic

3 noix de beurre

Huile

Sel, poivre

## 494. Kangourou aux aubergines et à la pancetta
**Préparation : 30 min – Cuisson : 20 min**
(2 h à l'avance)

Couper le filet de kangourou en tranches. Effeuiller le thym et le romarin. Peler et écraser 2 gousses d'ail. Faire mariner la viande dans de l'huile d'olive avec l'ail écrasé, le thym et le romarin pendant 2 h au frais. Couper les aubergines en cubes de 2 cm. Les saler et les laisser dégorger 30 min dans une passoire. Les rincer et les égoutter. Peler les 2 gousses d'ail restantes et l'oignon et les hacher finement. Épépiner le piment et l'émincer finement. Faire chauffer de l'huile à feu vif dans une poêle. Y faire revenir les aubergines jusqu'à ce qu'elles soient bien dorées. Ajouter l'ail, l'oignon, le piment, le vinaigre et le sucre en poudre et laisser cuire 2 min. Laisser tiédir puis ajouter la concassée de tomates et mélanger. Faire griller les tranches de pancetta quelques minutes dans une poêle sans

800 g de filet de kangourou

6 tranches de pancetta

2 aubergines

1 oignon

4 gousses d'ail

1 petit piment frais

2 brins de romarin

3 brins de thym

15 cl de concassée de tomates

6 cuil. à soupe de vinaigre

2 cuil. à soupe de sucre roux

Huile d'olive

Sel

matière grasse, jusqu'à ce qu'elles soient bien croustillantes. Égoutter les filets de kangourou. Faire chauffer de l'huile à feu vif dans une poêle et y faire cuire les filets de kangourou des deux côtés, comme des steaks de bœuf. Les laisser reposer 5 min. Pendant ce temps, réchauffer les aubergines. Servir la viande sur les aubergines, recouverte des tranches de pancetta.

## 495. Pavlova
## Meringue à la crème fouettée et aux fruits
**Préparation : 40 min – Cuisson : 1 h 15**

6 kiwis

250 g de fraises

240 g de sucre en poudre

80 g de sucre glace

40 cl de crème liquide bien froide

4 blancs d'œufs

Sel

Préchauffer le four à 120 °C. Fouetter les blancs d'œufs en neige ferme avec 1 pincée de sel. Ajouter le sucre en poudre et fouetter encore jusqu'à ce qu'il soit dissous. Étaler cette pâte à meringue sur du papier sulfurisé pour former un disque légèrement creux au centre. Le mettre à cuire 1 h 15. Laisser refroidir. Fouetter la crème liquide, et quand elle forme des pics ajouter le sucre glace et fouetter pour l'incorporer. Peler les kiwis et les couper en dés. Équeuter les fraises et les couper en quartiers. Garnir le disque de meringue de crème fouettée puis des fruits.

# Polynésie

## 496. Salade tahitienne
**Préparation : 30 min**

Peler et râper les carottes. Peler et épépiner le concombre et le râper. Émincer les oignons. Couper les tomates en quatre, les épépiner et couper leur chair en petits dés. Couper les filets de poisson en petits cubes. Verser le jus des citrons verts sur les poissons. Laisser mariner 5 min en remuant. Égoutter les dés de poisson. Verser le lait de coco dessus. Ajouter les légumes. Saler, poivrer. Mélanger et servir.

| |
|---|
| 1 kg de tranches de thon blanc |
| 1 concombre |
| 2 carottes |
| 2 tomates |
| 2 petits oignons blancs |
| 6 citrons verts (jus) |
| 30 cl de lait de coco |
| Sel, poivre |

## 498. Poisson cru mariné
**Préparation : 30 min**

(2 h à l'avance)

Éplucher le poisson cru, enlever peau et arêtes, couper en dés d'autant plus petits qu'on veut réduire la marinade. Éplucher les oignons, les couper en petits morceaux mais pas trop fin. Piler la gousse d'ail. Disposer dans une terrine les morceaux de poisson, arroser avec le jus des citrons verts, saupoudrer avec oignon et ail, saler et poivrer. Couvrir et mettre au réfrigérateur pendant 2 h. Égoutter les dés de poisson, les rincer à l'eau froide, les égoutter et les essuyer. Pour servir, placer dans des bols individuels, 1 feuille de laitue, 1 tranche de tomate bien mûre, répartir le poisson mariné et arroser avec 1 à 2 cuil. de jus de coco (par bol).

| |
|---|
| 850 g de poisson (dorade, turbot ou lieu) |
| 10 à 12 citrons verts (jus) |
| 60 g de tomate |
| 100 g d'oignons |
| 1 gousse d'ail |
| 6 feuilles de laitue |
| 18 cuil. à soupe de jus de coco |
| Sel, poivre blanc |

**Variante.** – On peut remplacer le jus de coco par 1 cuil. à soupe de crème fraîche liquide.

## 498. Cochon aux épinards
**Préparation : 20 min – Cuisson : 1 h 30 à 2 h**

| |
|---|
| 700 g de porc |
| 1 kg de petites pousses d'épinards |
| 50 g de carotte |
| 1 ou 2 feuilles de banane |
| 60 g d'oignon |
| 1 gousse d'ail |
| 15 cl de jus de coco |
| Sel |

Couper le porc en 6 tranches (on peut utiliser ce que l'on vend sous le nom de « grillades »). Les feuilles d'épinards doivent être très petites (on les appelle « fafa » en tahitien).

Placer dans un plat allant au four (avec un couvercle) 1 couche de feuilles d'épinards, 1 couche de feuilles de bananes, les tranches de porc. Terminer par le reste des épinards et saupoudrer d'ail et d'oignon hachés. Piquer quelques petits morceaux de carotte crue. Couvrir et cuire à four chaud pendant 1 h 30 à 2 h. Au moment de servir, saupoudrer de sel et arroser de jus de coco.

## 499. Dessert aux papayes
**Préparation : 30 min – Cuisson : 25 min**

| |
|---|
| 1 bol de papayes |
| 1/2 bol d'ananas |
| 1/2 bol d'arrow-root |
| 1 gousse de vanille |
| 40 g de sucre en poudre |
| 15 cl de jus de coco ou de crème fraîche liquide |

Réduire en purée les papayes pour obtenir la contenance d'environ 1 bol. Broyer de l'ananas pour obtenir la contenance d'environ 1/2 bol. Mélanger les 2 purées de fruits avec 1/2 bol d'arrow-root. Beurrer un plat allant au four, y verser la préparation. Mettre la gousse de vanille à l'intérieur et cuire à four moyen, puis chaud, pour que la surface soit bien dorée. Soulever la croûte, saupoudrer avec le sucre et arroser avec le jus de coco ou la crème fraîche.

**Remarque.** – L'arrow-root est une fécule extraite des rhizomes de plantes tropicales. On peut en trouver dans les boutiques diététiques.

# 500. Dessert aux bananes
## Poe meia
**Préparation : 20 min – Cuisson : 25 min**

| |
|---|
| 8 bananes |
| 80 g d'arrow-root |
| 40 g de sucre en poudre |
| 20 g de beurre |
| 10 cl de jus de coco ou de crème fraîche liquide |
| 1 gousse de vanille |

Éplucher les bananes, les écraser à la fourchette, puis les passer au tamis.

Mettre dans une terrine cette purée et y incorporer l'arrow-root, en tournant régulièrement. Verser cette pâte dans un plat bien beurré allant au four et glisser au centre de la préparation la gousse de vanille. Faire cuire à four moyen, puis à four chaud jusqu'à ce que la surface soit bien dorée. Retirer délicatement la croûte, saupoudrer avec le sucre et arroser avec le jus de coco. Servir aussitôt.

**Remarque.** – L'arrow-root est une fécule extraite des rhizomes de plantes tropicales. On peut en trouver dans les boutiques diététiques.

# Table des recettes par ingrédients principaux

Les numéros indiqués correspondent aux numéros de formule.

# Table des recettes par ingrédients principaux    **325**

# Table des recettes par pays

Les numéros indiqués correspondent aux numéros de formule.

# Table des recettes
## par ordre alphabétique

Les numéros indiqués correspondent aux numéros de formule.

# C

# D

# L

# M

# N

# O

# P

## W

## Y

## V

## Z